新媒体时代企业市场营销的创新策略研究

王俊文　周晓枫　著

H.P.H 哈尔滨出版社
HARBIN PUBLISHING HOUSE

图书在版编目（CIP）数据

新媒体时代企业市场营销的创新策略研究 / 王俊文
周晓枫著. -- 哈尔滨 : 哈尔滨出版社, 2022.7
ISBN 978-7-5484-6636-9

Ⅰ. ①新… Ⅱ. ①王… ②周… Ⅲ. ①企业管理－营
销管理 Ⅳ. ①F274

中国版本图书馆CIP数据核字(2022)第135279号

书　　名：新媒体时代企业市场营销的创新策略研究
XINMEITI SHIDAI QIYE SHICHANG YINGXIAO DE CHUANGXIN CELÜE YANJIU

作　　者： 王俊文　周晓枫　著
责任编辑： 韩金华
封面设计： 赵　郎

出版发行： 哈尔滨出版社（Harbin Publishing House）
社　　址： 哈尔滨市香坊区泰山路82-9号　**邮编：** 150090
经　　销： 全国新华书店
印　　刷： 北京宝莲鸿图科技有限公司
网　　址： www.hrbcbs.com
E-mail： hrbcbs@yeah.net
编辑版权热线：（0451）87900271　87900272
销售热线：（0451）87900201　87900203

开　　本： 787mm×1092mm　1/16　**印张：** 10　**字数：** 235千字
版　　次： 2022年7月第1版
印　　次： 2022年7月第1次印刷
书　　号： ISBN 978-7-5484-6636-9
定　　价： 68.00元

前言

PREFACE

新媒体是在传统媒体基础上命名的，不同于传统的电视、报纸等媒体形式，新媒体为人们开辟广阔的信息交流平台，并且为企业市场营销模式带来新的发展改革机遇。新媒体时代，企业推进市场营销工作模式的创新发展，能够使市场营销更为便捷，降低市场营销成本，提升市场营销工作水平，进而推进企业全面发展。因此，在企业发展历程中，应重视新媒体技术、思维、模式在市场营销中的运用，以市场营销有效性提升企业核心竞争力。

新媒体环境下，企业市场营销模式的变革、转型是必然的，并且新媒体技术也成为企业市场营销的主要手段之一，为企业发展注入动力。新媒体技术凭借自身的信息传递快、信息覆盖力强、信息传递针对性强以及信息传递门槛低等优势，使人们都能够在新媒体平台上发布、获取、阐述自身言论以及消费偏好、喜欢等信息内容，拓宽市场销售范围，并且在先进技术下实现公众消费偏好的分类，精准获知公众需要，这都为企业市场营销提供了宝贵的建议。与此同时，在新媒体作用下的企业市场营销模式，其市场营销成本低，借助新媒体平台就能够获取人们的信息以及对人们的信息进行分类，增强营销的针对性，以此为客户生产、销售、营销有针对性的产品，实现个性化营销、服务、销售模式，满足人们多元化的消费需要。

信息技术的快速发展，新媒体时代的来临，为各行各业发展注入新动力。当前新媒体成为大众较为关注以及广泛运用的媒体平台，包含微信、抖音、快手等平台，这种平台具有自身的市场营销模式，吸引受众的参与，使平台参与的受众面逐渐扩大，这都为新媒体环境下的企业市场营销提供了广泛的群众基础，提升了企业市场营销的工作质量。现如今，新媒体环境下，无论是少年群体、青年群体，还是老年等群体都是新媒体平台的常客，他们在新媒体平台上传递、获取、接收消息，而这种行为都会被新媒体平台进行记录，形成一个大数据库，企业在市场营销中，运用大数据技术，能够获取、分析、提取客户信息数据，实现客户信息数据的分析，以此为企业市场营销的有效开展提供广阔的平台。《新媒体时代企业市场营销的创新策略研究》梳理了市场与市场营销学，深入分析了新媒体营销理念的背后机制，并指出新媒体时代企业市场营销战略创新策略与营销未来的发展趋势。以此促使企业在互联网时代得到更好的发展，增强企业竞争力，进而在激烈的市场竞争中拔得头筹。

作者

2022.3

目录
CONTENTS

第一章　市场与市场营销学

第一节　市场概述

一、市场的基本概念及分类

在市场经济中，只有提供的产品符合市场的需要，企业才能生存与发展，企业也才有存在的价值。市场是企业实现其任务与目标的关键所在，是企业一切活动的外部基础。因此，企业只有认识市场，适应市场，深刻地理解市场的需要，根据市场的需要有效地配置资源和培育企业的能力，才能更有效地开展市场营销活动。众所周知，市场是商品经济的产物，哪里有社会分工和商品生产，哪里就有市场。市场的概念和内涵不是一成不变的，它随着商品经济的发展而发生变化。在不同的历史时期、不同的环境下，市场具有不同的内涵。

（一）市场的概念

1. 市场的一般含义

在日常生活中，人们习惯将市场看作买卖的场所，"如集市、商场、商品批发市场等。这是一个时空（时间和空间）概念。我国古代日中为市，致天下之民，聚天下之货，交易而退，各得其所" 的记载（《易・系辞下》），就是对这种在一定时间和地点进行商品交易的市场的描述。

经济学家从揭示经济实质角度提出了市场的概念，他们认为市场（Market），是社会分工和商品生产的产物，是以商品供求和商品交换为基本经济内容的各主体经济联系的形式。

第一，市场属于商品经济的范畴，哪里有社会分工和商品生产，哪里就有市场，社会分工、商品生产的发展程度决定着市场的发展水平。反过来说，市场的发育情况也制约着商品经济的发展状况，制约着企业的市场营销活动。

第二，由于市场的基本关系是商品供求关系，基本活动是商品交换活动，因此市场是商品经济条件下联结各市场主体的基本形式，是整个社会经济生活得以正常运行的基本条件。

第三，由于市场的基本经济内容是商品供求与商品交换。因此市场的形成就必须具备以下几个条件：

存在着有购买动机与购买能力的双方；

存在着提供商品的卖方及可供交换的商品；

商品的交易条件符合买卖双方的利益要求，能够同时被双方接受。只有在上述的条件下，才能实现商品的让渡，形成有意义的现实市场。而这些形成现实市场的条件，就成了制约企业市场营销活动的基本因素。

2. 市场的几个具体概念

在现实生活中，人们不仅从一个意义上来理解市场，而且从更具体的角度上来认识和把握市场。要更好地把握企业的营销活动，以下几个市场概念具有重要意义。

市场是买主和卖主进行商品交换的场所、地点或地区。这是最原始的、最直观的概念。在这里，市场是一个地理性概念，它是同时从买、卖双方的角度提出来的。任何地区的每个购买者都会考虑在何处购得自己所需要的商品；每个商品生产者也必须考虑将本企业的产品销往哪些地区，在何种场所或地点销售给购买者，如商场、商品批发市场、超市等。这是一个比较狭义的市场概念。

市场是指所有卖主和买主构成的商品交换关系的总和。这一概念，是从商品供求关系的角度提出来的，是基于买方市场和卖方市场这对概念，反映了供求关系的基本状况、供求力的相对强度及供求双方谁在交易过程中处于主导地位。切实了解市场供求的数量及结构状况，正确判断市场供求力的相对强度和变化趋势等，对企业进行营销决策、有效地开展营销活动十分重要。

市场是由某种产品的所有现实的和潜在的顾客所组成的。市场是一个整体的概念，它是从商品卖主的角度提出来的。企业明确自己的产品市场由哪些购买者组成、有哪些特定的需要、规模有多大、发展趋势如何等，是企业制定市场营销战略和策略、有效地开展市场营销活动的前提条件。所谓企业面向市场，通常指的是面向自己的顾客，即面向顾客的需求。

（二）市场的类型

企业总是服务于一定类型的具体市场，在一定的市场形态下进行营销活动。因此，了解企业面向的市场类型以及所处的市场形态，对于深入认识企业与市场的关系，搞好营销工作具有重要意义。对市场的类型或形态，可以从不同的角度进行考察。市场体系是多层次、多要素、全方位的有机系统，其实质是各种经济关系的具体体现和综合反映。

1. 按照市场的地理位置或空间范围分类

按这种分类方式可以分为国内市场、国际市场、区域市场、城市市场、农村市场等。以下主要介绍国内市场和国际市场。

（1）国内市场

国内市场是指在一国范围内商品或劳务发生交换的场所，是一定时期内国内商品交换关系的总和，也是国内企业经营的主要市场。国内市场的商品供求总量和供求结构对本国经济发展状况具有决定性作用。国内市场范围，包括若干个以经济活动地域专业化分工为基础的区域市场。各个区域既在局部空间范围相对独立，又与其他区域市场紧密联系，互为供求关系。

（2）国际市场

当商品和劳务在国与国间直接流通，构成国际之间的交易行为时，国际市场就随之形成。国际市场是国际经济分工的产物和客观要求。任何国家为求得自身发展，都必须开放国内市场，加入国际市场体系之中。国际市场受国际政治、经济等诸多因素影响，结构复杂，竞争激烈，变化多端，与国内市场相比更为复杂。

2. 按交易方式分类

（1）现货市场

现货市场指买卖的商品、有价证券及外汇等实物均收取现金，并当即实现实物转移的交易市场。它由拥有商品并准备马上交割的卖者和想立刻得到商品的买者组成。在现货市场上，买卖双方可以对任何商品，在任何时间地点成交，但必须遵守以下规则：

成交与交割基本同时进行，即采取“一手交钱，一手交货”的即期一次完成的交易方式。

交易对象为实物，即卖方须向买方转移商品实体，没有时滞。

在交割时，购买者必须支付现款。

（2）期货市场

是买卖商品或金融工具的期货或期权合约的场所，主要由交易和清算场所、交易活动当事人以及交易对象三部分构成。期货市场是在现货市场基础上发展形成的一种高级形态的市场形式。它是从事期货交易者按照法律所组成的一种非营利性的会员制的有组织的市场，期货市场的特点主要有以下几方面：

成交和交割不同步，交割在成交后的一定时期后进行。

期货市场在交割时不一定进行实物交换，而可以对冲了结。

交割的商品是标准的、规范化的期货合同，而不是实际货物。

期货交易者既有套期保值者又有投机者。

期货市场是高度规范化的市场。

3. 按照购买者需求内容和目的分类

按这种分类方式可以分为消费者市场和生产者市场，或生活资料市场和生产资料市场。

（1）消费者市场

消费者市场是指消费者为满足个人或家庭生活消费需要购买生活资料或劳务的市场，又称生活资料市场。消费者市场具有市场广阔、人数众多、购买频繁、少量多样、变动性大的特点，属于最终市场。

（2）生产者市场

生产者市场是生产者为满足生产活动需要而购买生产资料的市场，又称生产资料市场。生产者市场的用户比较集中，购买次数少而数量多，需求弹性小，技术性较强，通常由专业人员采购。企业在进行市场营销活动中，除了要正确掌握上述对整体市场的分类标准外，还要对其主要的商品销售市场进行科学的再分类，也就是进行市场细分。

（三）现代市场的特征

市场是商品经济特有的经济关系，是市场经济的载体，具备基本的市场特征，同时也被赋予时代的含义，只有具备了基本特征的市场，才能随着时代的变化被赋予新的时代内涵。市场的基本特征有以下几点。

1. 市场的导向性

市场承担着起点和终点的双重职能。市场是企业一切经营活动的出发点。产品的研究开发、生产、销售以及服务的提供都必须以市场为导向，企业决不能主观臆断、自以为是。另一方面，市场又是企业一切经营活动的直接目标。企业在市场上展开激烈竞争，并不是为竞争本身，也不是为了其他目的，实际上是市场争夺战，是顾客争夺战，其目的只有一个，那就是获得更大的市场和更多的顾客。为此，我们必须考虑市场需求是什么，顾客最需要我们为他们提供什么。

2. 市场的时间推移性

市场会因经济、社会、文化等进步和发展，随时间推移而发生变化，既有量的变化，又有质的变化。这种变化与企业意图没有任何关系。因此，企业对于这种变化必须给予极大的关心，并通过市场调研等对其进行分析，把握现在的市场状况和未来发展的方向，以发展的眼光、动态的观点去应对。

3. 市场的自主性

市场经济活动的主体是企业。企业作为独立的利益主体，拥有法定的自主权利，包括有权根据市场需求自主决定投资方向和生产经营活动，自主调整产品结构和经营结构，自主设置内部管理机构，自主决定利益分配方式。这些都充分表明市场活动的高度自主性。

4. 市场的竞争性

市场运行的基本原则是平等进入、公平竞争。所有市场参与者在进入市场和从事交易活动时，机会和地位都是均等的，没有依仗权力或其他非经济因素形成的等级差别。在平等参与的基础上，各个经济主体靠自己的经济实力开展全面竞争，通过公平竞争实现优胜劣汰，所以说完整意义的市场是充满竞争的市场。市场竞争是市场经济的一般特征。只要商品生产和商品交换存在，就必然存在竞争。在市场经济中，任何企业都无法回避竞争。企业要想在市场上取得成功，就必须积极参与市场竞争。而参与市场竞争的基本前提就是在探究、掌握市场竞争规律的基础上制定符合企业目标和实力的竞争战略。

二、市场的产生与发展

市场是商品经济发展的产物，也是商品经济发展的必备条件。随着社会分工和商品生产的发展，市场的范围日益扩大，在社会经济生活中的地位和作用不断提高，市场观念和市场研究的内容与手段不断丰富和完善，市场已成为企业经营的始点和终点，对企业的经营行为起着重要的导向作用。但是，人们对市场的认识，就像市场本身的发展过程一样，经历了一个从局部到总体、从零碎到系统、从经验到科学的发展过程。

（一）市场产生阶段

人们对市场的认识起源于商品交换，市场一词的拉丁文的原意就是交换。最初，市场作为商品物物交换的场所，并没有固定的市场，而作为市场经营者的商人一开始就没有地位，受到社会的歧视，以此为生的人也很少。正因如此，在市场的萌芽阶段，市场在人们的价值系统中，并不能作为一个独立的主体发挥其商业价值。从早期的市场形式来看，市场交易的场所具有不确定性，市场交易行为也不是连续的行为，参加市场的主体，无论是卖方还是买方，都没有明确的界定，也就是说没有分化出专门的市场买家和卖家。比较典型的市场交易行为如庙会、集市等，作为商品交换的场所，市场的商业功能只是一部分，人们来到市场更主要的目的是观看和参与各种宗教活动、娱乐活动，与亲朋好友相会，进行思想文化交流等，商业意识比较淡薄。

很显然，在轻商时期，市场的商业功能是在文化的背景下实现的，市场的商业功能只能以含蓄的方式表达出来。这种方式的最大优点是人们能在轻松愉快的方式下完成交易，但其交易的效率很低，而且缺乏竞争的意识。在现代商业社会，竞争日益激烈的情况下，很多企业和地方政府采用了这种早期的市场交易形式，如许多地方组织大型博览会、招商活动，习惯将商业活动与当地的传统文化结合起来，创造出和谐的、高雅的文化氛围，以达到促进商业活动的目的，从中可以窥见这种原始市场概念的雏形。

（二）市场发展阶段

随着商品经济的不断发展，市场成为丰富人们生活的一个重要场所，市场有了固定的场所，市场中也容纳了丰富多样的商品。由于生产力不发达，商品供给不足，市场中生产者占有主导地位，消费者只能被动接受生产者提供的产品，没有选择的机会，也就是卖方市场。这一时期的生产者关心的只是怎样将产品生产出来，然后通过市场将其换成万能的货币，这种原始的市场观念一直延续到二十世纪初。针对市场需求变化快、市场竞争日趋激烈的情况，许多经营者开始将更多的精力放在顾客需求的变化上，经营者经营观念的变革，为买方市场的形成创造了条件。总体上看，在市场发展阶段，市场的商业功能不断加强，市场的主体不断增多，市场中用来交易的商品也越来越丰富，市场的竞争也不断加剧，人们对市场规律的认识也在市场营销实践中不断得以提升。但是，在市场发展阶段，还有几个重要的问题并没有得到很好的解决：一是缺乏对市场系统化的理论研究。二是市场体系并没有完全建立起来，因此市场功能还不完善。三是市场发展程度不均衡，起步早的资本主义国家的市场发展速度很快，市场体系很完善，而不发达国家的市场发展缓慢，阻碍了市场国际化进程。

（三）市场成熟阶段

资本主义工业迅速发展，市场概念也进一步扩展，市场不仅局限于以实物交易为主要内容的有形市场，也出现了许多灵活多样的市场交易形式，包括：

定期不定地点的市场交易行为，如各种博览会、交易会等；

不定期的合约交易行为，如贸易洽谈、合同订货；

标准化的期货交易行为，这是与现货市场相对应的一种交易行为。期货市场的出现，大大增强了人们对市场价格的预测能力和对市场风险控制的能力，化解了单一现货市场交易行为所产生的价格不确定性与巨大的市场风险，进一步完善了市场交易的内容和市场机制；

虚拟化的交易行为，这是资讯科技迅速发展之后产生的一种建立在资讯科技基础上的现代化的高效率的交易行为，是市场交易手段创新的结果，如网上交易、虚拟营销等。市场的成熟性还表现在商品交换的内容、范围的不断扩大，从商品交易扩大到所有的生产要素的交易，如人才、劳务、知识、技术、商标、信息等无形商品，市场体系进一步完善，逐渐形成了完善的消费品市场和生产要素市场。

三、市场的竞争分析

市场竞争是市场经济的一般特征。只要商品生产和商品交换存在，就必然存在竞争。在市场经济中，任何企业都无法回避竞争。企业要想在市场上取得成功，就必须积极参与市场竞争。而参与市场竞争的基本前提就是在探究、掌握市场竞争规律的基础上制定符合企业目标和实力的竞争战略。

（一）市场竞争者的类型

企业不能独占市场，都会面对形形色色的竞争者。在充满竞争性的市场上，除了来自本行业的竞争对手外，还有来自替代用品生产者、潜在加入者、原料供应者和购买者等多种力量的竞争。从消费者的角度看，竞争者可以分为以下几种类型。

1. 欲望竞争者

即提供不同产品、满足不同消费欲望的竞争者。消费者在同一时刻的欲望是多方面的，但很难同时满足，这就出现了不同需要，即不同产品的竞争。例如，消费者在年终收入有较多增加后，为改善生活，可以添置家庭耐用消费品，可以外出旅游，也可以装修住宅等，出现了许多不同的欲望，但从时间与财力来说，消费者只能选择力所能及的项目作为这一时期的欲望目标。

2. 属类竞争者

即满足同一消费者欲望的不同产品之间的可替代性，是消费者在决定需要的类型之后出现的次一级竞争，也称含义竞争。例如，消费者需要买家庭耐用消费品，到底是购买家庭娱乐设备，还是购买新式家具，或是购买家庭健身器材？消费者要选择其中一类，以满足这一消费欲望。

3. 产品竞争者

即满足同一消费者欲望的同类产品不同形式之间的竞争。消费者在决定了需要的属类之后，还必须决定购买何种产品。例如，若消费者决定购买家庭娱乐设施，那他还需决定是购买大屏幕电视机，还是购买摄像机，或是购买高级音响设备等。

4. 品种竞争者

产品还有很多品种。如果消费者决定购买大屏幕彩色电视机，那么市场上有晶体显像管彩色电视机、背投彩色电视机、等离子彩色电视机或液晶彩色电视机，他还要决定到底选择其中的哪一种。

5. 品牌竞争者

每一种大屏幕电视机又有许多不同的厂家生产，如长虹、TCL、康佳等多种国产品牌以及进口日、韩产品可供选择。以上几种竞争类型紧密关联，如图 1-1 所示。

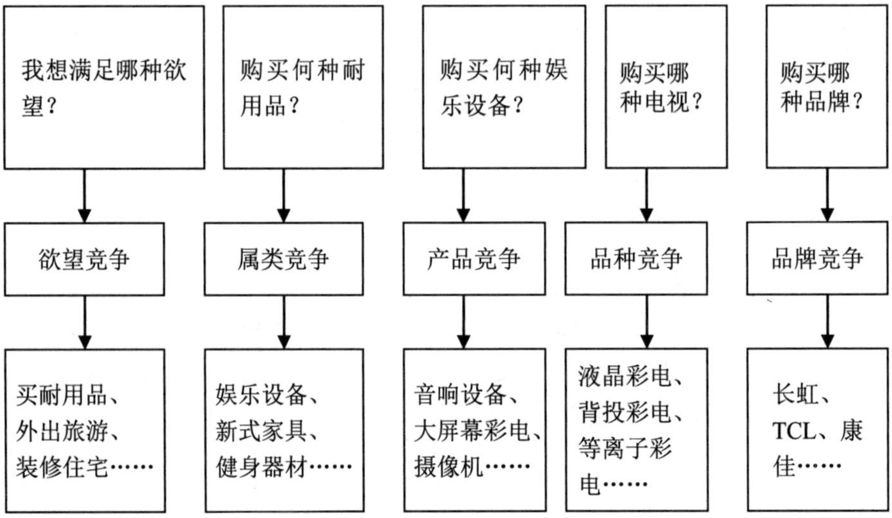

图 1-1　各种竞争类型

（二）市场竞争模式

市场竞争是市场经济中同类经济行为主体出于自身利益的考虑，增强自己的经济实力，排斥同类经济行为主体的相同行为的表现。市场竞争的内在动因在于各个经济行为主体自身的物质利益驱动，以及为自己的物质利益被市场中同类经济行为主体所排挤的担心。当某一行业刚刚开始形成，处于幼稚期时，行业内的企业很少；由于产品销路好，整个行业迅速成长起来，这时，其较高的行业利润会吸引一些竞争对手纷纷加入；随着行业的成熟和发展，竞争越来越激烈；最后，只剩下少数几家实力强大的企业坚守阵地，形成寡头、瓜分市场。根据行业内企业对市场上产品、数量和价格的影响能力的大小，可将市场模式划分为完全竞争、完全垄断、垄断竞争和寡头垄断四种类型。

1. 完全竞争市场

完全竞争市场又称纯粹竞争市场，是指一种竞争完全不受任何阻碍和干扰的市场。一个完全竞争的市场应具备如下一些条件：

有众多的市场主体，即极大数量的买者和卖者。卖者数量多，每个卖者在市场上占有的份额很小，个别卖者销售量的变化不影响商品的市场价格；同时，众多买者中的任何一个也无法以自己需求量的变化对市场价格发挥作用。

市场客体同质化，即产品不存在差别，且买者对于具体的卖方是谁没有特别的偏好。这样，不同的卖者之间就能够进行完全平等的竞争。

总生产资源可以完全自由流动，每个厂商都可以依照自己的意愿自由地进入或退出市场。

信息是充分的，即消费者充分了解产品的市场价格、性能特征和供给状况；生产者充分了解投入品的价格、产成品的价格及生产技术状况。

2. 完全垄断市场

完全垄断市场又称独占性市场，是指完全由一家企业所控制的市场。完全垄断市场存在的条件有：

卖方是独此一家，别无分店，而买家则很多。

由于各种条件的限制，如技术专利，专卖权等，其他卖者无法进入市场。

市场客体是独一无二的，不存在替代品。在完全垄断市场上，由于只有一家做主，因而这一卖者就可以操纵价格。所操纵价格必然高于实际价格。因为垄断企业作为价格的制定者，他知道每多售出一单位的产品都将导致价格的下降，这会使他通过限制产量来控制价格，从而把价格保持在较高水平上，以获取最大利润。

3. 垄断竞争市场

垄断竞争市场，是指既存在垄断，又存在竞争，既不是完全竞争又不是完全垄断的市场。垄断竞争市场存在的条件有：

产品之间存在差别。产品差别是指同一类产品在性能、质量、外观、包装、商标或销售等条件方面的不同。正由于产品有差别，不同的产品就可以以自己的特色在一部分消费者中形成垄断地位；同样也正由于差别不过是同类产品中的差别，同类产品的使用价值会形成一种垄断和竞争并存的状态。

市场上存在着较多的供给厂商，且没有一个是占明显优势的，因而相互之间存在着竞争。

厂商进入或退出市场的障碍较小。

交易的双方都能够获得足够的信息。

4. 寡头垄断市场

寡头垄断市场，是指由少数几家厂商所垄断的市场。寡头垄断市场形成的原因是：在这类市场上存在进入的障碍。如某些产品的产量达到一定规模后平均成本才会下降，生产才是有利的；或者在某一行业中存在着资源的垄断；或者是寡头们本身采取了种种排他性措施；或者是政府对这些寡头给予了扶持与支持等。

第二节　市场营销学的生长与发展

一、市场营销学的理论研究

当代社会，人们的物质生活水平正在逐步提高，人们的购买力也随着生活水平的提高而增强。在这种背景下，各个营销行业都在为能够在营销市场中占据有利地位而创新营销方式，以期让企业实现利益最大化。不同时代有着不同的市场营销理论。对比古往今来的市场营销理念的发展，我们可以发现，市场营销理念一直指引着我国营销企业的前进方向。截至今天，从有利于我国经济发展的角度来看，一个具有创新性以及能够经得起实践检验的营销方案会指引我国市场的发展，影响我国的经济发展趋势。

（一）市场营销理论发展历程

1. 市场营销理论发展初期

我国是社会主义国家，与资本主义国家有着明显的不同。我国在市场营销理论的发展初期，都是“摸着石头过河”，通过不断实践，一步一个脚印地走出了我国市场营销理论的雏形。市场营销理论发展初期，我国的市场营销理论还不成熟。虽然一些常年从事资本市场运作的企业有属于自己的一套市场营销理论，但其实这些行业拥有的市场营销理论并不可靠。因为这些理论没有经过大量的实践，所以不具有实用性，并不适合我国的市场。然而，我们也不能全盘否定企业自己的市场营销理论的价值，这些营销理论中也有很多值得借鉴的地方，这些理论在我国的营销市场中也有一定的参考性，为我国营销理论的后续发展指引了方向，奠定了一定的基础。

2. 市场营销理论发展中期

我国市场营销理论到了中期，就取得了一些进步，与初期时的理论有了很大的不同。我国市场营销理论在中期阶段，经过了时间的洗礼，不断地进行社会实践，我国的市场也变得越来越明朗。所以，很多的企业在市场营销中期理论的指引下，渐渐地形成了一定的规模，这些行业在市场营销上也有了一些经验。可是，随着时代的不断发展，很多企业开始追求更加快速的发展。因此，怎样能够准确把握市场的发展方向以及找到最适合自己企业发展的营销理论成为企业发展中最关键的问题。与市场营销初期理论相比，中期的理论在发展上已经有了明显的进步，在提高了方案可靠性与可参考度的同时，还从侧面反映出我国营销市场的进步速度，这是一个非常好的现象。

3. 市场营销理论发展的黄金时期

我国的营销市场正在飞速发展和前进，各国企业之间的交流也在逐渐地增加。在这种时代背景下，我国的市场营销行业又对自身的发展有了新的追求。如今的营销行业在追求快速发展的同时，想要得到更高的利润，所以继续创新优化市场营销理论变得至关重要。在市场运作的背景下，怎样把握住资本市场，让自己的企业在市场营销发展中取得一定的成效，是营销行业运作市场的最基础的办法。我国市场营销理论发展到黄金时期的时候，其实也存在一些问题。但是即便如此，必须承认的是在这个黄金时期，我国市场营销的发展速度是非常快的，市场营销方案的内容也在不断地更新，更新速度之快，也是前所未有的。随着我国经济水平的不断提高，我国的信息技术也在不断地进步，营销人员可以通过网络学习到大量的营销知识，提高自身的专业水平，扩大关于营销的知识面。营销市场发展飞速还有一个原因，就是很多人看好市场营销的发展，开始对市场运作产生兴趣。从 2015 年开始，我国在市场营销理论方面一直在走上坡路，迎来了黄金时期。

（二）市场营销理论的创新阶段

当今社会，科学技术的发展日新月异，互联网已经走进了人们的生活，应用在人们生活和工作的方方面面。不同的时代，应该有不同的市场营销理论。在互联网普及的现代社会，市场营销理论也应该随之进行创新，把互联网与市场营销模式相结合。在这种网络时代的背景下，市场营销理论与网络相结合有着明显的优势。

首先在市场营销范围方面，通过与网络的结合，可以大大扩大企业的营销范围。在传统的市场营销中，消费者想要购买任何物品都需要去线下的商家处。在这种形式下，市场营销理论仅仅是通过打折等方式吸引消费者进行购买，并且这种营销模式中的消费者大部分是本地人，甚至都是营销企业附近的居民，大大影响着营销的数量，不利于营销企业的发展。但是如今在市场营销中引入互联网，营销企业就可以将商品发布到网络上，这样全国各地的人都可以浏览到该商品，这时营销企业的销售范围就扩大了。那么营销企业的营销理论必须也跟得上时代的发展，营销者可以采取一些包邮、打折、多买赠送赠品之类的方式引起消费者的兴趣，从而提高企业的营销额。

其次在营销的流程方面，应用创新的市场营销理论，对于营销流程也有很大的优势。在传统的营销过程中，消费者要购买商品需要经过很多的环节。但是在网络时代，消费者可以足不出户就买到自己心仪的商品，大大缩减了购物的流程。这对于市场营销企业而言，也相应地减少了一些营销的环节，优化了营销的流程。所以，在市场营销理论创新阶段，市场营销企业迎来了新的机遇。

1. 全球营销

在 20 世纪 80 年代，市场营销理论家莱维特提出了“全球营销”理论，并指出传统的市场营销对于企业市场地位的掌控过分强调，这也就导致企业在实际发展过程中，失去了生产、广告营销以及分销等经济效益。同时，呼吁企业在市场发展进程中，应当考虑全球市场，并实施统一营销模式。全球营销理论的问世，初期受到了许多企业家的质疑，但随着时代的发展，逐渐被企业所接受，并且成为当前企业发展的重要营销理念之一。例如，沃尔玛公司在发展中就采取了全球营销理论，并在全球范围内购买商品、出售商品，以此控制商品的最低成本，也就促进了公司在市场发展中获取最高经济效益。

2. 绿色营销

在 20 世纪 90 年代，“绿色营销”在市场中全面兴起，而且在市场中的推广也不断加快。绿色营销理念注重绿色产品营销，而且针对市场营销活动，以保护生态环境为营销理念，主要就是呼吁企业在发展中，应当以客户绿色消费为主，在此基础上构建完善的营销模式，在满足客户绿色消费的需求的同时，也能够促使企业完成绿色营销目标。在绿色营销理念的发展下，市场中也逐渐呈现出了绿色食品、绿色工程以及绿色标志，从而宣告了绿色时代的到来。

3. 网络营销

在时代的发展下，计算机技术与网络信息技术不断创新与完善，使得电子商务行业得到了迅速发展，甚至成为市场沟通桥梁构建的主要连接点。电子商务的发展，使得市场营销理念发生了变化，市场营销专家逐渐认识到网络对于开展营销活动的优势所在，从而提出了“网络营销”理念。网络营销理论是在传统营销理论的基础上，对其进行了补充与拓展，同时显示出了市场经济的良好适应程度，为市场的全面发展奠定了良好基础。

（三）市场营销理论的应用实践

1. 营销理论与互联网结合，创新产品策略

现代社会是互联网的时代，在这样的背景下，市场营销行业的营销理念与营销方式的创新必须重视消费者，要意识到顾客的核心地位。因为顾客在购买商品时有很多的选择，营销商必须能够抓住消费者的购买习惯和特点，让消费者选择自己营销的产品。

市场营销者在进行产品的设计与营销时，首先要考虑的不是在价格上做出优惠从而加强对消费者的吸引，而是要重视消费者的实际需求，从消费者的实际需求入手进行商品的营销。其次还要了解到消费者的需求并不是单一的，要在商品生产设计阶段，让商品更加多样化，这样可以满足大多数消费者的需求。因为消费者都是不同的，对于商品有着个性化的需求，所以营销者不可以只是在商品本身上下功夫，还必须有恰当的营销方式，创新营销手段，将生产端与客户端紧密联系起来，时刻关注客户的不同需求，利用及时恰当的营销方法，提高营销效率。通过互联网背景下的营销，营销者与消费者之间可以进行互动，这种互动不受任何事物限制。消费者通过销售平台，可以向商家咨询自己所要购买商品的信息，也可以向商家寻求一些购买建议。如果消费者对商品有任何要求，也可以及时向营销者提出来。在这种情况下，营销者通过和消费者的沟通，也会得到关于商品信息的反馈，从而对现有商品进行创新和改进。这样可以直接提高消费者的满意程度，进而提高营销企业的口碑，从而增加销量。

除此之外，商家可以通过互联网进行大数据分析，通过大数据，营销企业不仅可以了解自家的商品在同类商品中的销售情况，也可以获取到消费者购买偏好与实际需求。通过了解潜在消费者的购物需求，将相关商品推送到消费者面前，这种方式是营销精准性的保障。

2. 营销理论与互联网结合，创新价格策略

市场中商品的定价与消费者息息相关，任何商品的价格一定都在消费者可以接受的范围之内。在传统的营销理论中，价格策略比较固定，很难满足客户对价格提出的要求。这时候就需

要企业营销者改变自己的营销模式，创新价格策略，尽最大努力满足消费者对价格的要求。

在互联网时代，在商品价格方面，消费者越来越具有话语权。因为消费者的购物选择非常多，从消费者的角度来看，他们当然想选择物美价廉的商品。这就需要营销者在保证价格底线的前提下，有效地实施价格策略。如果营销理念还停留在传统的层面上，要想有效地实施价格策略是有一定难度的。但是营销理念与互联网相结合，是可以达到这个要求的。营销者可以在商品正式销售之前，拿出一部分商品进行实验销售，以此来获得消费者对于商品价格的不同要求。结合这些消费者对价格以及商品的要求，先对商品进行改进，再制定新的价格。在每一方面都满足了消费者的需求之后，再进行大规模的生产和销售。

3. 营销理论与互联网结合，创新促销策略

无论是传统的营销模式还是互联网背景下的营销模式，促销都是一种非常有效的营销手段。但是传统的促销手段非常单一，基本上就是通过发传单以及做广告推广的方式进行促销。这种方式传播范围太小，不能让更多的人了解到所营销的商品。所以，企业要利用互联网进行大范围的商品促销。营销者可以在比较热门的网站上发布产品的宣传信息，宣传信息一定要突出产品的特色，从而吸引消费者的眼球。企业营销者还可以给消费者设置福利，只要消费者将宣传信息分享给几个朋友，就可以在原有的优惠力度上，再得到一定程度的优惠。这样的宣传方式，可以扩大宣传范围，提高企业的知名度，扩大销量。

4.4Ps 理论的应用分析

4Ps 主要是指产品、价格、渠道、促销四种营销策略。4Ps 理论的有效运用，对市场的发展产生了深刻影响，甚至被一部分营销专业奉为了经典营销理论，即使在当前时代的发展背景下，大部分企业依旧会将 4Ps 作为营销理论框架，从而完善营销战略，甚至在当前市场营销专业当中，也是将 4Ps 理论作为专业知识基础。甚至每一位营销工作人员在设计营销活动的过程中，都会从 4Ps 理论的角度出发，对营销活动中所存在的问题进行具体分析。

在当前时代的发展背景下，企业愿意以 4Ps 理论为依据，主要有以下原因。

第一，4Ps 理论具备一定的客观性、易操作性以及控制性，所包含的内容也相对较为完善，能够融入企业的每一个营销互动环节当中，对整个营销过程的实施可以进行具体化分析，体现出整个营销交易环节，从而对每一个营销环节进行有效监督掌控，对其中存在的问题及时进行纠正。

第二，4Ps 理论在实际应用中具备一定的可预见性，能够从企业发展角度分析，为企业追求最大经济效益，并起到维护经济效益的作用，这也是当前大部分企业喜爱它的原因。

不过，4Ps 在实践应用过程中，也存在一定的缺陷。

第一，4Ps 理论以企业发展为核心，以追求最大经济效益为基础，会导致企业与企业之间在合作中出现利益纠纷。

第二，4Ps 理论并未站在客户的角度分析，只是认为好的产品在市场中必定会得到认可，这也就导致企业在未了解市场需求以及客户需求的情况下，构建厂房，购买设备，花费了大量的资金成本，从而根据生产的产品，寻找客户目标，导致企业经济效益产生了极大的亏损。

第三，4Ps 理论倡导的营销方式以产品为主，缺乏客户需求导向，导致企业在投入大量资金成本后，所收获的经济效益却相对较低，无法达到良好的应用效果。

5.4Rs 理论的应用分析

4Rs 营销理论是指关联、反应、关系以及回报四种营销策略。其主要特点是以市场竞争为导向，在不同的市场发展阶段中，构建营销新框架，同时根据市场的竞争趋势，注重企业与客户之间的双赢局面，并能够满足客户的市场消费需求，并主动创造客户需求，利用现代化思想观念对营销需求进行整合，通过关联与客户之间可以形成良好的合作关系，促使企业与客户之间相互联系，并可以形成良好的竞争优势，同时也能够落实不同关系的营销思想观念。而且在反应、关系以及回报营销策略下，提出与客户之间的长期合作，从而在满足客户需求的条件下，可以保障企业获取长期经济效益。

此外，反应营销策略机制以达到双赢为主，与客户之间加强互动，为关联营销机制的实施奠定良好基础，并同时保障了营销模式的便利性。回报营销机制以及兼容成本，达成互赢局面，在追求回报的同时，提高客户的满意度，并充分考虑客户最大承受成本，在此基础上促使企业获取更大的市场份额，以此形成良好的规模效益，帮助企业的同时也帮助了客户，从而在整个经营过程中达成双赢的局面。不过，4Rs 营销理论在实际应用中也存在一定的缺陷，那就是需要客户具备一定的经济实力，或者具备其余特殊条件，才能够真正满足企业发展需求，并真正达到 4Rs 营销理论的客户关系监理，实现相互关联，实现长期合作，为此，企业需要根据实际情况，对市场营销理论进行合理运用，尽可能在满足客户个人需求的同时，也能够在经营活动中创造最大的经济效益，为企业的健康发展奠定良好基础，从而实现可持续发展。

二、市场营销学的研究对象

市场营销学的研究对象是市场营销活动及其规律，即研究企业如何识别、分析评价、选择和利用市场机会，从满足目标市场顾客需求出发，有计划地组织企业的整体活动，通过交换，将产品从生产者手中转向消费者手中，以实现企业营销目标。

（一）市场营销学的性质

1. 市场营销学是一门科学

市场营销学是什么性质的科学？它是否是一门科学？对此，国内外学术界持有不同的见解。

概括起来，大致分为三种观点：

一种观点认为市场营销学不是一门科学，而是一门艺术。他们认为，工商管理（包括市场营销学在内）不是科学而是一种教会人们如何做营销决策的艺术。

第二种观点认为，市场营销学既是一种科学，又是一种行为和一种艺术。这种观点认为，管理（包括市场营销学）不完全是科学，也不完全是艺术，有时偏向科学，有时偏向艺术。当收集资料时，尽量用科学方法收集和分析，这时科学成分比较大，当资料取得以后，要做最后决定时，这时艺术成分就大一点，由于主要是依据企业领导者的经验和主观判断，这时便是艺术。这种双重性观点，主要问题在于将市场营销同市场营销学混同起来了。市场营销是一种活动过程、一种策略，因而是一种艺术。市场营销学是对市场营销活动规律的概括，因而是一门科学。

第三种观点认为市场营销学是一门科学。这是因为，市场营销学是对现代化大生产及商品经济条件下工商企业营销活动经验的总结和概括，它阐明了一系列概念、原理和方法。市场营销理论与方法一直指导着国内外企业营销活动的发展。

2. 市场营销学是一门应用科学

市场营销学是一门经济科学还是一门应用科学，学术界对此存在两种观点：一种是少数学者认为市场营销学是一门经济科学，是研究商品流通、供求关系及价值规律的科学。另一种观点认为市场营销学是一门应用科学。无疑，市场营销学是于20世纪初从经济学的“母体”中脱胎出来的，但经过几十年的演变，它已不是经济科学，而是建立在多种学科基础上的应用科学。美国著名市场营销学家菲利浦·科特勒指出：“市场营销学是一门建立在经济科学、行为科学、现代管理理论之上的应用科学。”（《市场营销学原理》序言）因为“经济科学提醒我们，市场营销是用有限的资源通过仔细分配来满足竞争的需要；行为科学提醒我们，市场营销学涉及谁购买、谁组织，因此，必须了解消费者的需求、动机、态度和行为；管理理论提醒我们，如何组织才能更好地管理其营销活动，以便为顾客、社会及自己创造效用”（《市场营销学原理》序言）。

3. 市场营销学既包括宏观营销学也包括微观营销

美国著名市场营销学家麦卡锡在其代表作《基础市场学》中明确指出，任何商品经济社会的市场营销均包括两个方面：一个是宏观市场营销；另一个是微观市场营销。宏观市场营销是把市场营销活动与社会联系起来，着重阐述市场营销与满足社会需要、提高社会经济福利的关系，它是一种重要的社会过程。宏观市场营销的存在是由于社会化大生产及商品经济社会要求某种宏观市场营销机构及营销系统来组织整个社会所有的生产者与中间商的活动，组织整个社会的生产与流通，以实现社会总供需的平衡及提高社会的福利。微观市场营销是指企业活动或企业职能，是研究如何从顾客需求出发，将产品或劳务从生产者手中转到消费者手中，实现企业赢利目标。它是一种企业经济活动的过程。

由于西方国家受资本主义私有制的局限，其学术界主要是研究企业的微观营销，对宏观营销研究不十分重视，即使对宏观营销进行研究，也不是从实现社会总供需平衡的角度来研究，而只从客观角度来研究企业营销的总体作用。我国实行的是以社会主义公有制为主体的、多种经济成分并存的社会主义市场经济体制，国家实行宏观计划调控，因而从微观及宏观两个角度来研究市场营销就非常重要了。

（二）市场营销的核心概念

市场营销涉及其出发点，即满足顾客需求，还涉及以何种产品来满足顾客需求，如何才能满足消费者需求，即通过交换方式，产品在何时、何处交换，谁实现产品与消费者的连接。可见，市场营销的核心概念应当包含需要及相关的欲求、需求，产品及相关的效用、价值和满足，交换及相关的交易和关系，市场、营销、市场营销及市场营销者。

1. 需要及相关的欲求和需求

（1）需要（Needs）

指消费者生理及心理的需要，如人们为了生存，对食物、衣服、房屋等的生理需要及安全、归属感、尊重和自我实现等心理需要。市场营销者不能创造这种需要，只能适应它。

（2）欲求（Wants）

指消费者深层次的需求。不同背景下的消费者欲求不同，比如中国人需求食物欲求大米饭，法国人需求食物则欲求面包，美国人需求食物则欲求汉堡包。人的欲求受社会因素及机构因素，诸如职业、团体、家庭、教会等影响。因而，欲求会随着社会条件的变化而变化。市场营销者能够影响消费者的欲求，如建议消费者购买某种产品。

（3）需求（Demand）

指有支付能力和愿意购买某种物品的欲求。可见，消费者的欲求在有购买力之后才能变成需求。许多人想购买奥迪牌轿车，但只有具有支付能力的人才能购买。因此，市场营销者不仅要了解有多少消费者欲求其产品，还要了解他们是否有能力购买。

2. 产品及相关的效用、价值和满足

（1）产品（Product）是指用来满足顾客需求和欲求的物体。产品包括有形与无形的、可触摸与不可触摸的。有形产品是为顾客提供服务的载体。无形产品或服务是通过其他载体，诸如人、地、活动、组织和观念等来提供的。我们感到疲劳时，可以到音乐厅欣赏歌星唱歌（人），可以到公园去游玩（地），可以到室外散步（活动），可以参加俱乐部活动（组织），或者接受一种新的意识（观念）。服务也可以通过有形物体和其他载体来传递。市场营销者切记销售产品是为了满足顾客需求，如果只注意产品而忽视顾客需求，就会产生“市场营销近视症”。

（2）效用、价值和满足（Utility，Value，Satisfaction）

消费者如何选择所需的产品，主要是根据对满足其需要的每种产品的效用进行评估而决定的。效用是消费者对满足其需要的产品的全部效能的评估。产品全部效能（或理想产品）的标准如何确定？例如某消费者到某地区的交通工具，可以是自行车、摩托车、汽车、飞机等。这些可供选择的产品构成了产品的选择组合。又假设某消费者要求满足不同的需求，即速度、安全、舒适及节约成本，这些构成了其需求组合。这样，每种产品有不同能力来满足其不同需要，如自行车省钱，但速度慢，欠安全；汽车速度快，但成本高。消费者要决定一项最能满足其需要的产品。为此，按最能满足其需求到最不能满足其需求的顺序对产品进行排列，从中选择出最接近理想产品的产品，它对顾客效用最大，如顾客到某目的地所选择理想产品的标准是安全、速度，他可能会选择汽车。

顾客选择所需的产品除效用因素外，产品价格高低亦是因素之一。如果顾客追求效用最大化，他就不会简单地只看产品表面价格的高低，而会看每一元钱能产生的最大效用，如一部好汽车价格比自行车昂贵，但由于速度快、修理费少、相对于自行车更安全，其效用可能大，从而更能满足顾客需求。

3. 交换、交易和关系（Exchange、Transactions、Relationships）

（1）交换（Exchange）

人们有了需求和欲求，企业亦将产品生产出来，还不能解释为市场营销，只有产品完成交换市场营销才产生。人们通过自给自足或自我生产方式，或通过偷抢方式，或通过乞求方式获得产品都不是市场营销，只有通过等价交换，买卖双方彼此获得所需的产品，才产生市场营销。可见，交换是市场营销的核心概念。

要完成一次交换，必须满足下列 5 个条件：至少要有两个参与交换的伙伴；参与的一方要拥有另一方希望获得的东西；参与的一方要能与另一方进行沟通，并能将另一方需要的商品或是服务传递过去；参与一方要有接受或是拒绝的自由；参与一方要有与另一方交往的欲望。有时，上述所有的条件都具备了，交换也不一定发生。但是若没有这些条件，交换肯定不会发生。

（2）交易（Transactions）

交换是一个过程，而不是一种事件。如果双方正在洽谈并逐渐达成协议，称为在交换中。如果双方通过谈判并达成协议，交易便发生。交易是交换的基本组成部分。交易是指买卖双方价值的交换，它是以货币为媒介的，而交换不一定以货币为媒介，它可以是物物交换。交易涉及几个方面，即两件有价值的物品，双方同意的条件、时间、地点，还有来维护和迫使交易双方执行承诺的法律制度。

（3）关系（Relationships）

交易营销是关系营销大观念中的一部分。精明能干的市场营销者都会重视同顾客、分销商等建立长期、信任和互利的关系。而这些关系要靠不断承诺及为对方提供高质量产品、良好服务及公平价格来实现，靠双方加强经济、技术及社会联系来实现。关系营销可以减少交易费用和时间，最好的交易是使协商成为惯例。

处理好企业同顾客关系的最终结果是建立起市场营销网络。市场营销网络是由企业同市场营销中介人建立起的牢固的业务关系。

4. 市场、营销、市场营销及市场营销者

（1）市场（Markets）

市场由一切有特定需求或欲求并且愿意和可能从事交换来使需求和欲望得到满足的潜在顾客所组成。一般说来，市场是买卖双方进行交换的场所。但从市场营销学角度看，卖方组成行业，买方组成市场。行业和市场构成了简单的市场营销系统。买方和卖方由四种流程所联结，卖者将货物、服务和信息传递到市场，然后收回货币及信息。现代市场经济中的市场是由诸多种类的市场及多种流程联结而成的。生产商到资源市场购买资源（包括劳动力、资本及原材料），转换成商品和服务之后卖给中间商，再由中间商出售给消费者。消费者则到资源市场上出售劳动力而获取货币来购买产品和服务。政府从资源市场、生产商及中间商处购买产品，支付货币，再向这些市场征税及提供服务。因此，整个国家的经济及世界经济都是由交换过程联结形成的复杂的相互影响的各类市场所组成的。

（2）营销（Marketing）

营销（Marketing）的任务是辨别和满足人类和社会的需要。对营销所做的最简明的定义是："满足需求的同时而获利。"美国市场营销协会（AMA）从管理角度所下的定义是：营销既是一种组织职能，也是为了组织自身及利益相关者的利益而创造、传播、传递顾客价值，管理顾客关系的一系列过程。我们从社会和管理角度对营销下定义。社会角度的定义说明了营销的社会作用。从这一角度看，营销是个人和集体通过创造，提供出售，并同别人交换产品和价值，以获得其所需所欲之物的一种社会的和管理的过程。营销的目的在于深刻地认识和了解顾客，从而使产品或服务完全适合他的需要并形成产品自我销售。营销的对象有十大项：有形的商品、无形的服务、事件、体验、人物、地点、财产权、组织、信息和理念。

（3）市场营销（Marketing）及市场营销者（Marketers）

上述市场概念使我们更全面地了解市场营销概念。它是指与市场有关的人类活动。亦为满足消费者需求和欲望而利用市场来实现潜在交换的活动。它是一种社会的和管理的过程。

市场营销者是从事市场营销活动的人。市场营销者既可以是卖方，也可以是买方。作为买方，他力图在市场上推销自己，以获取卖者的青睐，这样买方就是在进行市场营销。当买卖双方都在积极寻求交换时，他们都可被称为市场营销者，这种营销为互惠的市场营销。

（三）市场营销管理

市场营销管理是指为创造达到个人和机构目标的交换，而规划和实施理念、产品和服务的构思、定价、分销和促销的过程。市场营销管理是一个过程，包括分析、规划、执行和控制。其管理的对象包含理念、产品和服务。市场营销管理的基础是交换，目的是满足各方需要。

市场营销管理的主要任务是刺激消费者对产品的需求，但不能局限于此。它还帮助公司在实现其营销目标的过程中，影响需求水平、需求时间和需求构成。因此，市场营销管理的任务是刺激、创造、适应及影响消费者的需求。从此意义上说，市场营销管理的本质是需求管理。

任何市场均可能存在不同的需求状况，市场营销管理的任务是通过不同的市场营销策略来解决不同的需求状况。

1. 负需求（Negative Demand）

负需求是指市场上众多顾客不喜欢某种产品或服务，如近年来许多老年人为预防各种老年疾病不敢吃甜点心和肥肉，又如有些顾客害怕冒险而不敢乘飞机，或害怕化纤纺织品有毒物质损害身体而不敢购买化纤服装。市场营销管理的任务是分析人们为什么不喜欢这些产品，并针对目标顾客的需求重新设计产品、定价，进行更积极的促销，或改变顾客对某些产品或服务的信念，诸如宣传老年人适当吃甜食可促进脑部血液循环，乘坐飞机出事的概率比较小等。把负需求变为正需求，称为改变市场营销。

2. 无需求（No Demand）

无需求是指目标市场顾客对某种产品从来不感兴趣或漠不关心，如许多非洲国家居民从不穿鞋子，对鞋子无需求。市场营销者的任务是创造需求，通过有效的促销手段，把产品利益同人们的自然需求及兴趣结合起来。

3. 潜在需求（Latent Demand）

这是指现有的产品或服务不能满足许多消费者的强烈需求。例如，老年人需要高植物蛋白、低胆固醇的保健食品，美观大方的服饰，安全、舒适、服务周到的交通工具等，但许多企业尚未重视老年市场的需求。企业市场营销的任务是准确地衡量潜在市场需求，开发有效的产品和服务，即开发市场营销。

4. 下降需求（Falling Demand）

这是指目标市场顾客对某些产品或服务的需求出现了下降趋势，如近年来城市居民对电风扇的需求已饱和，需求相对减少。市场营销者要了解顾客需求下降的原因，或通过改变产品的特色，采用更有效的沟通方法再刺激需求，即创造性地再营销，或通过寻求新的目标市场，以扭转需求下降的趋势。

5. 不规则需求（Irregular Demand）

许多企业常因季节、月份、周、日、时对产品或服务需求的影响，而产生生产能力和商品的闲置或过度使用。如在公共交通工具方面，在运输高峰时不够用，在非高峰时则闲置不用。又如在旅游旺季时旅馆紧张和短缺，在旅游淡季时，旅馆空闲。再如节假日或周末时，商店拥挤，在平时商店顾客稀少。市场营销的任务是通过灵活的定价、促销及其他激励因素来改变需求时间模式，这称为同步营销。

6. 充分需求（Full Demand）

这是指某种产品或服务目前的需求水平和时间等于期望的需求，但消费者需求会不断变化，竞争日益加剧。因此，企业营销的任务是改进产品质量及不断估计消费者的满足程度，维持现时需求，这称为“维持营销”。

7. 过度需求（Verfull Demand）

是指市场上顾客对某些产品的需求超过了企业供应能力，产品供不应求。比如，由于人口过多或物资短缺，引起交通、能源及住房等产品供不应求。企业营销管理的任务是减缓营销，可以通过提高价格、减少促销和服务等方式使需求减少。企业最好选择那些利润较少、要求提供服务不多的目标顾客作为减缓营销的对象。减缓营销的目的不是破坏需求，而是暂缓需求水平。

8. 有害需求（Unwholesome Demand）

这是指对消费者身心健康有害的产品或服务，诸如烟、酒、毒品、黄色书刊等。企业营销管理的任务是通过提价、传播恐怖及减少可购买的机会或通过立法禁止销售。反市场营销的目的是采取相应措施来消灭某些有害的需求。

第三节　市场营销学的发展历程

一、市场营销观念的发展历程

市场营销观念是企业进行经营活动的基本指导思想，对企业的市场经营活动起着导向作用。企业能否树立与营销环境相适应的营销观念，直接关系到企业营销的成败。因此现代企业十分重视市场营销观念的开发和运用，现代企业的竞争，首先是营销观念的竞争。市场营销观念不是一成不变的，它总是随着社会发展而变化。在市场营销理论演进的过程中，市场营销观念也发生了深刻的变化，市场营销观念的发展大概经历了以下几个阶段：

（一）生产导向观念

生产导向观念是商品经济发展初期的基本经营指导思想。在这一时期，生产力水平较低，消费品不丰富，消费品的供给不能满足消费者的需求，消费者只能被动接受市场上的商品，从而形成了卖方市场。在卖方市场条件下，生产者不用担心产品销售不出去，因此经营者关心的主要问题不是销售而是生产。经营者采取的基本策略就是“以产定销，降低成本”策略。管理机构的职能就是生产管理，以生产为中心，通过提高生产效率，从而达到提高产量，降低产品成本，增加盈利的目的。尽管生产导向观念在商品经济发展初期形成，缺乏整体营销意识，但对刚刚起步的中小企业而言仍然是其主导的营销观念。我国服装工业起步较晚，服装品牌竞争力不强，许多中小服装企业采用了“三来一补”的经营模式，为外商或国内一些大的服装集团公司进行来料加工。这些处于发展初期的中小型服装企业采用“生产导向”的经营模式，量力而行，更能发挥它们灵活经营的优势。

（二）产品导向观念

随着商品经济的发展，生产力水平不断提高，供给逐渐超过需求，生产者为了提高竞争力，争取更多的市场份额，开始重视产品质量，采取“以质取胜”的策略，这一时期的质量偏重于提高产品的耐用性。由于市场中出现了质量不同的产品，消费者在购买商品时可以从价格和质量两个方面进行选择，从而形成了不完全的买方市场，买方市场的出现加速了产品导向观念的形成和运用，可以说产品导向观念是生产导向观念的进一步完善和提高。由于产品导向观念开始注重长期性的经营行为，克服短期性的经营行为，这一观念被市场的消费者和经营者广泛接受，曾一度成为企业经营的主导观念。然而产品导向观念存在着一个致命的弱点，它不能避免和消除生产和需要之间的矛盾。

（三）推销观念

产品导向观念并没有解决市场激烈竞争导致的商品积压问题，于是企业开始把注意力转移到如何刺激消费者的购买欲望及增加购买数量上。采取的措施就是加强销售部门的力量，如培训推销人员、加强广告宣传、拓展销售网络、采用灵活多样的短期促销措施等。这些手段和措施都基于一个假设：刺激能激起消费者的购买欲望。这一时期销售部门的地位受到重视，从事产品推销的专职队伍得到空前的发展，企业从扩大销售网络的活动中取得了可观的经济效益，销售部门及销售人员的形象得以改善，地位得到提升。推销观念重视解决企业短期的销售目标和销售问题，但对于理性的消费者，这种经营理念就显得苍白无力了。

（四）营销观念

消费者作为市场主体之一，并不总是被动接受企业推销的产品，消费者对非必要产品的抵制，打破了“促销万能”的神话，也暴露了以往营销观念的致命弱点，这就是“以生产为起点”的营销观念。当企业认识到这一点，并开始把经营的起点转移到消费者身上时，营销观念便逐渐形成了。营销观念是指经营者通过对消费者需求的分析，确定产品开发的方向，从而保证产品适销对路的经营观念。营销观念的核心思想就是“顾客中心、整体营销和长远利益”。也就是说营销观念以市场为起点和终点，它把影响企业经营活动的诸要素作为一个系统进行分析和研究，在此基础上制定市场营销方案。市场营销目标的着眼点不是短期利益，而是长期利益，完全克服了短期的经营行为。这种营销观念已成为大中型集团企业的基本经营理念。

与推销观念相比，市场营销观念以下几个方面产生了重要的变化：一是出发点不同，推销观念以企业为中心，推销已经生产出来的产品，而市场营销观念以市场为中心，经营的起点是顾客的需要。二是市场导向不同，推销中心仍然以产品为导向，而市场营销观念以顾客需要为导向。三是营销手段不同，推销观念强调业务人员的推销，而市场营销观念强调整体协调营销。四是目标不同，推销以赢利为唯一目的，而市场营销的目标包括短期利润目标与长期发展目标。因此，市场营销观念是一种以顾客为中心的营销观念，并重视消费者权益。

（五）生态营销观念

这一观念是对营销观念的进一步发展。它强调企业内部资源与外部环境的协调和配合。其基本的观点就是企业要根据市场需求，结合自身的优势，确定企业的营销策略，即适者生存策略。企业要经常监测市场环境与需求的变化，对营销策略进行及时调整以适应市场环境和需求的变化，即进化策略。根据生态营销观念，企业经营过程中要善于集中优势资源，发挥自己的优势和特长，在市场营销中能避虚就实，不要盲目发展自己的弱项。

（六）社会营销观念

由于企业的市场营销观念都建立在赢利基础上，并没有考虑到社会利益，因此在企业不断推出新产品迎合消费者的需求时，社会运行成本却因过度消费而不断增加，同时还出现了一系列难以解决的社会问题。如消费结构不断膨胀，导致生活垃圾困扰消费者；产品更新加快，导致社会资源浪费；资源过度开发，环境污染加重，导致生态环境遭到破坏，人类生活环境异化，生活质量下降等问题。

（七）后市场营销观念

进入 20 世纪 80 年代后期，资讯科技开始迅速发展，高科技形成了新的产业链，产品市场变得非常丰富，并逐渐步入生产过剩时代，市场竞争也日趋激烈。企业要在市场竞争中保存优势，就必须将其营销行为与市场消费行为更加紧密地结合起来，从而大大增加了市场营销的变数。尤其是建立在资讯科技平台基础上的虚拟营销模式出现以后，市场经营理念开始发生重大的变化，许多处于理论层面研究的营销理论被广泛应用到营销实践中，传统的营销观念已不能完全概括新经济时代的营销行为特征，从而促生了大量的后市场营销观念。

1. 大市场营销观念

20 世纪 80 年代在西方资本主义国家开始出现新贸易保护主义，许多外国企业在经营过程中遇到了越来越多的政治壁垒和公众舆论方面的压力，如何应用政府权力和公共关系，取得有影响力的政府官员、立法部门的支持，并在消费者中树立良好信誉和品牌形象，从而打开市场，成为许多企业面临的重要问题。这一变化，很快被营销理论研究学者所察觉。1986 年，市场营销领域的权威学者菲利普·科特勒提出了大市场营销观念，他将传统的、建立在企业内部可控营销因素基础上的营销 4Ps（产品、价格、渠道、促销）组合进行了扩展，引入了另外两个外部营销要素：政府权力（Political Power）和公共关系（Public Relations），提出营销 6Ps。后来他又进一步扩充，增加了另外 5 个营销要素：探查（Probing）、分割（Partitioning）、优先（Prioritizing）、定位（Positioning）、人（People），构成大营销观念中的 11 个营销因素。

1992 年菲利普·科特勒对大市场营销观念进行了重新整合，提出了整体市场营销（Total Marketing）。他认为企业市场营销活动的对象应包括供应商、分销商、最终顾客、职员、财务公司、政府、同盟者、竞争者、传媒、一般大众等所有利益相关的群体，营销的最终目的是使这些群体形成一个整体的利益同盟，都能享受到企业发展的成果。如企业应将供应商看作合作伙伴，设法帮助他们提高供货质量及其及时性，搞好经营管理，而不是让他们之间进行价格竞争来减轻自己成本上升的压力。

1994 年菲利普·科特勒进一步提出了“顾客让渡价值”的新概念。他认为顾客在消费过程中是为了获得“顾客让渡价值”，这一价值取决于顾客购买某一商品的总价值与为了实施这一购买行为而付出的总成本之间的比较。顾客总价值包括产品价值、服务价值、人员价值和形象价值等。顾客总成本包括货币成本、时间成本、精神成本和体力成本等。由于顾客实施某一消费行为时，总希望把有关成本降到最低限度，而同时又希望从中获得更多价值，以使自己得到最大限度的满足，因此，顾客在选购产品时，往往从价值与成本两个方面进行比较分析，从中选择“顾客让渡价值”最大的产品。不难看出，这一观念将消费成本进一步扩大，从而要求企业在设计经营成本时，应将顾客的主观成本作为营销成本的项目，实质上要求企业产品成本设计往消费行为中延伸。根据这一观念，企业要在竞争中战胜对手，吸引更多的潜在顾客，就必须根据不同顾客群的需求特点，有针对性地设计和增加“顾客让渡价值”更大的产品。为此，企业可从两个方面考虑：一是通过改进产品、服务、人员与形象，提高产品的总价值；二是通过降低生产与销售成本，减少顾客购买产品的时间、精神与体力的耗费，降低货币与非货币成本。

2. 绿色营销的观念

20 世纪以来，西方经济的高速发展，导致大规模开发利用自然资源，形成高消费、高生产、高耗竭“自然资源”的社会发展模式，这种以市场为导向的经济发展模式在创造了巨大的物质财富的同时，也将人类与自然关系的矛盾推向了极端，并开始出现人口爆炸、生态环境恶化、资源耗竭等生态危机。社会营销观念的出现，一定程度上缓解了这一矛盾，但没有从根本上解决经济增长与环境保护之间的矛盾，可持续发展成为人类共同关注的问题，而不只是企业经营的问题。应用现代高科技的成果，并通过法律手段，推动一场大规模的绿色革命，成为发达国家解决环保问题的重要举措。企业只有加入到绿色行动中，才能获得重生的机会，绿色营销观念是企业营销观念的一次深刻的变化。这种变化表现在以下几个方面：

改变了短期的赢利模式。绿色营销观念的产生不是市场竞争的结果，而是源于人与自然的关系冲突，使原来的赢利模式中加注了一个前提：在人与自然和谐共处的前提下，实现消费者利益和企业赢利。

高科技成为企业的核心竞争力。利益追逐是导致环境问题的社会机制，而传统的工业与技术是导致环境问题的技术原因。政府环境保护立法只能解决机制问题，而技术是解决环境问题的最根本的手段。在实施绿色营销的过程中，由于发达国家与不发达国家之间技术差距很大，绿色营销成为一种技术壁垒。

绿色营销进一步加强了国家对市场的干预。绿色营销不仅是一种市场行为，而且是一种政府行为。政府建立绿色标准，实际上是制定了市场准入制度。如发达国家所建立的绿色标准，往往成为不发达国家产品进入该国市场的障碍。

3.4Cs 营销观念与 4Rs 营销观念

当消费者的消费行为变得更加成熟、理性与个性化之后，任何一个企业想要掀起某种消费热潮越来越难，市场营销要素变得更加复杂与模糊，许多从事市场营销理论研究的学者或从事市场营销实践的企业家开始对经典的 4Ps 营销观念提出挑战，并对营销要素进行了一些新的划分，4Cs 营销观念与 4Rs 营销观念就是在这种背景下产生的。

（1）4Cs 营销观念

4Cs 是美国营销大师劳特朋提出来的，他将营销要素划分为消费者（Consumer）、成本（Cost）、便利（Convenience）和沟通（Communication）4 个因素。显然 4Cs 是对 4Ps 的进一步发展，其强化了以消费者需求为中心的营销组合，但仍然没有处理好顾客个性化问题、建立长期的顾客关系问题、市场竞争导向问题、企业稳健赢利问题等之间的关系。

（2）4Rs 营销观念

4Rs 理论由美国唐·舒尔茨提出，在其营销新理论中，他认为，企业的营销要素包括与顾客建立关联、提高市场反应速度、关系营销、适当回报等四个方面。显然，4Rs 更加强调了营销中关系的重要性，更有利于企业进行长期营销目标的规划与实施。

4Cs 营销观念与 4Rs 营销观念虽然对经典的 4Ps 营销观念进行了改进，但从营销理论的研究来看，经典的 4Ps 营销观念仍然是构成营销理论框架的核心理论，其地位不能被替代。

4. 基于资讯网络的营销观念

20 世纪末期，资讯科技迅速发展与应用，大大增强了企业的市场营销能力，并出现了基于资讯网络的营销观念。

电子商务互联网迅速发展，为商业提供了高效率的信息沟通平台，从而导致大量的商业需求，并形成电子商务的经营方式。电子商务最显著的特点就是利用电子手段，提高商业信息传递、利用的效率，从而大大提高企业的市场反应能力。

虚拟营销传统的经营理念是产、供、销一体化模式，并因此形成了大量的大而全或小而全企业，从而导致生产能力过剩，企业之间的竞争局限于生产方面的竞争，无法形成核心的竞争能力。生产能力的过剩为虚拟营销观念的形成创造了客观的条件。虚拟营销的核心思想是：突破传统企业的职能界限，以企业专利、专有技术、企业品牌、企业营销网络、企业管理能力、市场开发能力、产品开发能力等核心竞争力构建企业的内核，而把社会上非稀缺的必要资源作为企业的外核，内核是企业自己保留的实体部分，而外核是通过整合社会资源而形成的非实体部分，即被虚拟。虚拟经营是在企业资源有限的条件下，为了取得竞争优势而采取的一种浓缩的、极好的经营方式。虚拟经营大大拓宽企业的管理视野，使企业的资源运筹能力从企业内部延伸到外部，从而大大增强了企业的发展能力。虚拟经营在实际操作中有虚拟生产、虚拟营销、战略联盟等方式。

虚拟市场电子商务的出现，突破了传统市场的时空限制，为构筑全球统一市场网络提供了技术平台，开辟了一个崭新的市场空间。对市场的理解，不再是空间有限的有形市场，而是一个空间无限的、虚拟化的无形市场。虚拟市场主要表现在以下几个方面：首先，通过互联网，可以形成全球高度统一的虚拟市场，各个子市场之间的信息沟通时滞可以被忽略。如订单、发票、提货单、海关申报单、进出口许可证等日常往来的经济信息，通过电子商务，其效率可以大大提高。其次，市场营销规律可在全球范围加以应用，充分挖掘市场机会。其三，数字化分销渠道大大缩短了生产与消费之间的距离，节省了商品流通成本，增加了消费价值。其四，信息网络系统本身的缺陷导致市场营销风险增加，市场风险控制与管理能力成为企业面临的新问题。

网络营销是数字经济时代产生的一种营销理念，是对传统经营观念通过数字化技术的整合而形成的综合概念。网络营销作为一项系统工程，其显著的特点是在市场营销过程中，全面采用现代信息技术，对传统的营销系统进行重组。在网络营销中，营销流程变得更有效率，与顾客和分销商的关系变得更加紧密，营销数据分析变得更加重要，营销组织结构变得更加扁平而有效率，企业的赢利模式也发生了变化。

二、中国营销学发展历程的特点

随着中国经济的快速发展和中国社会环境的变迁，中国营销学自改革开放从西方引入以来也在中国社会、经济和文化的土壤上不断发展，出现了一些与西方营销学发展所不同的特点。对中国营销学发展的特点进行总结，有利于对过去发展成果更好地进行回顾，整理吸收发展中的经验，并为接下来新时期新背景的营销发展指明方向，提供启发。

通过对中国营销学发展四十余年的回顾，主要总结了以下特点。

（一）起步晚

早在20世纪初，西方国家就已经出现了市场营销学的萌芽。20世纪初的西方世界刚经历过两次工业革命，大量人口由农村向城市转移，社会生产力大幅提升，社会经济快速发展，人们的消费水平上升，社会完成了从传统农业社会向现代工业社会的重要变革。在这个过程中，西方国家的商品经济也不断发展，人们对商品的需求也在不断上升，企业数量上升，为了使商品更好更快地售出，市场营销学开始萌芽，并不断发展，出现了一大批专业学者，诞生了一批至今还被奉为经典的营销学理论成果如4P理论、产品生命周期等。而反观中国营销学的发展，我们不难发现中国营销学在起步期就错过了太多年。在西方营销学蓬勃发展的时期（20世纪初到20世纪五六十年代），中国营销学缺乏萌芽契机与发展土壤，20世纪的前三四十年，中国面临着内忧外患的困境，政治上自顾不暇，经济上还在经历从传统小农经济向民族资本主义经济艰难转型的阵痛，自由开放的市场经济和商品经济无从谈起。新中国成立后也面临着战后百废待兴、国内意识形态的扭转、经济制度的变革等诸多现实问题需要解决。就这样与西方营销学拉开了七八十年的距离。

直到20世纪80年代实行改革开放后，国家决定建设有中国特色的社会主义市场经济，西方营销学才得以传入国内，中国营销学正式进入引入期，引入了一系列营销理论和著作，站在“巨人”的肩膀上，中国的营销学获得了初期的发展基石，得以在前人的理论基础上继续完善和发展。也正是从那时起，中国营销教育得以起步和发展，在高校中设立“市场营销”专业，开展访学活动、开展和参与国际交流活动等，自此我国营销学者也开始增加，专业队伍开始壮大。

因此总体来说，中国营销学发展相较西方起步晚是中国营销学发展历程的一大特点。

（二）压缩式发展

中国营销学的发展与西方在初期具有很大差值，在西方营销学传入中国大陆时已经是初具规模的体系，国内在1979—1991年处于引进和传播阶段的时期时主要是在快速地吸收传播西方营销学的内容的研究成果，将西方国家七八十年间的发展内容在十几二十年的时间内快速消化，出现“压缩式发展”的特点，在非常大的程度上压缩了理论发展的时间转而进入实践和创新的阶段，且中国复杂多变且具有很大区域差异的经济环境导致中国企业在营销理论的实践上速度很快。起初多是模仿西方企业营销做法的实践，但随着中国经济的发展和企业家们的探索，中国企业很快开始了将营销理论转化为实践的更适合中国国情的本土化做法，并出现了独特的中国营销实践。中国营销学四十年来的发展在时间线上比西方的营销学发展短了三分之二，然而发展到今日，中国营销实践的复杂程度已经可以说超过西方国家，因此中国营销学的发展呈现出压缩式发展的特点。

（三）互联网特色明显

进入 21 世纪以来，中国进入了互联网迅速发展的时代。互联网技术快速普及，网民的数量连年攀升，线上购物已经成为常态。如今，几乎每个年轻人的日常生活都离不开手机和互联网，每天在各大社交平台上活跃，时刻接收最新消息。随着互联网技术的发展，移动支付也成为主流支付方式之一，人们的消费生活越来越趋向数字化，中国企业的营销实践也逐渐向数字化的趋势靠拢，网络营销成为企业营销的重要一环，出现了许多新型的营销方式。企业运用大数据和互联网技术，捕捉获取用户的各方面数据形成用户画像，系统自动向用户推送感兴趣的内容，为企业提高营销的精准度提供了技术支撑。互联网平台造就的网红 KOL（关键意见领袖）等也为企业的营销推广开辟了新路径。再如近年来大火的直播带货也成为企业网络营销的新潮流。中国企业的营销方式得到了很大的丰富，被时代的发展赋予了互联网的基因，开辟了全渠道营销的模式。

近年来中国市场上也诞生了无数互联网企业以及具有互联网基因的企业，它们的共同特点是依托互联网平台，目标消费者是在互联网文化下成长起来的年轻群体，重视网络营销。

第二章　新媒体的内涵及变革机制

第一节　新媒体内涵特征

新媒体是一个宽泛的概念，新型媒体设备和新媒体平台都可称为新媒体。新媒体的发展十分迅猛，并且，新媒体自身所具备的多样化特征又使其发展前景充满光明。

一、新媒体的基本内涵

随着数字信息技术的迅速发展和广泛应用，信息传播模式发生了巨大改变，“新媒体”一词不再是信息传播领域的专有名词，开始逐渐从一个科技名词转变为社会名词。当前，学术界对于新媒体的定义众说纷纭，各专家学者都从其视角出发，对新媒体进行了内涵解读。

（一）“新媒体”的学术定义及其内涵分析

法国学者弗兰西斯·巴尔和杰拉尔·埃梅里在其著作《新媒体》中对新媒体的发展历程做了概述，但是在其“结论”篇中他们却提出质疑：“不管是诸如录音带、录像带等独立的材料还是局部的或全球的通信网络，这些不同的媒体在什么意义上才真正是新的？是指这个词的弱义吗？‘新近’这个词并不总是革新或新奇的同义词。是指其强义吗？是准备要替代报纸、广播和电视这些老媒体吗？可它们自产生以来几乎没有什么变化。”虽然他们的著作名为《新媒体》，但是对于什么是新媒体他们却没有做出更为准确的说明。显然，对新媒体的界定不能够以其时间出现的早晚为依据，也不能以功能性替代为标准，那么，究竟何谓“新媒体”呢？

众所周知，从词源上看，“新媒体（New Media）”一词于 1967 年经美国哥伦比亚广播电视网技术研究所负责人高尔德马克在一份关于开发 EVR（电子录像）产品的项目计划书中提出，后经美国传播政策总统特别委员会主席 E. 罗斯托向尼克松总统提交报告多处使用，该词开始在美国社会推广，并逐步扩展到全世界。“新媒体”一词从 21 世纪初开始在我国流行，近几年来随着新媒体产业的迅猛发展，越来越多的传媒研究人员开始关注新媒体的现状与趋势、发展与创新，整个学术界对于新媒体的探索与争论也在持续升温。但是什么是“新媒体”，应当如何界定“新媒体”，“新媒体”区别于“旧媒体”的根本特征是什么，这是自“新媒体”概念提出来并为大部分人接受之后就摆在研究者面前的问题。很多研究人员都从不同角度对“新媒体”下了自己的定义，对新媒体概念的内涵和外延也提出了自己的界定，他们的研究丰富了“新媒体”的研究层次，虽说各执一词，但共同使对“新媒体”的内涵揭示走向深入。

比较富有代表性的定义有，美国新媒体艺术家列维·曼诺维奇认为，新媒体将不再是任何一种特殊意义的媒体，而不过是与传统媒体形式没有关联的一组数字信息，但这些信息可以根据需要以相应的媒体形式展示出来。联合国教科文组织的定义认为新媒体就是网络媒体。清华大学熊澄宇认为：“新媒体是在计算机信息处理技术和互联网基础之上，发挥传播功能的媒介总和。”中国青年政治学院展江认为：“新媒体是 20 世纪 90 年代后产生的，基于 IT 技术和互联网的，具有互动特性的新的信息传播形式。”中国传媒大学廖祥忠认为新媒体是“以数字媒体为核心的新媒体”，即通过数字化交互性地固定或移动的多媒体终端向用户提供信息和服务的传播形态。中国人民大学喻国明认为：“传统媒介是一对多的传播，而新媒体是多对多的传播。所有新媒介的性质均由此生发。”徐州师范大学邢长敏认为，新媒体是一个相对的概念，是对出现于传统媒体之后的各类电子媒体和网络媒体的统称，主要指在传统媒体的基础上结合当前先进的科学技术，实时地、交互地承载和传递各种个性化、多媒化复合信息的中介。

纵观上述定义，主要采取了两种定义方式，一是内涵揭示法；一是外延表述法。尽管对于定义“新媒体”的方式不同，并且在定义上也存在较大分歧，但通过以上定义我们可以发现，在对新媒体所具备的一些基本特征的揭示上，看法还是较为一致的。比如，有研究者认为，“新媒体”永远是一个相对的、不断更新的概念，就正如印刷媒介相对于甲骨、钟鼎和竹简等媒介来说，曾是一种新媒体，广播相对于印刷媒介来说也曾是一种新媒体，“新媒体”之“新”，是一个相对于“旧”的概念，旧媒体曾经一度是“新媒体”，而“新媒体”又在不断地变化与演进。新信息革命中“新媒体”的最大特征则是集中了数字化、多媒体和网络化等最新技术。由此就引出了第二个方面的认同点，即“新媒体”与传统媒体的根本区别，在于传播技术的革命，即以多媒体计算机及互联网技术为基础，通过多种传播手段所创造的全新的媒体形态，如博客、电子商务、即时通信、电子邮件等；再就是在原有的媒体传播方式基础上产生的被赋予了新的时代内容与传播风格的媒体，如交互电视、楼宇电视等。事实上，以上定义方式要么以媒体出现的时间为主要判定标准，要么以技术发展为基础产生的媒体的功能性替代为依据进行定义，这并没有解决巴尔和埃梅里的质疑，因此也可以说并没有真正解决新媒体的定义问题。

当然，在定义中也不乏佼佼者，如美国《连线》杂志认为新媒体是“所有人对所有人的传播”，美国学者凡·克劳斯贝的定义为：“新媒体是能够同时对大众提供个性化内容的媒体。通过新媒体，传播者与受众成了对等的交流者，而无数的交流者之间可同时进行个性化交流。”此二者得到很多研究者的赞同，并且也从某种程度上较为接近地揭示了新媒体的实质。但是，无疑此二种定义有语焉不详之嫌。

（二）界定新媒体的标准

对于新媒体的认识，我们应当从更深处探寻。如麦克卢汉所说，电灯的出现，其意义不在于它所带来的光明，而在于它所导致的传统时空关系的转换，电灯的出现影响了人们构建自己生活和私人生活的方式，也影响了人们构建诸种社会关系和社会感知的方式。任何一种新媒体的出现都将会对人类社会带来深刻的影响。他认为，从整个历史的进程来看，媒体的内容对人类的影响是无足轻重的，而与此相对，媒体的形式则对人类的发展、进程起到了很大的作用。历史上无数次的媒体变革，最终都导致了人类社会结构等方面的变革。也正如法国哲学家让·鲍德里亚所表达的：“铁路所带来的‘信息’，并非它运送的煤炭或旅客，而是一种世界观、一种新的结合状态，等等。电视带来的‘信息’，并非它所传送的画面，而是它所造成的新的关系和感知模式、家庭和集团传统结构的改变。”事实上，新媒体的意义就在于：它不仅是我们可用可不用的工具，而且是我们必须生存于其中的世界。

据此，可以认为，界定新媒体的标准既不在于出现时间的先后，也不在于一种简单的功能性替代，更不能仅仅停留于技术层面，而要以这种媒体所带来的传播方式的革命所引发的人的生存方式的变革为基础，应当以是否有助于人的自由本质的实现为考量标准。人的本质特性在于能超越现象界的许多约束而自己依赖自己，自己选择当下和未来，自己实现自己，这是人的自由的本质。人的自由本质决定了人的活动具有方向性，因此才产生意义和价值问题。意义和价值并不是封闭的，是在交互中实现的，因此，自由意志的实现，即有效传播是对于人的自由本质具有重大意义的。以往的传播是一种传统媒体主宰话语权的传播方式，人的自由意志在这种媒体面前被湮没了，人的自由意志的彰显需要另一种传播方式，打破既有传播中的话语霸权，这需要传播方式的革命，也需要传播载体的革新。

只有实现或者推动这种革命性传播的载体才是真正意义上的新媒体。所以，“新媒体”之“新”既非“新旧”的“新”，也非“新瓶装旧酒”的“新”，而是代表一种革命意义的颠覆传统的新。此种意义上的新才是真正的新。

新媒体以一种新的媒体形态，进入到人类的活动之中，对于人们的物质生产活动的方式、生存的类型、生存时空的展开、生存的自由与解放、生存方式的转换与更新等都产生重大的影响，因为在具有新媒体的历史阶段将丰富和提升人的生存样式、内容和结构，同时也决定着人们生存的价值定位与价值取向。因此，在新媒体世界中，人被赋予更广泛意义上的主体内涵，人的主体地位会因话语权的获得而得到彰显。主体在新的传播方式面前得以激活自身的全部智慧，人们可以不断进行赋予意义的思考，在这种当代性的思考中，体现的是当代人的人生意趣和当代人生存方式的本质特性。现代化的社会运动推进着社会的发展，但其弊病也在抬头，每个人的生存都被抛向市场，物支配着人，物化必然导致人的异化，异化的后果是人的生活的意义世界受挤压、个性的泯灭。新媒体的革命性就在于个人能够从共性中摆脱出来，表达着个体对于生命本性的自觉理解，因而有助于人们更好地思考生存困境的解决之道。

（三）“新媒体”的界定

依据新媒体的界定标准，可以得出新媒体所带来的两个方面的深远影响。

1. 个人的自由话语权的重新获得

表现为传统信息接受者角色和地位的革命性变革。在传统的传播过程中，传播者决定着整个传播过程，决定着信息内容的数量与质量，流量与流向，从而牢牢掌握话语霸权。而在新媒体环境下，需要重新定义传播者与受众概念，二者之意的区分将逐渐模糊，因为任何个体都可以通过新媒体，以新媒体所具备的特有方式获取和传播信息，每个个体既是传播者也是受众。这种传播方式是对传统的传播方式的革命性颠覆，是传播主体的自我传播需求的真正实现。新媒体使个体在他们对信息的选择、生产、传播和接收的过程中进行信息的自主化选择，个体可以按照自己的价值观，遵循自由意愿，有效而主动地建立起个性化的信息传播环境。

2. 传播秩序的重建

表现为打破既有传播秩序，以新媒体为中心建立新的传播秩序。新媒体必将改变传统的媒体环境，“去中心化”是新媒体向传统媒体挑战的核心话语。新媒体将淡化意识形态的主导、利益集团化的主导、强势强权的主导，代之以平民舆论、草根文化、个体体验。传统森严的等级划分在新媒体所创建的共享交流平台上已经不复存在，同等的话语权会成为新媒体传播中的独特风景。因此，新媒体开创的传播秩序开启了并实践着、分享着媒体环境的民主和平等，个体因此拥有了自由传播权。

二、新媒体技术的基本概念

认识是主体以认知工具为中介对客体的能动反映，任何认识都离不开实践，实践是认识的基础，是认识的唯一来源。人类的认识活动都是凭借各类媒介去实现的。无论是主体与客体、主体与主体还是认识与实践的诸种相互作用关系，都必须发挥各种媒介的表征与转达功能才能得以建构和完成。任何认识论都是某个媒介发展阶段的认识论。新媒体技术融合了数字技术、互联网技术、移动通信技术等现代媒介技术，不仅给传统媒体带来了巨大的冲击和变革，同时作为人类在认识和实践活动中的一种技术手段和工具，也转变着传统认识论的架构，使认识主体、认识客体、认识中介都发生了相应的变化。

（一）新媒体中的新主体

新媒体技术只是人们为了达到某种目的的工具和手段，其本身并没有好坏之别，新媒体技术产生何种影响、服务何种目的，都不是新媒体技术本身所固有的，而是取决于人作为新媒体技术应用中的主体用新媒体技术来做什么。米歇尔·福柯认为：技术不仅局限于人类与自然界之间的控制关系，它还蕴含人类社会内部人与人之间、人与自我之间形形色色的控制关系，蕴含人类社会中特定的目的与利益关系。在新媒体技术应用过程中，作为新媒体技术应用的主体，随着新媒体技术的不断发展与应用，认识主体也发生相应的变化。

1. 从“中心”到“去中心”

在传统媒体时代，信息发布者位于信息链的上游，信息接收者处在下游，不能自主选择信息，不能自主决定以什么样的方式接收信息，信息发布的媒体是信息传播的中心，掌控着信息资源和信息传播渠道，可按照自己的要求和利益确定传播内容，以强制、半强制的方式向信息的用户灌输信息和思想，使用户的真正需求被忽视。在传统的大众传播中，信息从媒体中心一点向多点全覆盖式传播，其传播内容和传播方式单一，忽视了受众主体千差万别的个性化和多元化的需求，且由于信息发布者与信息接收者的不平等地位，信息受众群体很难有渠道表达自己的观点，维护自身利益。随着新媒体技术的发展，媒介环境和信息传播模式等因素发生了改变，信息受众与大众传媒的关系也发生了巨大的转变，受众在大众传媒面前被动的状况逐渐消失，所谓被动的收听者、接受者或目标对象，这些典型的受众角色将会终止，取而代之的将是下列各种角色中的任何一个咨询者、浏览者、反馈者、交谈者。作为新媒体技术应用的主体，其身份的转变成为一种不可逆转的时代趋势，媒介“中心论”的理念开始淡化，“去中心化”的观念被人们提出。

去中心化（Decentralization）是相对于中心化（Centralization）而言的。在中心化模式下，新媒体技术应用的主体只是少数经过认证的个体在“讲话”，所有其他人被动地接受信息；在去中心化模式下，每个应用主体都可以“讲话”，可以选择是“听”或是“讲”，人们从信息接受者转向信息接受者。新媒体技术的应用使信息传播者和信息接收者之间的界限变得越来越模糊，信息的发布不再仅限于具有特权的少数阶层，而是每个个体都可以成为信息的发布者，可对信息发表自身观点和看法。“去中心化”已成为现今信息传播的一大特点，新媒体技术带来的互动性及主动性是当今媒介环境的鲜明特征。在这种媒介环境下，信息传播的中心可以是每一个个体，所有人都可以成为信息的传播中心，人们可以充分调动自己的积极性，发挥自身的能量来创造信息、传递信息，进行信息之间的交流，信息的传播不再只依靠某一类媒介的强势覆盖而“号令天下”，取而代之的是受众个体掌握信息的主导权和个人观点的自由表达。

与此同时，新媒体技术这种便捷的交流模式、高度的互动性，让人们沉迷于这种非现实世界中，影响了人们之间的正常的社会交往。通过新媒体技术的应用，人们更多地是通过图片、文字或表情的传递来表达自己的想法，与他人进行沟通，这对人们在现实社会中的交往形成障碍，往往出现在现实社会中不会与人沟通的尴尬局面，对人的全面发展形成阻碍。

2. 主体的复杂性与独立性

新媒体技术改变了以往传统媒体单一的传播模式，使信息发布者与信息接收者的互动性增强，新媒体技术应用的主体不再仅仅是信息的接受者、使用者和消费者，还可以参与到信息传播的过程中，甚至可以成为信息的生产者和创造者。但由于新媒体技术的门槛较低和其巨大的包容性，任何身份、学历、年龄、阶层的人都可以享受到便利的新媒体服务，成为新媒体技术的应用主体。由于新媒体技术的应用主体人数众多、分布广泛，其主体结构具有一定的复杂性。同时这些身份复杂的应用主体作为社会成员又具有独特的社会属性，彼此之间保持着相对的独立性，不受外界束缚和干扰。

随着社会的发展和新媒体技术的进步，信息的传播者与接收者的界限变得越来越模糊，既可以是信息传播的中心人物，又可以是信息的接收者、聆听者。主体可以自主地根据自身的社会角色、生活经历、兴趣爱好自由地选择信息、发布信息，在进行信息选择时具有强烈的自主意识，尽管会受到不同传播内容、传播主体和传播手段的影响，但人们会依据自身的价值观念和实际需求主动地进行分析、接触、选择和理解，尽可能摆脱来自外部不同领域的制约和影响，具有信息选择的独立性。各具特色的新媒体技术应用主体所表现出来的差异性与独立性同时也增加了新媒体技术应用主体的复杂性。新媒体技术的应用扩大了信息传播的空间，丰富了新媒体技术的传播形式，使新媒体技术的应用主体在信息传播与接收中表现出风格迥异的独立态度，产生复杂与独立并存的变化。

3. 主体的匿名性与不可控性

新媒体技术的应用主体处于互联网构筑的虚拟世界当中，在网上的所有行为和言论都具有隐蔽性和匿名性，用户可以在论坛、博客、微博上随时分享一条信息或发布一条言论，尤其是在互联网领域发展的初期阶段，网络监管机制不健全，用户对互联网世界的虚拟性和现实意义理解不深，很容易在各种鱼龙混杂的网络娱乐氛围中发表各种不负责任的言论，从事有违道德伦理的网络活动。“在互联网上，没有人知道你是一条狗”，这句话将新媒体技术网络空间的匿名性展现得淋漓尽致，同时这种匿名性也削弱了新媒体技术应用主体的责任感，加剧了谣言的泛滥和网络暴力，呈现出有悖公共空间的理性思辨的一面。不过近年来，为抑制新媒体技术应用主体匿名性所带来的负面影响，国家互联网信息办公室正在逐步推动完善“后台实名、前台自愿”的网络注册原则，推进网络用户的信息确认和追查方式，完善新媒体环境的网络监管和社会法律规范。

新媒体技术应用主体人数众多、分布广泛、成分复杂、相对独立等特点加大了其不可控性。此外，由于新媒体技术传播限制相对宽松、信息传播的便捷化和及时性、环境监测与传播机制的不平衡也加大了控制的难度。在新媒体技术发展的急速变革中，想要控制信息舆论的导向总有些力不从心，但与此同时，新媒体技术应用主体的不可控性反过来也促进了社会的民主化。通过新媒体技术提供的多种渠道，可进行问卷调查，了解民众需求；政府政务公开，透明化办公；安抚民众情绪，引导舆论走向；可提高社会的民主化，降低新媒体技术应用主体的控制难度。

（二）新媒体中的新客体

在新媒体技术的应用中，人类认识活动的展开比以语言、文字、声音等为主的传统媒体环境相比更为复杂。在传统媒体社会，由于技术的落后，人们可以借助的认识手段有限，对客体的认识也会有所限制。而在以新媒体技术为主要传播手段的现代信息社会中，新媒体技术的高速发展和广泛应用，大大深化和拓展了主体对客体的认识，使客体以更系统、更全面、更深刻、更典型的状态进入主体的认知领域。

1. 新媒体技术延展了认识客体的范畴

认识客体是指进入认识领域的自然界、社会和精神领域，即自然客体、社会客体和精神客体。在传统认识论中，认识客体是指物质世界和精神世界的具体客体，而在新媒体技术下的信息社会，认识客体是指动态客体、虚拟客体等。在新媒体时代，认识客体不再局限于对客观世界、客观对象的认识，大量精神客体如人化的自然、意识性的对象、虚拟的社区等也进入了认识客体的范畴。人们既要认识现实生活中所面对的真实事物，同时也要认识在认识过程中延展出来的具有想象性、代码性、虚拟性的信息世界。主体的认识视域超出了主客体的物理时空，而进入了一种代码、编码、解码的符号性、媒介式关系，从而使媒介本身成为认识活动的一大对象，认识的反思性通过对认识媒介自身的认识，达到了空前深刻而广泛的程度。

新媒体技术所缔造的虚拟世界将认识的客体延展到了经过数字化的虚拟客体。在虚拟世界里，主体同样可以通过虚拟社区、虚拟商店等进行信息的传递、工作交流、看书学习等在现实社会同样的认识活动，且由于虚拟世界更加快捷方便，呈现内容逼真、对主体的吸引力更强，已应用在人类的生产生活中。在虚拟世界里，主体对客体的认识不再仅是一对一的间断性的反映，也存在一对多、多对多的连续性的反映。在时刻变化的虚拟世界中，认识的客体不断被更新、修改、传输，难以捉摸，人们很难通过以往固有的思维方式建立起某个模型来精确预测、分析虚拟客体，这就增大了对客体的认知难度。虚拟客体已成为人们认识世界的新对象、探索的新未知领域、钻研的新课题，揭示虚拟世界的神秘感已成为主体殷切的希望和期望。新媒体技术拓展出的虚拟客体，为认识的客体增添了新内容，这种客体深度和广度的不断延伸，充实和丰富着人类的认识活动，提高认识水平，从而促进人类思维方式的新变化。

2. 新媒体技术对客体的“实在”性提出质疑

传统认识论观点认为客体的最基本特征就是客观的真实性，是具有可感知性的实在物质、真实存在的客观事物。而虚拟世界的出现则对客体的客观实在性提出了质疑，在虚拟世界中，客体的最大特征就是虚拟性，是通过信息、图像、动画等作为自己的呈现方式，以数字化的状态存在于虚拟空间。在虚拟世界中，现实生活的大多数事物都可借助新媒体技术的“符号化”升级改造，将现实生活中的事物迁移至虚拟世界中，而作为虚拟世界的认识对象，认识客体往往会被贴上虚拟的标签。但是这种虚拟客体并不是虚无的，它是在新媒体技术时代的另一种存在方式，也属于物质的范畴，只是呈现方式与以往传统的认识客体有所不同，是通过文字、符号、图像等信息载荷形式展现客观事物、客观世界，虚拟客体是物质与精神生产的共同产物，只是不同于以往客体的表现形式，以数字化信息的形式存在。

新媒体技术为认识的客体增加了新成员，虚拟客体的交互性和“不到场”的特征，降低了主体的认知“成本”，提高了认识能力和认知效率。但同时虚拟客体背后所带来的隐患也不容忽视，新媒体技术将现实的客观世界与虚拟世界之间的界限变得越来越模糊，主体在进行任何活动中，对客体进行认识时难以辨别哪个是真实的，哪个是虚拟的，同时主体往往会陷入虚拟客体中，忽视了对客观世界的认识。

（三）新媒体中的载体

技术最基本的功能在于支持主体目的的实现。在现实生活中，主体的目的也各有不同，因而实现这些目的的具体技术形态的属性或功能之间也千差万别。技术是实践活动展开的基础，处于主体与客观世界的中介地位，同时作为主体对客体的认知工具，技术在人类的认识活动中也发挥着中介功能。以往人们主要是借用传统媒体的报刊、杂志、广播等媒介手段来实现对客观世界的认识，而在新媒体技术的应用过程中，人们不仅可以借助原有传统媒体的技术手段，还可以通过数字媒体、网络媒体、移动媒体这三种主要的新媒体技术形态来认识世界，改造世界。

1. 数字媒体

在新媒体时代背景下，传统媒体向新媒体传播演变的转折点就是运用数字技术，将传统的传播方式和传播内容数字化，依靠计算机技术将各种信息包括文字、声音、图像、视频等，转化为能够被电子计算机识别的二进制数字编码，最后再进行信息的组织、加工、存储、还原和传播。

经过数字化后的各种信息类型之间越来越模糊，文字信息、图像信息、声音信息、视频信息等都可以以同样的数字格式被存储、处理和传播并融为一体。数字媒体就是建立在数字技术基础之上的一种新兴媒体形态，主要包括数字报纸、数字广播、数字杂志、数字电视和交互式网络电视（IPTV）等，其中应用最广泛的就是数字电视。与传统的模拟信号电视相比，数字电视是从节目的采集、制作、播出、发射、传输、接收等各个环节均使用数字信号传播或是对整个系统的所有信号采用“0”和“1”的数字串所构成的二进制数字流来传播。这样呈现出来的电视节目抗干扰能力强、图像画面更加清晰、节目容量大、伴音效果好，并且用户还可以根据自己的需求实现对电视节目的暂停、快进、回放等时间的控制和对节目内容的储存处理。数字电视同时还提供了丰富的节目内容，增大了用户的选择空间，通过频道的细分化，用户可以锁定自己感兴趣和有需求的频道，极大地满足了用户的个性化、多样化的需求。数字媒体已成为当今社会应用最广泛的信息载体，这使传统的大众传媒组织对信息的控制格局受到严重的冲击，传统的报刊、广播等传媒组织只有积极地向数字媒体转型才能在激烈的媒介竞争市场中占有一席之地。

2. 网络媒体

网络媒体是继报刊、广播和电视之后最早出现的新媒体形态，借助国际互联网这个信息传播平台，综合传统的报刊、广播、电视三大传播媒介的优势，真正地实现了图片、声音、文字、图像等传播符号的有机结合，具有信息量大，传播与更新速度快，范围广，可复制，可检索等传播特点，给人类社会的各个方面都带来深远的影响，成为一种具有强大生命力的新型媒介。

通过网络媒体，受众主体不再单纯地通过视觉、听觉或是全身感觉去接受或者回避信息，而是同时拥有了一个表达自身感受的渠道，可以通过自己大脑的思考形成自己的意见，最后参与到传播活动中。随着网络媒体的不断壮大，其应用范围也越来越广，例如门户网站、搜索引擎、网络社区、电子邮箱、SNS 社交网站、网络图书、网络电视等，为受众提供了更加广阔的信息交流平台。通过网络媒体的应用，用户可以自由地浏览信息，随时随地地发布或更新信息，与其他用户进行互动，实现信息即时分享与交流。同时信息的交流不再仅局限于文字信息，表情符号、图片、视频等多媒体信息也成为信息流通的主要形式。如我国影响力最大的微博网站——新浪微博，作为一种分享和交流的平台，言语的组织要求不高，由简单的只言片语组成，对用户的技术要求门槛较低，打破了移动通信与互联网之间的界限，更加注重信息的时效性和互动性，用户可以通过微博表达出每时每刻的思想和最新动态，可以不受时间、地域限制，随时随地发布信息，且发布信息的方式也更加方便快捷。微博区别于传统媒体的特点是网络媒体本身特质的展现，是计算机网络技术、数字技术、移动通信技术作用于互联网络发展的结果，也是新媒体技术应用的结果。在未来，网络媒体的发展会在新媒体技术不断创新发展的基础上，不断整合信息，紧追时代步伐，寻求更高、更广阔的发展空间。

3. 移动媒体

移动媒体在广义上是指用户使用手机、平板电脑等移动终端设备，通过互联网络获取移动通信服务和互联网服务；在狭义上是指用户使用手机终端，通过互联网络浏览网页、使用手机 APP 等，获取多媒体数据服务和信息服务。如今的手机不只是一种简单的通信工具，事实上已经成为个性化的信息传播和娱乐的多媒体接收器。手机媒体已成为移动媒体的主流媒体，加拿大媒介理论与批评学者麦克卢汉认为，任何一种媒介都是人及其感官的延伸，手机自其生产之日起发展至今，逐渐成为人手一部、随身携带的必备工具，成为一种名副其实的“人的延伸”。尤其是在智能手机问世后，手机作为一种新媒体，逐渐走入了人们的生活中，将网络延伸到移动终端设备上，改变了人与人之间的沟通方式，同时也重新确定了信息的传播方式，成为继报纸、广播、电视、网络之后出现的又一重要媒体形式。与此同时，手机媒体又与报刊、广播、电视等传统媒体相互渗透，相互支持，在手机短信、彩信、手机报、手机广播、手机电视基础上，还开创了属于手机媒体独有的媒体类型，如手机二维码、手机支付、手机金融等，手机媒体正渗透到人们的日常生活以及社会的方方面面，提供着无处不在的服务。

以手机微信应用为例，用户可以通过手中的移动智能设备，运用网络快速发送免费的语音短信、文字消息、表情、图片和视频给好友以及将看到的精彩内容分享到微信朋友圈。此外，微信还通过摇一摇、漂流瓶、公众平台等功能，满足了用户对于陌生社交的需求，并在后期的不断发展中，拓展出了微信小程序、微信红包、微信支付等新的功能。据数据统计，微信在推出仅 1 年多的时间里，用户人数就突破了 1 亿，到目前为止微信月活跃用户达 10 亿以上，成为继腾讯 QQ、新浪微博之后又一大热门的通信工具。微信使智能手机的功能得以充分地发挥，将人际传播与大众传播融为一体，从好友之间的传播到朋友圈之间传播再到陌生人之间传播，构建了一个全方位、立体化的社交平台，让位于不同空间距离的人们都能够更加便捷和更有效地进行网络交流。移动媒体的大众化、便携性、即时性、多媒体性、互动性等特点在微信的应用上得以充分地展现，满足了受众主体的社交需求和“碎片化”需求，把人们的零碎时间充分地利用起来，将社会中人们的现实关系延伸到移动终端上，实现了现实空间与虚拟空间的“无缝连接”，让移动媒体成为一种新的社交工具。

通过数字媒体，新媒体技术的应用主体可实现文字、声音、图像、视频等多种信息形式的转化，从多种信息途径达到对客体的认识；网络媒体将地球变成了一个“地球村”，不断扩大主体对客体的认识范畴；移动媒体打破了地域的限制，实现了主体间信息的即时交流。不同的媒体形态所属的技术功能也有所不同，在主体认识客体过程中发挥着不同的技术功能，在人类目的性活动过程中发挥着不可替代的作用。只有发挥好新媒体技术的功能，协调好人与新媒体技术的关系，才能更好地实现改造自然和改造社会的目的。

第二节　新媒体时代变革的机制

一、平台化特征

新媒体时代的到来标志着社会已经走向新的发展征程。对新媒体当中的“新”字进行解剖分析能够看出，该词语的深层含义折射出时间价值，与传统媒体之间独立存在，人们在对传统媒体进行概念划分时将报纸、广播、电视等纳入该范畴当中，但是针对新媒体的涵盖内容还没有出现确定无误的概念界定，尽管人们将微信，微博等纳入到新媒体领域当中，也无法解决新媒体框架特征模糊的问题。

（一）新媒体平台化特征产生的原因

新媒体时代的到来，标志着互联网已经成为当今时代的重要因素，为了能够正确认识和理解新媒体，需要对新时代的发展过程进行梳理，需要从新媒体产生的背景当中逐渐理解和掌握新媒体的平台化特征。互联网技术发展至今一共经历了操作系统时代、互联网时代、前端应用时代、工作软件时代以及各类应用软件时代等。

1. 操作系统和个人终端的基本平台

按照微软公司工程师的理论可以看出，如果在每一阶段人们同时拥有标准规格的个人终端、文字处理软件、表格处理软件以及沟通交流软件等一系列操作平台，信息能够迅速在某一区域扩散。

2. 因特网和万维网标志着互联网时代产生

因特网能够将各个子项网络连接在一起，通常需要大量的电缆和计算机。因特网的主要作用在于有效解决和处理各项数据信息。万维网属于抽象的信息概念，因特网主要是借助电缆将各个计算机连接起来。在万维网当中主要是应用超文本链接实现连接效果。从发展历程上来说，万维网是因特网的产物，但是在使用性能以及各项服务方面，万维网要显著优于因特网。

3. 工作流软件

在人们接触到操作系统、个人电脑以及网页浏览器之后，逐渐出现了工作交流软件，该种技术革命在较大程度上改变了人们远距离的交流通信方式。随着工作交流软件的发展，人们希望在任意时间、任意地点都能够通过计算机完成交流通信。为了实现以上目标，技术工程师开始编写通用的计算机语言和各项标准等，在此基础之上编写了较多新型应用软件，并且将图片、文字、音乐和数据之间进行有效结合，将其转化为互联网产品，逐渐出现了较多娱乐软件、电子商务网站以及各项管理工具等。按照以上发展历程，笔者认为工作流软件的开发应用在较大程度上为人们生活提供了全球性发展应用平台，还能够为人们建立较多休闲娱乐性质的应用平台。

4. 传输操作实现社区驾驭效果

随着时代的发展进步，各项应用平台已经趋于成熟，在发展期间怎样能够呈现如此繁荣的景象，有关学者给予了肯定答案，即在进行电子商务时使用一种共享软件程序，这样能够为商务洽谈提供交流沟通平台，并且属于一项免费程序。在各类平台发展期间逐渐体现出数据传输理念和形式等。在各项技术都具备的条件下，数据传输能够在较大程度上改变人们，主要表现在理念方面。作为数据传输的聊天应用软件，不仅能够展现出平民化的开发设计理念，还能够利用网络技术对各项数学问题和科学理念等进行分析，其次，能够借助于聊天软件促使更多人参与到应用软件传播、改进以及编写等方面。因此，在未来发展当中，如果人们能够习惯于上传，将会使得上传行为成为改变互联网发展的重要因素。现阶段比较常见的上传行为主要表现在微博、百度百科等方面，逐渐体现出上传理念的重要性。

（二）新媒体平台化特征的各项表现

新媒体的最初诞生就是存在于平台当中，并且该平台在发展期间始终坚持免费和开放两种特质，在该平台当中还逐渐体现出新媒体的时代特征，在全球性发展平台当中，有效改变了接受者和上传者的区分方式。

1. 接受者和上传者逐渐转变为用户

在新媒体平台上逐渐转变了参与者的角色，施拉姆（美国传播学家）认为媒介存在于传播过程当中，并且能够将信息进行扩大、延伸以及传送等，属于一种强有力的工具，还有部分学者认为在传播过程当中需要全面依赖传播媒介才能够实现。

在传统媒体当中，应用媒体区分机制将传播过程当中的传播者角色和接受者角色进行拆分。随着时代的发展逐渐出现了全球化平台，也在较大程度上应用互联网思维确定用户思维，改变了接受者和传播者，不仅体现在名称方面，还体现在主动权方面。在传播过程中，用户已经成为信息的主动获取者和应用者，能够主动占据市场决定权位置。在现代发展期间能够对用户进行细分，表现在较大区分度的个体方面。在信息传播期间，受众主要是被动接受，用户主要是体验与分享信息。

另外，信息传播者的社会地位主要是由信息接受者赋予，在信息传播期间，逐渐降低了信息接受者的选择权，以上因素导致传统媒体在发展期间需要不断适应新媒体发展机制。在全球化平台之上，逐渐将受者角色转变为用户角色，传统媒体通常都是将自身融为一体参与到全球化平台当中，这样就形成了庞大的用户组织。随着新媒体平台化的逐渐发展，已经不再使用受者和传者等名词，全部替换为用户，并且两者已经不再借助媒体对信息进行传播，能够在某一平台上全面纳入各个用户，在转化为用户之后能够在相同平台内接受和发布信息。

2.用户信息逐渐对等

在新媒体平台化影响作用之下，导致用户信息逐渐保持对等机制，在大众传播模式当中，媒介组织主要是编译和传播各类信息，受众只能对媒介组织处理之后的信息进行再次加工解释，有可能出现不同程度的反馈。因此，在大众传播模式影响作用之下，信息接受者与传播者之间的信息流出现严重不对等情况。

在全球化平台当中主要坚持免费、开放等原则，在该平台之上，用户之间的信息流动方式主要是在社会传播互动效果下实现的。在互动模式之下，在双方平等调价之下，信息能够进行相互循环，并且双方都能够解释和转换各项信息。但是在全球化平台上，信息循环方式属于基本方式，在该平台上会出现较多用户，并且大小不一，大用户上传力量将会对小用户上传力量产生较大的影响。

不同上传力量将导致信息循环基础模式产生不同的流向，能够从循环模式转化为大批量用户向小批量用户的信息传播现象。在该平台上，每个用户都具有自身专属链接，这样能够产生不同流向和不同用户的信息流。值得注意的是，在该平台上，各个个体产生的信息流都能够全面涵盖各项传播和接受的信息流。新媒体处于相同平台的最大特征在于能够有效支持信息流与媒体用户之间的改变。

新媒体主要诞生在全球化平台之上，因此也具备一定的开放能力和免费机制等，在该平台之上还能够促使各个参与人员建立自身用户身份，并且对不同信息流进行经营，导致传统媒体在各项信息流交叉碰撞期间面临较大的问题和挑战，其次各个用户之间产生的信息流也会出现交叉碰撞现象，并且在此作用之下逐渐出现较多新的内容，能够从根本上促进大量人员参与到新媒体平台当中，这样就在较大程度上增加了用户数量，促使新媒体平台逐渐出现较多新的内容生产方式以及新形势等。

从某种意义上讲，信息流不仅包括信息循环模式，还能够全面展现出在新媒体平台上对各项信息进行接受和传播的途径等。

在新媒体当中，统一平台属于核心特点，有部分学者认为新媒体的本质特点在于实现互动性传播、数字化技术，也可以将该种观点总结为“交互性”。从全球化平台的发生发展能够看出，新媒体当中包含的数字化技术主要是各项综合性技术的应用和表现，互动性传播主要是平台能够提供同步时间和空间，从根本上展现出互动性的各项特点。

二、即时交流功能强

与传统媒体制作的长周期不同，新媒体通过互联网、手机等新媒体发布和接收信息不需要受时间和空间的限制，传播速度大大超越了传统媒体。传统媒体的传播具有单一性和单向性，而新媒体可以保证新闻信息几乎在事件发生的同时被传送到世界各地，人们可以在任何地点、任何时候、与任何人传递任何信息。尤其是智能手机的广泛使用，随身携带，超越了地域、时间、终端设备的限制，只需要手指在屏幕上一点一划就可以接收来自世界各地的任何信息。

（一）新媒体与人际传播

施拉姆认为媒介“既是信息的倍增器，又是很长的信息传输管道……还是信息通道上强大的把关人”，麦克卢汉则认为“媒介即讯息”，并提出了“媒介即人的延伸”。他认为，“任何媒介都不外乎是人的感觉和感官的扩展或延伸：文字和印刷媒介是人的视觉能力的延伸，广播是人的听觉能力的延伸，电视则是人的视觉、听觉和触觉能力的综合延伸”。

作为人与人之间信息交流与传递渠道的人际传播，都需要通过一定的媒介与自我沟通、与外界沟通，既获取信息也传输信息，以实现自我价值，促进人际关系和社会发展。纵观人际传播发展史，每一种新媒介的产生都会给人类带来巨大的变革和促进作用，人际传播实际上彰显了一部传播媒介的发展史。

所谓新媒体，“是以数字技术、通信网技术、互联网技术和互动传播技术为基础，为用户提供资讯、内容和服务的新兴媒体”。新媒体是建立在传统媒体的基础上，并以数字信息等技术的发展为支撑体系的新型电子媒体，是传统媒介和新技术的融合和统一，能实现所有人对所有人的传播，能对大众同时提供个性化的内容服务，正如匡文波所说，“新媒体的本质特征是技术上的数字化、传播上的互动性”，使传者与受者进行对等交流，是一个具有意义生成性特点的概念。石磊认为，新媒体使人际传播在传播内容、方式及效果上与传统媒体相比具有 4 个基本特征：海量性与共享性，交互性与即时性，多媒体与超文本，个性化与社群化。

这些特征使人际传播发生了根本性变革，人际传播方式得到极大扩展、延伸和增值，如电子邮件、手机短信、手机通话、网络聊天、微博、QQ、微信等。

（二）新媒体时代人际传播动态特征

1. 公开性与隐匿性互渗

从传播主体角度看，从博客、微博到微信朋友圈，人们都热衷于公开表露自己的思想，公开诉说自己的情绪，公开分享自己的喜悦，“在某种程度上打破了人际传播传统的隐私性”。人与人之间通过发布、接收、评论、转发信息达到交流的目的，这种方式也使原本私密的人际传播变得公开化。新媒体下网络人际传播内容的公开性是建立在传者身份的真实性基础上的，然而网络的虚拟性又决定了其具有隐匿性的特点。

虚拟的网络空间不同于现实中的社会，人们之间的交流可以抛开现实社会的诸多限制，在这里没有上下级，没有贫富悬殊，没有身份、地位、性别、年龄等的区别，个体可以一个匿名的身份和最理想化的自己去与另外一个理想化的个体进行理想化的交流。这种具有隐匿性的人际传播使人们不再担心现实社会中他人的眼光和看法，可以较为自由地宣泄自己的情绪和情感，但也在一定程度上助长了网络暴力、谣言问题甚至犯罪行为的发生。

2. 延伸性与平等性共存

从传播受众角度来看，人是具有社会属性的高等动物，是社会化的个体。基于需要满足理论而言，个体需依赖人际群体而生活，这使得人际传播有别于大众传播，往往会在人际交往中形成一个满足自己交往及心理需求的“关系网”即人际交往圈。这个“圈子”是人际传播的出发点和归宿。新媒体下的人际传播将这个“圈子”延伸到了网络上，将“现实的交往圈子‘虚拟化’”，而网络聊天、微博、微信等新媒体类型使“圈子”外延不断扩大，促进了人际关系的稳固和发展，同时也将网络上产生的新型人际关系延伸到现实生活而形成一个新的交际圈，进一步构筑了一张庞大的和社会现实相结合的立体人际关系网。

新媒体时代的人际传播需建立在传受双方理解和合作的基础上，即使客观上受制于不同阶层不同职位等因素的影响，但本质上具有平等性特征（传统意义的人际传播双方也具有这一平等性）。不能否认新媒体环境下人际传播依然存在某种程度的不平等方式和现象，但事实上，新媒体下人际传播将平等性推向了更高的高度，人际交流变得更加自由而开放，“再平凡的人也可以自由地表达自己对其他事物、其他人的观点和真实想法”，也就更具平等性，普通公民也可随时通过网络向政府部门发电子邮件进行交流，发表见地。

3. 多元性与海量化统一

从传播内容看，传统人际传播是一个利用多元化传播介质与元素进行传播的过程，语言、体态、表情、服装、发型等都是人际交流中的重要因子。新媒体延伸了传播时空与传播主体的身体，将数字化元素注入到人际传播中，极大地方便了人际传播，以文字、声音、图画、图像等为载体生动立体地传播信息，为人际传播提供了更加多样的方式，如短信、彩信、移动通话、视频通话等。新媒体时代人际传播也促使网络语言的更新和创造，无限丰富了人际信息和情感表达的内涵。此外，传播者自身身份和传播对象也是多元的，一个人可“同时与多个对象或者不同时候与不同对象进行交流，在不同的交流情境中，他扮演的角色可能是不同的”，这些对象的文化背景等同样各异。这就需要传播者适时调整自己的角色。

新媒体时代人际传播还实现了异地即时同步的传播，主要通过电子邮件、留言板或论坛等进行交流。“电子邮件”是一种用电子手段进行信息交换的通信方式，受众可以廉价快速地与世界上任何一个角落的网络用户联系，获取海量信息，同时也便于储存和翻阅。这种即时性交流手段使交流的信息在极短时间内发布出去并得到接受者的反馈。传统人际传播在面对面沟通时虽也具有即时性，但受限于人体感官所能达到的距离，如果超出这一界限，人际交流就会延迟或停止。

4. 自主性与交互性并立

从传播渠道以及方式来看，新媒体颠覆了原来人与人之间的交流形式，更是赋予人们新的沟通平台和传播权利，使传受双方的地位发生根本性变化；作为单纯传者或受者的个人已不复存在，受者不再是被动的接受者，而是集编码、译码等多种角色于一身的主体，并可与信息传送者进行即时互动，甚至实现了角色转换，使每一个个体既是传者又是受者成为可能，极大地激发了受者的主动性。

传统人际传播本身就具有双向性强、反馈及时、互动频率高等特点，只是由于技术条件的限制，传受双方在时空上不能分离。而新媒体环境下人际传播是自主性与交互性的统一，跨越时空。微博使用者就可根据个人兴趣爱好自主选择关注的对象或信息，也能按个人意愿随时取消对用户的关注。微博的传与受几乎是同步进行，传者在发出信息时可立刻得到转发或评论的反馈，而受者只要借助一定的技术手段就可以发布或修改信息，成为一个信息的传播者。因此，交互性和自主性成为常态。

5. 存贮性和复制性兼容

从传播效果看，传统人际传播尤其是面对面的人际传播主要依靠口语或身体语言来完成，信息的传递“转瞬即逝，记录性较差，其保存和积累只能依赖人脑的记忆能力”，局限性明显，极大约束了人与人之间的信息交流。而新媒体下的人际传播集合了文字媒介和数字新技术所具有的优势，沟通的信息不仅可长期保存，多次重现，而且还能复制。新媒体环境下，电话或在线视频交流时可以录下通话和视频进行信息保存；网络聊天时可以保存聊天记录；转发、评论微博或微信时也可以复制和保存交流的信息。因此，极大地弥补了传统人际传播时空固化的缺陷。

（三）新媒体时代人际传播的新功能

人际传播的功能可以从个人和社会两个维度来概括，从个人角度来说，具有实现自我认知，建立互动关系，认识与控制环境，交流人生经验和实现信息沟通，满足情感需要的功能；从社会角度来说，具有传承社会文化遗产，推进社会文明和国家建设事业发展的功能。新媒介的出现对人际传播产生了深刻影响，也赋予了人际传播新的功能。

1. 塑造双重身份，实现理想自我

美国社会学家戈夫曼是符号互动论的代表人物，他在人际交往的研究过程中首创“拟剧论”，把人际交往比作演戏，把生活的社会比作剧场，社会成员在这个剧场里按照社会剧本的需要扮演各自的角色，以获得自我身份的认同。据此，人际传播过程就成了一个双方进行自我表演的过程，其自我并非真实的自我，而是用各种符号伪装过的自我，“人际传播者实际上是戴着符号制作的‘假面具’的表演者”。当然，这种戴着“假面具”所进行的表演并不意味着欺骗，而意味着人们在自我表达中为了得到他人认同、赞许或达到交往的目的，故意约束真实的自我，失去人性的本真。此外，人们在自我表达的过程中，必受各种因素的影响，包括传播者外貌特征、身份地位等自身因素以及风俗、规章制度等外部因素，因而许多个性得不到张扬，不能自由地表达自我，也不能实现理想中的自我。

新媒体环境下人际传播具有真实性和虚拟性相统一的特点，使表演者具有现实生活和虚拟网络的双重身份。借助网络等新媒体，面对面进行传播所需要的声音、动作等符号的制约作用得到弱化，具体时间、地点等场景的影响也基本消失，这使得传播双方的表达过程更加自由。在与陌生人或新朋友交流时，塑造理想自我的可能性得到提升，这个理想的自我超越了文化背景、身份地位等现实自我的界限，现实社会交流中没有表达出来的那一部分自我得到充分展现，实现理想中的自我。

2.“碎片化”传播，不断完善自我

网络传播是“碎片化”的传播，其“碎片化”主要体现在：

传播环境时空的碎片化，指的是传播的时间和空间被撕裂成了碎片，随时随地都可以进行传播活动；

传播内容的碎片化，超文本链接使得网络传播的内容不再完整，而是趋向碎片化、非线性化；

注意力的碎片化，面对海量信息，受者注意力多数时候是片刻的、即时的、转瞬即逝的；

传播主体的碎片化，人人都有发言机会，人人都能成为传播主体。新媒体下的人际传播由于需要借助网络，如手机短信、微博、网络聊天工具、微博等，所以也会体现“碎片化”特征。

传播时空的碎片化使人们充分利用有限的时间和空间，去与他人进行交流，获取信息；传播内容的碎片化让人们在信息的海洋中更有针对性地找到自己想要获得的信息，提高获得信息的效率；碎片化的注意力能更快去适应信息的更新速度，为不断获取新信息提供保障；传播主体的碎片化使得在人际交往中表达自己观点的机会大大增加，通过与网友的交流取长补短。新媒体环境下传播充分利用“碎片化”，不仅有利于人际传播的完成，而且能使人们不断得到提高和完善。

3. 扩大传播效果，促进社会和谐

人际传播并非只是传受双方封闭式的信息传递，而是在整个社会的大环境下进行的。人际传播过程受社会环境的制约，也会作用于社会，这种作用主要是通过影响大众而实现的。美国社会学家拉扎斯菲尔德认为大众传播的效果是通过“二级传播”，即由“大众传播、‘舆论领袖’、‘受传者’等要件构成的传播过程”实现的。这里的“舆论领袖”指的是群众中有一定权威与代表性的人物，他们首先接触大众传播媒介，再将从媒介上获得的信息进行加工获得自己的理解，然后传播给周围的人，从而对周围的人施加一定的影响，由此可见，人际传播会对大众传播的效果产生重大影响。

三、内容形式丰富多样

在过去，传统媒体多使用文字、图片与大众沟通。现今，技术的发展使得声音也成为时尚的交流方式，新媒体的发展更是将文字、图片和声音结合为一体，不管内容多复杂、距离多遥远，甚至即使语言不统一，人们都可以进行即时交流。同时，新媒体形式多种多样，不同信息也会按照不同的方法对应不同的新媒体形式进行传播，从而更加精密地融入我们的日常生活。

（一）娱乐化

娱乐化既是新媒体的时代特性，又是新媒体的内容特性。新媒体顺应时势，以偏重娱乐化的内容接触用户，获得了用户青睐。

（二）社交化

“无社交、不营销”，社交化营销是当前的营销趋势。新媒体依托新的社交平台进行传播，天生具有社交的基因。新媒体内容包含社交属性，追求与用户进行互动、沟通、传播。社交化是当前新媒体内容的核心特点。

（三）碎片化

用户对所有内容的消费都呈现出了碎片化的特点。新媒体内容也应遵循碎片化的趋势，具备短、平、快的特点，并对用户进行持续供给。

（四）UGC（用户生成内容）化

在目前的互联网发展阶段，用户已深入参与到了互联网信息的建设中，用户参与新媒体内容的创作，对提高信息的传播和提升用户的黏性都具有很好的效果。

（五）视频化

短视频正在成为内容消费的趋势和主流。以视频化的新媒体内容与用户接触，能提高内容的传播效率，优化质量。

（六）优质化

在“渠道为王”的时代，有渠道即可占领信息传播高地。在“内容为王”的时代，信息变得多样化、渠道变得分散且透明，只有拥有优质的内容才能在竞争中胜出。新媒体重视高质量内容的生产。

四、受众思维转为用户思维

新媒体技术的不断发展，使人们的生活发生了翻天覆地的改变，在这种改变背后是新媒体技术对时间的压缩、对空间的延展，人们在时间与空间的重构中适应，并在适应中不断变化，逐渐形成了碎片化思维、全球化思维和共享性思维方式。

（一）碎片化思维

“碎片化”一词最早出现于20世纪80年代末有关后现代的研究文献中，一开始是用在对社会由传统社会向现代社会转型的过渡期的描述，意思是完整的东西破成诸多碎块。后随着信息技术水平和传媒产业的不断发展，“碎片化”多用来描述新媒体时代背景下信息传播的特点，即多样化碎片式的信息内容，零散随机的传播时间与空间，以及复杂散乱的受众群体。自人类进入工业化和信息化时代，社会生活节奏加快、空间移动频繁、时间被割裂成零散的小块，生活“碎片化”的特征也越来越明显。

1. 时间的碎片化

现如今人们在一定时间内的注意力很难达到长时间的集中，新媒体技术提供的超链接和多媒体的服务，借助即时通信、网络搜索引擎、社交网站等信息平台，不仅给人们提供了日益丰富的信息服务，同时人们的注意力也在不断地被分散、打扰和转移，难于高度集中于一件事中，时间就这样无形地被分割成无数个“碎片”。并且在这种快节奏的生活下，人们的生活时间也被分割成零散的小块，如排队、等车、乘电梯、坐公交等较短的时间，也是时间碎片化的一种体现。

2. 信息的碎片化

信息时代的到来让新媒体技术开始逐渐步入人们的生活中，人们的生活早已离不开媒体，也逃不开媒体的身影，媒体无处不在，人们无时无刻不在接受着各种信息，而微博、微信、手机报的诞生更是开启了信息传播碎片化的大门。信息碎片化不仅仅单指将完整大块的信息分割成零散的信息碎片，还指伴随着新媒体技术的快速发展，大量获取信息渠道的平台应运而生，来自不同维度或不同领域的零碎信息更新速度越来越快，呈现爆炸式增长，人们整日被海量的信息包围着，接收信息的注意力不断地被分散和转移，对同一信息的注意时间缩短，信息的接收模式呈现碎片化的趋势。

传统的报纸、杂志、广播等媒体已不再是人们获取信息的主要渠道，而与此同时手机报、微信、微博等大批新媒体的兴起与应用，以“微小说”“微短信”“微视频”等碎片式的信息表达形式吸引着用户的眼球，满足当今人们“快餐式”的生活节奏，潜移默化地影响着人们的日常生活和思维模式。走出家门，电梯、地铁、站牌、商场等大大小小的广告让人们应接不暇；打开手机，各种新闻推送、网络视频、实时消息等把人们包围在信息的海洋里，各种碎片化的信息无处不在、悄无声息地侵占着人们零散的时间，改变着人们的思维模式。人们逐渐成为信息接收的“容器”，很难有耐心地对某个问题进行深入思考，缺乏批判意识，单纯地享受和过度依赖着新媒体技术带来的安全感和信息的易得性，导致人们的思维方式逐渐从系统完整的逻辑性思维转变为由多种分散信息重新拼凑而成的碎片化思维，沦为如马尔库塞所说的“单向度的人”。

（二）全球化思维

20 世纪 80 年代是经济全球化和文化全球化全面来临的时代，互联网和移动通信的出现把全世界变成了真正的“地球村”，将人类社会带入了“全球社区”或“网络城”的境地，打破时间与空间的限制，让人与人之间的交流变得更加方便快捷。尤其是以数字技术、互联网技术、移动通信技术为支撑的新媒体的出现，其数字化、融合力、交互性、即时性、网络传播等强大的特性，将人类社会的沟通、交流、互动、联系，提升到了前所未有的高度与地步，成为全球化社会发展的最强大助推力。

它们一方面为经济全球化发展，创造了良好的条件，使世界经济融合的程度得到空前提升，优化了生产要素或资源配置，形成了投资、金融、生产、贸易、市场整个过程的全球化，加速了跨国公司在数量和规模上的迅猛发展，催生了新的营销模式和新的消费市场，使国际金融资本在全球范围内自由高速地流动。另一方面，文化全球化的范围和影响力进一步提升，不同文化的交融与碰撞加剧了文化的新陈代谢，经过相互冲突与彼此整合，互相借鉴，多元互补，新媒体技术提供的信息传播平台，既可以让本民族的文化传向世界，丰富世界文化的多样性与特色性，也可借“他山之石”不断自我扬弃、完善本民族的文化，实现文化全球化和多元化发展。

新媒体时代背景下的全球化，不仅仅是经济通过贸易在全球范围内流通，还是世界作为整体的意识。这一意识超越了国家、跨越了民族的界限，将全球的经济、政治、文化、社会、生态等多方面紧密地联系在一起，在这个过程中，地球被压缩了，世界上的意识被整合成为一个整体。全球化改变着人类对自然和地理的认识，遥远的距离似乎被拉近了，远方发生的事情会影响本地人的生活，本地人做出的决定也会影响远方。这种相互联系、彼此依存的关系，导致一种相对主义即一个人自己的文化、价值和生活方式不再是绝对存在，而是与其他文化、价值、生活方式对应存在。换言之，新媒体时代背景下的全球化，代表着多元文化的碰撞、吸收、融合与共生，意味着人类与社会的大转变，人们不再是单个独立的个体，时间与空间也不再是阻挡人类沟通的屏障，在这种时代背景下，就需要我们具备一种整体意识和全球化的思维模式。

全球化在推动经济与文化发展和传播的同时，还为全球价值观、全球化思维模式的形成创造了有利的条件。“地球村”“地球人”的全球化观念越来越深入人心，人类从自私自利的狭隘的地域观念逐步转向同呼吸共命运的“人类命运共同体”的全球观念，将不同的信仰和思想融合成为一种新的价值体系，兼容人类所有的精神文明和物质财富的全球治理观，规范着人类的思维和行动方式，维系着世界的共同繁荣发展与和谐稳定。

（三）共享性思维

现如今越来越多的人不去餐馆吃饭而选择私厨；越来越多的人用网约车代替出租车；越来越多的人用共享单车代替“最后一公里”的步行，这是一个人人参与的时代，也是协同共享的时代，传统的“交换价值”正逐渐被现今的“共享价值”所替代，共享成为城市发展中的一个新主题，正逐渐被整个社会所认可、接受和应用，新媒体技术的发展为我们的共享需求和意愿带来了更多的选择和可能性，使共享性思维在实践中得以体现。

1. 教育资源的共享

从传统的面授教学到可汗学院（利用网络影片进行免费授课，向世界各地的人们提供免费的高品质教育）的备受推崇，教育不仅从线下走到线上，更是从单一输出路径变为教育资源的共享。随着中国大学 MOOC（慕课）在我国的推广，优质课程资源的上传积累成果逐渐丰富，受惠学生群体逐渐增大，只要有网络的地方，学生就可以随时随地地观看一线名师的课程视频，免去了选课、查看课表、去到教室听课等烦琐的过程。除此之外，通过新媒体的直播平台，直播课程也备受学生的热爱。无论学生身处何地，都可以通过网络直播，观看到所学的课程，并且在这种模式下，教师可以实现“一对百”“一对千”的课堂教学，学生还可以通过连线、留言等方式，与课程老师或其他观看学员进行互动交流，这种教育资源的共享正以高速度的发展逐渐渗透到日常的教学中。

2. 信息的共享

随着数字媒体和移动媒体的广泛应用，人们开始渐渐依赖于以新媒体技术为载体的互联式、数字化的信息传播模式，摆脱了传统媒体在地域上和时间上的束缚，构建了一个开放式、共享型的信息交流平台。这大大地降低了信息传播的成本，提高信息资源的利用率，避免了信息在采集、存贮和管理上出现重复浪费的情况。在信息资源共享的时代中，人们可以通过百度、谷歌等搜索引擎找到任何想了解的信息，这些信息都是由其他用户或商家上传、分享到网络平台上，为信息需求者提供信息资源；QQ、微信等在线聊天软件同样也可以实现文件的互传与共享，通过网络，每位用户都可以分享彼此所拥有的信息，从而实现全球海量信息的共享。

随着新媒体技术的不断发展，全球信息交流愈发频繁，网络媒体的出现更是为公众提供了一个更为便捷的信息交流渠道，受众不再仅仅是信息资源的获取者，同样可以转换角色成为信息的发布者和传播者，这种信息资源的交流和分享，逐渐衍生成为共享的思维模式和价值理念。这种共享性思维模式既是新媒体时代发展的必然产物，也是人类传播与社会发展的必然结果。

第三章 新媒体时代市场营销面临的挑战

第一节 营销规划的时间短

市场营销规划对企业至关重要。新媒体发展时代，市场瞬息万变，长期的规划在一定程度上失去了意义，企业面临的发展形势变化较快，战略规划的时间也大大缩短。在这种情况下，企业需要缩短市场营销规划周期，紧跟市场变化趋势，找准变化规律，才能确保营销规划的有效性。

一、市场营销规划对企业的重要性

计划就是对未来的打算。企业要在激烈的市场竞争中求得生存和发展，必须不断地为自己明确前进的目标以及为实现目标而采取的策略。营销计划是在对企业营销环境进行深入调查研究，对市场需求进行科学预测的基础上，结合自身的条件和实力加以制订的。它规定了一定时期内企业营销活动的任务、目标及实现目标的策略、方法和步骤，是企业战略计划在营销领域里的具体化。因此，正确制订和实施市场营销计划，是实现企业总体任务和目标的重要保证。

（一）市场营销计划的地位和作用

1. 市场营销计划的地位

首先，营销计划是营销管理的首要职能和中心内容。营销管理是营销管理人员所从事的一种有目的、有意识的社会实践活动，在从事营销管理活动以前，必须要明确营销活动的目标及实现目标的手段，这正是营销计划要解决的问题，没有营销计划，营销管理就是一种盲目的活动，就会导致营销活动的混乱和效率的低下。因此，营销计划是营销管理的首要职能，也是营销管理的中心内容。

其次，营销计划是营销管理的起点和基础。这是因为营销管理是以营销计划为依据的，在确定采用什么样的组织结构、选用什么样的人员、如何对营销人员加以引导和激励、采取什么样的控制手段以前，首先要考虑计划所确定的营销目标是什么。营销组织、营销人员配备、营销人员的领导和激励、营销控制，都必须有利于企业营销目标的实现。因此，营销计划是营销管理的起点，是营销管理的基础。

2. 市场营销计划的作用

营销计划的特殊地位，决定了它在营销管理中的特殊作用。

市场营销计划规定了预期的营销目标和需要解决的主要问题。通过制订营销计划，可以使企业明确前进的方向，使企业的各种营销活动都指向营销目标，从而减少盲目性，提高预见性，增强应变能力，使企业各部门之间保持协调一致，促使营销目标的实现。

市场营销计划可使企业进一步明确市场营销环境的影响，最大限度地减少风险。市场营销计划是在市场调研、分析和预测的基础上制订的，可使企业明确市场营销环境的影响，识别不利的市场趋势和有利的营销机会，在利用环境提供机会的同时，最大限度地降低风险，做到有备无患。

市场营销计划明确了为达到营销目标而采取的营销策略和行动方案。这样，便于营销人员进行任务分工，明确各自的职责、工作步骤，从而积极主动地去完成具体任务。

市场营销计划使企业的营销活动变得经济合理。由于营销计划是用明确的目标和努力来代替不协调、分散的活动，因而可以使企业预先测知各种资源的需要量，并进行合理的分配，使营销费用降到最低限度，使营销活动变得经济合理。

市场营销计划是营销组织实施、控制、监督的依据。营销计划为营销控制提供了标准和依据，使企业管理者能有效地控制、监督、评价各种营销活动的进行和效果，保证企业营销任务和目标的实现。

（二）市场营销计划的类型及特点

1. 市场营销计划的类型

不同企业由于经营的产品不同，组织机构的形式不同，以及对营销工作重视程度不同，营销计划的具体表现形式就多种多样。按照不同的标准，营销计划可进行不同的分类。

按计划时期的长短，营销计划可分为长期计划、中期计划和短期计划三大类。

长期计划。这种计划一般是 5 年以上，有的长达 20 年甚至更长。长期计划是企业对未来较长时期内的营销活动进行战略部署和安排的计划，它是企业编制中期计划的依据。

中期计划。介于长期计划和短期计划之间，期限通常为 1 年以上 5 年以下。它根据长期计划的任务要求，确定分年度的实施步骤及具体目标。

短期计划。它以年度计划为主，期限通常为 1 年。短期计划是企业营销的具体行动计划，其主要内容是分析当前的营销形势、威胁和机会、年度的营销目标、营销策略、行动方案和预算等，即把中长期计划规定的任务详细进行分解，予以落实。

按计划涉及的范围，可将营销计划分为总体营销计划和专项营销计划。

总体营销计划。这种计划是企业营销活动的全面、综合性计划，它反映企业的总体营销目标，以及实现总体目标所必须采取的策略和主要的行动方案，是制订各种专项营销计划的依据。

专项营销计划。是为解决某一特殊问题或销售某一产品而制订的计划，如市场调研和预测计划、产品计划、渠道计划、定价计划、促销计划、储运计划等等。专项营销计划通常比较单一，涉及的面较窄，较容易制订，但在制订时，要特别注意与总体营销计划相衔接，否则，会出现各单项计划彼此之间发生冲撞并与总体计划相抵触的现象。

按计划的性质，可将营销计划分为战略计划、策略计划和作业计划。

战略计划。是有关企业营销活动全局和长远的谋划，其期限一般较长、影响面较广，是企业其他各种营销计划的总纲。

策略计划。是就企业营销活动某一方面所做的谋划，带有局部和战术的性质。

作业计划。是企业各项营销活动的执行性计划，其特点是非常细致和具体，如某一次具体的促销活动计划，对活动的内容、时间、地点、活动方式、参加人等，均做详细的规定和说明。

按计划的作用，可分为进入计划、撤退计划和应急计划。

进入计划。是企业准备开辟一个新的营销项目计划。

撤退计划。是企业根据市场营销环境和内部条件的变化，准备从未来营销项目中撤出的计划。

应急计划。是企业针对市场可能发生的重大变化而适时地做出反应的计划。

2. 市场营销计划的特点

（1）整体性

企业是由生产、营销、财务、人事等众多部门构成的，各部门之间相互联系、相互影响、相互制约。因此，企业在制订营销计划时必须统筹营销活动的各个方面，全盘考虑，整体安排，使营销计划与其他各部门的计划协调一致，相互配合。

（2）可行性

营销计划所规定的任务、目标，做出的各项决策必须是可行的，即企业的主客观条件所能达到的。

（3）经济性

企业制订的营销计划必须遵循经济效益原则，以较少的费用支出实现较大的营销效果。

（4）灵活性

营销计划是关于未来营销活动的行动方案，而未来充满着众多事先难以预料的不确定因素，因此，在编制营销计划时一定要留有余地，一旦环境因素发生变化，能对原定计划加以修订或调整。例如，西方国家一些企业坚持每季或每半年对中、长期计划修订一次，有的甚至每月检查一次。另外，有的企业根据对未来的预测和判断，针对可能出现的几种主要情况制订几套计划和方案，以保持计划的灵活性。

（5）连续性

是指计划要前后衔接，成龙配套。为此，中期计划的制订必须以长期计划为指导，与长期计划相衔接，短期计划的制订必须以中、长期计划为指导，与中、长期计划相衔接。以上几个方面相辅相成，它们不但是营销计划的特点，同时也是制订营销计划必须遵循的原则。

（三）市场营销计划的内容和步骤

1. 内容提要

营销计划首先要有一个内容提要，即对本计划的主要目标及执行方法和措施进行概括性说明，目的是让高层管理者了解、掌握计划的要点，并以此检查研究和初步评定计划的优劣。

2. 当前营销状况分析

在内容提要之后，营销计划的第一个主要内容是提供该产品当前营销状况的简要而明确的分析，主要包括以下几方面的内容：

（1）市场状况

市场范围的大小，包括哪些细分市场，近几年细分市场的营业额有多少，市场的增长率、利润率，市场竞争的激烈程度，消费者的需求状况及影响消费者行为的各种环境因素等等。

（2）产品状况

产品的质量、档次、知名度，产品组合中每个品种的价格、销售额、市场占有率、利润率，产品的生命周期，需求弹性等等。

（3）竞争状况

主要竞争者都是谁，竞争对手产品的销量和市场占有率，竞争品牌的优缺点、市场区隔及市场定位，各个竞争者在产品质量、定价、分销、促销等方面都采取哪些策略等等。

（4）分销渠道状况

各种产品的主要分销渠道，各分销渠道近期销售额及各分销渠道的相对重要性变化等等。

（5）宏观环境状况

政治形势、经济政策、营销法规、人口数量、人口结构、家庭状况、消费者收入与支出、消费习俗等等。

3. 机会与威胁

在营销状况分析的基础上，营销管理人员还应进一步对市场营销中所面临的主要机会和威胁进行分析。所谓机会，是指营销环境中对企业营销的有利因素，亦即给企业的发展提供有利条件；所谓威胁，就是有碍企业开展营销活动的各种不利因素，使企业的优势难以发挥。营销管理者应设法找出企业面临的主要机会和威胁，并对机会和威胁的程度加以分析，目的是使企业能充分利用机会，同时预见到那些将影响自身兴衰的重大事态的发展变化，以便采取相应的市场营销决策和手段，趋利避害，保证企业的顺利发展。

4. 市场预测

为了确定企业的营销目标，在市场营销状况和机会与威胁分析的基础上，还必须运用科学的方法对市场的规模和发展前景、供需变化规律和发展趋势进行预测。市场预测的内容包括市场需求预测、市场供给预测、商品价格预测、竞争形势预测等。市场预测是制定企业营销目标和计划的前提和依据，一方面需要以市场调查为基础，另一方面需要采用科学的方法，只有对市场需求状况和发展前景有了正确的认识，才能对各种市场机会做出合理的选择。

5. 确定营销目标

营销目标是营销计划的核心部分，是在营销现状、机会与威胁分析以及市场预测的基础上结合自身的条件和实力制定的。企业制订或调整营销计划时，应阐明企业的总目标和一些具体目标。

（1）总目标

总目标是指企业打算经营何种商品，争取进入何种市场。计划中的其他各项内容都得围绕这一总目标。编制计划还应扼要说明选择该商品和该市场的理由，市场潜力的过去、现在和将来发展趋势，竞争形势，消费者情况及商品类型、品种、规格、质量、包装、价格等要求。

（2）财务目标

根据以提高经济效益为中心的要求，利润目标是财务目标的核心。财务目标包括利润额、投资收益率、销售利润率等。

（3）市场目标

包括市场占有率、销售额、消费者知晓度、分销覆盖面、广告覆盖率等。例如：本期计划要使市场占有率提高 15%。如果目前市场占有率只有 10%，那么管理者就应考虑采取哪些措施，如何使市场占有率达到计划所要求的目标。

6. 制定营销策略

营销策略是实现营销目标的途径或手段，包括目标市场的选择和市场定位策略、竞争策略以及产品、定价、渠道、促销等营销组合策略。实现某种营销目标有时有多种策略可供选择。例如，增加销售收入的目标可通过增加销售量或提高产品销售价格来实现，也可两种手段同时采用。因此，营销管理人员面对多种选择应权衡利弊，做出明智的选择。同时，还要说明采取各种不同策略的原因和理由以及所必需的营销费用。

7. 筹划行动方案

依据预期目标和营销策略，制订具体行动方案。行动方案包括营销活动的具体分工，营销人员的组成，行动的时间和地点，以及行动的路线等。例如，如果想把加强促销行动作为提高市场占有率的主要策略，那么就要制订相应的促销活动计划，列出许多具体行动方案，包括广告公司的选择、广告题材的决定等。

8. 编制营销预算

在营销行动方案的基础上，进行营销费用的预算，确定达到预期目标所需的费用。营销预算最简便的一种方法是目标利润计划法，就是在确保目标利润的前提下，根据预计的毛利的多少来决定各项营销支出费用数额的一种预算方法。营销预算表明营销计划在经济上是否可行，如果预算过高，超过了企业财务承受能力，则应考虑加以修改和调整。预算一经企业高层主管审查、批准，便成为原料采购、生产安排、人员计划和市场营销业务活动的依据。

9. 营销计划控制

营销计划的最后一部分，是对计划执行过程的控制。一般是将计划规定的目标和预算按月份或按季度分解，并规定计划执行、控制方法。如开展目标管理、推行经济责任制、奖惩办法，以便于企业上层管理部门进行有效的监督与检查，确保市场营销计划的顺利完成。

市场营销计划就是由以上 9 个部分构成的，企业的市场营销计划制订并经审核批准后，就成为企业营销部门一定时期内的行动纲领，成为各项营销活动的主要依据。

二、新媒体对企业营销战略规划的改变

（一）精确化营销

所谓的精确化营销就是改变传统的营销渠道和方法，把制造商的客户、销售商作为营销工作的中心，通过互联网、电子媒介、邮件、电话访问等多种方式创建客户和销售商资料数据库，继而通过科学的分析，最终确定可能会购买商品的客户，进而指导制造商改变以往的营销策略，针对具有购买潜力的客户制订出一套切实有效的营销推广方案，同时为制造商提供销售商和客户的持续追踪服务。

新媒体时代的到来，才使得精确化营销成为可能。在网络条件下，随着数据存储能力、处理能力以及数据收集成本的下降，企业可以记录或者搜集客户在各种渠道（例如移动网络化的媒体和渠道）、生命周期的不同阶段（客户产品体验、品牌参与、购买产品、购买之后的评价以及社会互动）的行为数据，从而制定出绩效可高度量化、高精准度的营销策略。

消费者的异质性在丰裕时代也越来越明显地表现出来。这种异质性主要体现在消费者在消费、阅读、交友等日常生活的各个方面的喜好的不同。新媒体已经为个性化营销提供了必要的

基础条件，基于归纳整理后的可流转数据以及透明可见的客户个体行为和偏好数据，使得企业可以大大地提升对客户的洞察力。其中提升客户洞察力包括对静态客户的细分和基于客户生命周期的动态客户细分，需要从客户的需求出发，选择最佳营销组合策略，其包括促销（promotion）、产品（product）、价格（price）以及渠道（place）四个方面，只有将量身定做的 4P 营销组合在恰当的时机提供给特定客户，才有可能实现营销收益最大化。但组成这些要素的因素也不是单一的，例如产品就包括产品的包装、品牌、设计、质量、服务等多个方面，这些数据构成还可以进一步细化成更具体的维度；同理价格也包含支付方式、目录价格、信用条件、付款期限信用条件等多个维度；渠道包括存货地点、运输方式、覆盖区域等多个方面；促销包括降价打折、人员推销、采用广告、公共关系等多个维度。企业通过新媒体挖掘就可以发现消费者的行为偏好和消费习惯，从而可以准确地根据每个消费者的不同消费习惯和偏好为其提供具体的、个性化的产品和服务。

（二）客户关系管理

随着经济的全球化和新媒体浪潮的到来，产品同质化已经演变成令企业管理者困扰的难题。企业也开始变得愈加重视客户关系的维护和管理，良好的客户关系能直接帮助企业快速有效地洞察客户的需求动态，如何加强企业的客户关系管理，能否高效地管理和挖掘客户资源，能否与客户之间建立长期的良好关系已成为企业能否持续保持竞争优势的关键之所在。

客户分类是比较复杂的，一般不同的企业会采用不同的标准。按行业、按地区、按性质对客户分类，是一种比较常见的分类方式，这种分类方式往往不能准确反映出其对客户的影响。通过对以往的销售数据进行挖掘和分析，可以找出企业现有客户中那些最能够影响客户划分的关键因素，并且把客户进一步细分成为更加精细的组别，以使得每个组别里的客户具有更多的关联性和相似性特征，从而企业可以更加有针对性地管理客户关系。在维护好现有客户的同时挖掘潜在客户，以此来增加销售额并降低营销成本，从而提高企业的利润率。

（三）改进商品销售管理以促进交叉销售

实体零售业会每天产生海量的销售数据，通过运用数据挖掘技术对日积月累产生的交易数据进行深层次的挖掘分析，可以清楚地了解各类商品的销售情况，从而可以更有针对性地制定各类商品的营销对策。比如针对不同的产品进行分类管理，对商品的直接赢利能力和间接赢利能力进行综合分析，从而为零售货架制定最优的产品组合，并合理有效地控制各类商品的进货、库存等。

与此同时，基于商品的销售管理，通过对数据挖掘中关联规则的应用，可以对顾客的购物车做相关性分析，寻找不同商品在被销售时的相关性，挖掘顾客经常购买的商品组合当中隐含的潜规则，从而指导商家制定经营决策，通过分析以往的顾客消费数据，还可以掌握顾客的消费行为模式。其效果会反映在顾客的一次购买行为当中，这称为交叉销售的即时效果；也会体现在顾客在不同时间点的多次消费活动中，这称为交叉销售的延时效果。商品的交叉销售效果反映的是一种商品的销售能在多大程度上促进其他商品的销售。

商品的赢利能力既体现在销售商品本身所获得的直接收益，也反映在通过该商品交叉销售其他商品所产生的间接收益。通过使用数据挖掘中的聚类分析和关联规则等分析方法，可以有效地改善商品的销售管理，促进商品的交叉销售，还可以优化零售商场的货架布局、指导商品价格的制定以及协助营销计划的编制。

（四）企业营销组织结构的变革

既然通过合理运用新媒体可以实现精确化营销，能够给企业带来巨大的利润，那么以数据的搜集、挖掘、分析为工作中心的组织架构和员工分布必将成为新媒体时代企业营销变革的一个必然趋势，将来会有越来越多企业的营销组织的人员布局和工作内容围绕数据的搜集、分析以及处理而开展。

企业数据分析部门在企业营销中扮演的角色越来越重要，也将可能逐步取代传统的营销决策机构而日渐成为企业营销的核心部门。和以往企业配置大量销售人员去推销产品相反，新媒体时代的企业会配置大量的数据采集人员，这些数据采集人员会四处奔走，采集或购买企业所需要的各种资源数据。

第二节 传统促销策略需创新

传统的企业营销活动中，广告宣传比重较大，且主要是企业单方面的宣传促销。而在新媒体时代，单一的缺乏互动的促销活动效果欠佳，社交网络的发展，信息渠道的丰富，使得很少有企业像过去那样将侧重点放在传统的宣传方式上，企业未来的促销策略，也应当以市场变化趋势为导向，重视对营销策略的创新研究。

一、传统企业优势与营销困境

（一）传统企业特点和优势

传统企业是相对于信息化时代产生的一些新媒体企业而言的，指的是企业以生产有形产品为主，在传统市场中有自己的市场范围、销售渠道以及固定的消费群体，如家电、纺织服务、建筑建材、石油等，传统企业的组织架构是按照职能进行分类的，有着自上而下的层级结构，企业有自己的产、供、销一体化的系统，以及实体生产与经营部门，产品多是大规模批量化生产，因而组织发展的深度和广度受到时空范围的限制。

1. 资金优势

传统企业一般拥有成熟的线下团队，较多的实体门店、较高的销售额和良好的品牌口碑，它们通常是通过报纸、杂志等传统媒介来做宣传，在管理模式上传统企业主要是以老板为核心，比较严谨但也比较保守，与用户的互动性较弱，但是传统企业相较一般的新媒体企业又具有较大的优势。传统企业因为已经有一定的原始积累，所以在资金运作方面比普通的新媒体企业要强。海尔集团成立新媒体金融创业事业群时，与阿里小微金融进行直投合作，首批放款投入3000万，共同开放给小微企业客户群体。3000万元对于海尔这样的企业可谓九牛一毛，但是对于很多的新媒体企业来说，根本不可能有这样的启动资金，新媒体企业的资金基本都是滚动的，常常会面临资金短缺、现金链断裂等问题。

2. 生产优势

传统企业经过多年的积累，已经有相对成熟的生产线或供应商，并已经形成完备的产品管理体系，因此当传统企业需要做新媒体转型时能够获得更多资源，借助线上线下销售，继续保持其主导地位的同时还可以进军更多的新兴市场领域。

3. 诚信优势

传统企业从事线下营销多年，所生产产品或提供的服务均被消费者反复验证，其实体产业等也能让消费者更安心，而相对而言，新媒体企业因为商品与图片不符、仿冒、伪劣等问题时有发生，同时其较小的规模和未成型的管理模式要取得消费者的心理认同难度较大。

4. 品牌优势

品牌上线后的起点也成为很多传统企业初次尝试新媒体时最重要的突破口。原有品牌本身在消费者心中就有一定的知名度和口碑影响力，能够为企业快速打开网络市场，减少了众多的营销推广工作。

（二）传统企业的营销困境

虽然传统企业已经在管理模式、运行体系上相对成熟，但是面对新媒体市场与传统市场的差异仍然有很多路要走。新媒体营销具有全球性、互动性、经济性、虚拟性和即时性特征，这些特征与传统企业特点和理念时常发生冲突。

1. 传统组织架构对消费者需求反馈的挑战

传统企业一般都依靠严格的分工协调体系来开展生产活动，其流程、制度都趋向标准化。但是新媒体时代，消费者对于产品的需求日益多样化、小众化，而原有的组织架构会导致对消费者需求的敏锐度不够，反馈迟缓，无法满足个性化需求，最终将制约企业的进一步发展。

2. 信息化管理的缺位

很多传统企业逐渐意识到新媒体营销的好处，也投入了大量的人力物力进军新媒体领域，但是很多企业都未能长久，究其原因，还是在于公司信息化管理缺位，传统生产经营理念仍占据主导，无法摒弃传统经验，对新媒体营销这块陌生领域的应对不足。

3. 原有企业文化成为制约新媒体营销的屏障

新媒体企业的文化通常是开放的、创新的、有活力的，但是传统企业的文化仍偏向于严谨和保守，在实际的新媒体营销中常常为了达到流量效应而需要放下原本的身段，但在很多传统企业中无法实现这一转型。

4. 营销人才和创新思维的注入活力不足

传统企业非常看重原有的渠道，在渠道管理上已经驾轻就熟，新媒体营销如何避免与传统渠道之间的冲突，如何规避老路子寻找新方法等，都需要开辟思路，打开创新空间，所以既熟悉传统营销又熟悉新媒体营销的人才显得格外重要，合适的人才、合适的团队才能产生出新的动力。

二、新媒体在传统企业转型中的作用机制

新媒体营销是指以新媒体为媒介，并用相关的方式、方法和理念实施活动以更有效地促成个人与组织交易活动的实现。作为一种新型的营销方式，其丰富了市场营销的内涵，越来越被传统企业所重视，其作用机制主要表现在以下方面。

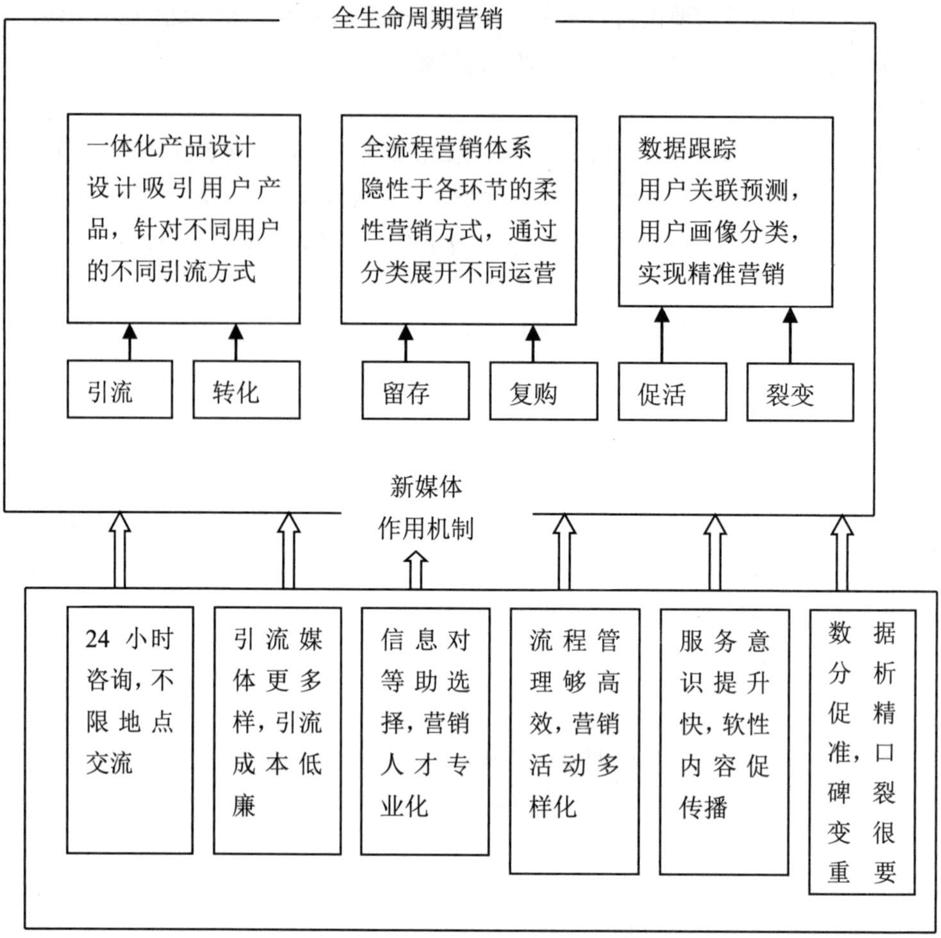

图 3–1　新媒体在企业全生命周期营销中的应用

（一）新媒体提升营销的转化机制

流量其实并不是新鲜名词，在传统营销中流量的大小就是评估营销是否有效的重要指标。传统的超市，因为聚集了大量的人流，成为流量通道，并带来了快速、高效的流量转化。而新媒体时代则更是以流量为“核心”，在后文的漏斗模型中，我们也可以看到，流量作为营销中的第一个指标，对于营销效果的实现至关重要。营销产品就是商家争取流量的突破口，所以要从各个方面保持这个突破口的通畅。引流的本质是要迎合用户所需，带来有价值的流量，这就需要更多的沟通时间，更广的沟通范围，更多样的沟通渠道，更低廉的沟通成本，才能保证更好的引流效果。新媒体正可以为营销提供这样的便利，让引流变得更容易，让流量变得更有价值，让转化率显著提高。

新媒体营销将新媒体作为主要沟通方式，通过设计一体化的营销产品发布在网上，由顾客在网上搜索信息发起联系，所以与传统沟通相比，营销者没有那么多控制权，其观念也逐渐从原来的以企业为中心转变为以消费者需求为中心，所以双方在沟通时，主要是从消费者的个性和需求出发，寻找企业的产品、服务与消费者需求之间的差异和共同点，并在适当时候通过改变企业的营销内容来满足消费者的需求，变单向沟通为双向交流。而且新媒体技术让信息突破了时间和空间的限制。不受制于时间就可以全天候地为企业、团体、个人服务，省去了烦琐的销售工作，也让客户需求得到更好的满足。不受制于空间就可以扩展到更广阔的市场，在全球市场内寻找突破口。另外丰富的新媒体资源带来了丰富的传播媒介，传播主体可以运用文字，也可以运用图片、视频、音频等方式进行传播，既保证了产品特点形象更加立体，也帮助消费者加深对产品的认知，增强了营销的趣味性，带来了与众不同的感知。而且，广告发布不需印刷，节省纸张，不受时间、版面限制，顾客可随时索取。这样不仅带来了流量的增长，降低了传播的成本，并通过一对一的交流提升了用户转化的可能，带来了真正的营销收益。

（二）新媒体提升营销的复购机制

用户进入网站界面，了解了企业需要传达的商品或服务信息，是否愿意留下来购买，并持续购买，是新媒体营销中的另一个重要指标。留存率是指这部分用户占当时新增用户的比例，一般每隔 1 单位时间（例日、周、月）来进行统计。复购率也叫重复购买率，指消费者对该产品或者服务的重复购买次数。要想提升这两个指标，需要对客户行为进行分析，让他们不断了解企业产品的动态以及企业的营销活动，并适时地进行双向交流，才能进一步提升企业的营销效果。

新媒体营销通过透明的网络媒介，让信息对等，人们可以根据自己的喜好或需要去选择相应的信息，如厂家、产品等，然后加以比较，做出购买的决定，将消费主动权还给了消费者，他们可以在信息对等的情况下理性分析选择所需产品，建立起商家的合作关系，让交易变得更加透明，也更加稳健。同时专业的互联网营销人才也可以带动整个企业的组织架构发生改变，以应对不断变化的用户需求。营销流程也在组织架构的优化、专人人才的培养中不断完善，所带来的是更加灵活的应对机制，更加丰富的营销活动。近年来较为常见的营销活动包括老用户答谢礼包、团购礼券、环保达人标签等，从物质和精神层面实现用户的留存和复购。而且这种组织上的优化、人才上的培养也缓解了传统组织架构对消费者需求反馈的挑战，让原有的企业文化迸发出更多的创新力。

（三）新媒体提升营销的反馈机制

新媒体营销活动结束后，对于最终结果的反馈显得尤为重要，它不仅关系着最终的数据盘点，更指导着下一次新媒体营销的模式与策略，所以数据工具必不可少。新媒体正在重新塑造数据体系，这将最大化地缓解信息化管理的缺位，数据体系可以存储大量数据，为消费者提供查询服务，也可以适应市场的需求，传送精准度极高的内容，及时有效地让商家理解并满足客户的需求，从而极大地提高服务效率。新媒体本身的特性，使在传统营销中因高成本而较少采用的一对一个性化沟通方式得以普及。企业可以根据消费者的个性特点，进行个性化服务，这种服务带来的是体验好感度的全面提升。新媒体传播快的特点，也将在这一环节发生作用。如若产品好、服务佳，则会带来较大范围的口碑传播，此时企业方准备好便于传播的内容以及裂变活动的方式就可能借助新媒体营销工具带来持续的转化。新媒体的软性营销内容在持续转化中起着重要作用，首先它建立了企业方的调性，在传播过程中一般不会被轻易去除。另一方面它也让传播者会传播，传播者可能是购买过企业产品或服务的人，也可能只是喜欢该企业调性的人，甚至可以是因为转化过程中的激励即参与到传播行列的人，传播内容是他们传播时的工具，让传播变得更加简单。

三、传统企业的新媒体营销模式

在新媒体的大环境下，多元化的营销模式层出不穷，特别是消费者在营销环节中越来越多的参与，都让新媒体营销发挥出了更大的作用。以淘宝为例，越来越多的商家入驻为消费者带来了更多的选择，同时也增加了竞争，降低了价格，优化了服务，为消费者带来更好的消费体验，也正是因为很多企业看到了新媒体营销的优势，便开始将营销重心转移到新媒体上，展开更多的新媒体营销内容。对于很多企业来说，要想在不受时空限制的新媒体营销中脱颖而出，不可能仅仅在产品、价格、渠道和促销上下功夫，更需要精细化、个性化，并打造出自身的亮点，才能吸引住消费者的目光。所以新媒体营销模式也不断翻新，结合互联网营销理论，大致将新媒体营销模式分为以下几种。

（一）新媒体直复营销

新媒体直复营销可以通过 B2B、B2C 等网站发展自己的分销渠道，直接面向终端客户，将自己的产品营销出去。这种营销方式能够减轻企业因为要建立营销分部以及人员配备等带来的成本压力，被大部分企业应用。当前社会的直复营销借助了新媒体工具，可以起到更佳的营销效果。麦考林来到中国已经数十年，每年投入数千万资金用于全国范围内店铺的铺设，目前门店数已经达到数百家。在麦考林的销售体系中，营销目录一直是非常重要的营销方式。随着新媒体的快速发展，其经历了传统目录销售到新媒体目录销售的转型，新媒体带来的直达效率的提升，为该企业带来了可观的顾客增长量和复购率。

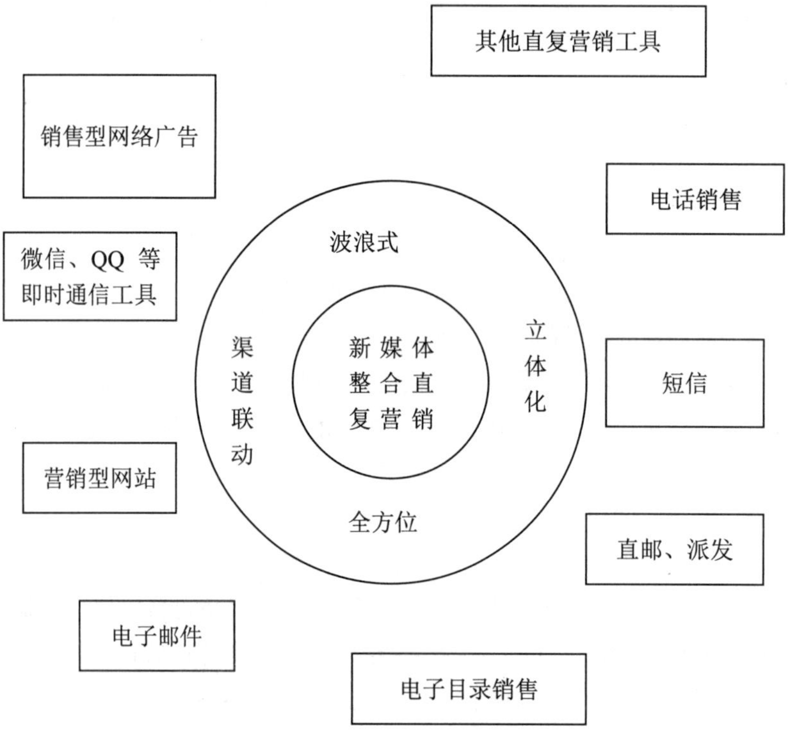

图 3–2 新媒体直复营销示意图

（二）新媒体关系营销

即时通信营销是关系营销中一种常见的模式，即通过即时通信工具，比如 QQ、微信等发布企业信息和产品信息，让更多消费者认识和了解，同时该营销方式还有助于增进企业与消费者之间的互动，形成良性循环。伴随着拼多多从京东和淘宝大战中脱颖而出，即时通信营销被越来越关注和重视。

社群营销也在关系营销中起着重要作用。通过各种社群，QQ 群、微信群、旺旺群、博客以及一些大型论坛等发布一些文字、图片、活动等方式传播公司品牌、产品和服务的信息，从而让目标客户更加深刻地了解企业的产品和服务，最终达到宣传公司的品牌、产品和服务的目的，是加深市场认知度的新媒体营销活动之一。

美国星巴克公司成立于 1971 年，原本主要经营传统线下咖啡销售业务。但是现如今也是关系营销的高手。星巴克不仅借助 Meta（脸书）和 Twitter（推特）等关系营销渠道推广新产品，同时也建立自己的社群，定期推出新品资讯、优惠福利等，还利用 #Nemo 和 #blizzard 等标签，贴合顾客的生活，更会在社群中发起一些慈善活动，维系社群中良好氛围等。

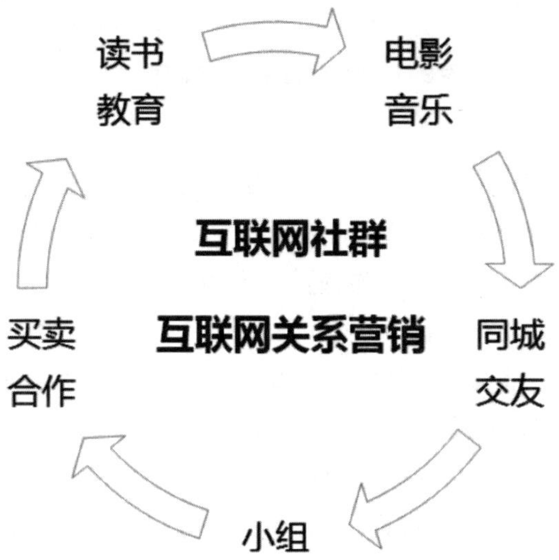

图 3–3　新媒体关系营销示意图

（三）新媒体软营销

随着技术的愈加成熟，新媒体软营销这种成本低廉，传播速度快，又具有互动性的营销模式，很容易为企业和用户所接受。企业通过发布视频、图片、软文、知识问答等不同内容，让营销变得人性化、可接近，从而起到宣传公司、品牌、产品以及服务信息的作用。事件营销就是一种流行的软营销模式，经过精心的策划和实施，能够让大众乐此不疲地参与进来，在享受乐趣的情况下帮助企业扩大事件影响力，从而吸引更多人的关注与参与，改善并增进企业与公众之间的关系，塑造良好的企业形象。

（四）新媒体整合营销

整合营销中把传统的用户口碑与网络技术有机结合起来，应用新媒体互动和便利的特点，通过客户或公司营销员以文字、图片、视频等口碑信息与目标客户之间进行互动沟通，从而加深对目标客户的影响，提升他们心目中的品牌形象。其中病毒式营销是整合营销中企业最喜欢的一种，因为它能够在短时间内迅速将信息蔓延出去，形成一种强大的磁场，让信息沸腾，为企业打造知名度。

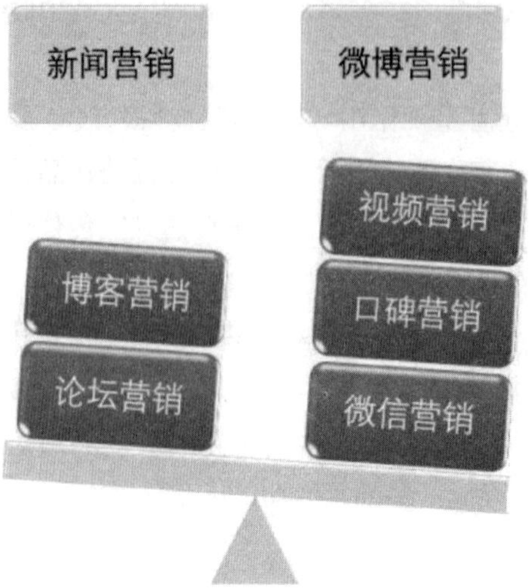

图 3-4 新媒体整合营销示意图

（五）新媒体营销组合

新媒体营销虽然已较为常见，但是相比传统营销方式仍属于新鲜事物，并且随着新媒体市场的日益扩大，很多企业也开始调整自己的营销方式，采用营销组合来更新自己的营销战略。

比如在小米联合创始人黎万强的《参与感》一书中就针对小米公司的营销模式做过详细阐述。传统的营销更看重定位 +4P（产品、价格、渠道和促销）。通常做法是为产品找准定位，取一个好记独特的名字，设计一条最洗脑的广告语和视频，小米将关系营销和整合营销进行组合，让“米粉”的需求可以第一时间在社群中得到响应，同时良性的反馈带给小米更新迭代的参考点，快速成型后又迅速在粉圈形成口碑。这种有渠道反馈，反馈后执行，执行后转化为口碑，口碑带来社群快速扩张的方式最终带来了小米营销的成功。瑞幸咖啡的营销模式也堪称新媒体营销的经典。它的营销模式与策略中通过社交分享进行传播和拉新，再通过用户裂变持续吸粉创造口碑，大 V 的加入又为品牌树立了一种文艺知性的形象，同时通过内容营销进行宣传和造势，最终成为全国迄今为止上市最快的公司。

传统的营销更看重定位 +4P（产品、价格、渠道和促销）。通常做法是为产品找准定位，取一个好记独特的名字，设计一条最洗脑广告语和视频，买断当地电视台黄金时间，重复重复再重复地播放。比如非常经典的“今年过节不收礼，收礼只收脑白金”。这种营销方式是经过实地调研、小规模测试、一流的内容和渠道策略才得以广泛传播的。新媒体营销则是将爆品推向顶点，并通过场景、社群、内容、连接和地区来实现营销。比如说小米团队最先运作一款第三方刷机的 ROOM 系统，将这个系统做到极致，使得米粉规模越来越大，然后顺势推出手机，性价比做到了极致，最终引发了抢购浪潮，这种营销方式又被称为饥饿营销，虽然在产品发布的时候性价比极高，但是市场能够预定到的量却很少，而后期大批量出货的时候，硬件生产成本大大降低，这个价格已经没有太大优势，但是当时看来确实是一笔划算的买卖。

虽然新媒体营销的方式较传统营销有所创新，但是营销思维的核心问题并没有改变，两者的目标都是要达到营销效果的最优。所以在很多企业中新媒体营销与传统营销的组合开始出现。

比如苏宁电器就尝试将传统营销方式与新媒体营销方式进行组合，走出了一条属于自己的路。苏宁利用传统营销渠道增加了线上采购的售后服务功能，将线上和线下打通，为客户带来了更好的体验，同时通过传统的行业优势联合生产厂家加强合作，又为保持线上的价格优势打下基础，再者苏宁也通过调整自身品牌的年龄定位从而吸引更多的年轻消费者成为其客户，苏宁吉祥物、苏宁小店等尝试拉近了苏宁和消费者之间的距离，成为新媒体营销和传统营销有机结合的典范。

表 3–1　传统营销模式与新媒体营销模式对比

传统营销模式	新媒体营销模式
品牌定位：寻找心智模式的空白点	找尖叫点：用户未被满足的需求
产品：能解决用户的实际需求	爆品：令人尖叫的极致单品
价格：多因素影响	价格：没有最低，甚至免费
渠道：实体分销渠道	渠道：个体（大 V 等）+ 网络平台
促销：打折优惠	促销：口碑传播，病毒传播
广告：通常就一条	广告：有趣有料的话题，高频传播
投放模式与策略：电视台黄金时段	播放模式与策略：精准目标用户
传播模式：单向输出	传播方式：社群互动
数据反馈：周期长	数据反馈：实时更新

第三节　品牌竞争加剧

在某些行业，新产品和新品牌的出现和发展，会影响甚至超过部分知名品牌。互联网的发展和移动终端设备的普及，自媒体的迅速发展，微博、微信等移动社交工具在人们的日常生活和交流中发挥着重要的作用。新产品和新品牌不断崛起，逐渐占领市场，并主导开创了新品类，形成了新势力。在运营企业的助推下，它们呈现持续增长的发展态势，对行业内企业的竞争态势和战略发展产生了重要影响。

一、品牌建设对企业发展的影响

随着品牌价值功能的日益凸显，各大企业争相开拓品牌的经济价值，意图发展品牌经济，提升企业综合实力，确保自己能够在激烈的市场竞争中保持稳定的利益营收。然而品牌建设并非一蹴而就，而是一个慢慢积累和发展的过程。笔者从品牌建设对企业发展影响的角度出发，分析了品牌建设对于企业发展的重要性和实践路径。

（一）品牌的概念

品牌的本质是品牌拥有者的产品、服务或其他优于竞争对手的优势能为目标受众带去同等或高于竞争对手的价值。其中价值包括：功能性利益、情感性利益。广义的品牌是具有经济价值的无形资产，品牌建设具有长期性。狭义的品牌是一种拥有对内对外两面性的“标准”或“规则”，是通过对理念、行为、视觉、听觉四方面进行标准化、规则化，使之具备特有性、价值性、长期性、认知性的一种识别系统的总称。依据现代营销学之父科特勒在《市场营销学》中的定义，品牌是销售者向购买者提供的一组特定的特点、利益和服务。品牌是一个产品乃至一个企业的重要标识，它所涵盖的不仅仅是标识、颜色、字母、线条等这些客观上易见的元素，也不单单是它背后要传达的精神、理念，还包括它所覆盖的市场规模、拥有的消费者忠诚度和辐射影响力。而正是由于这样的规模和影响力，品牌才具有溢价空间，具有变现的能力和底气。

（二）品牌建设的重要性

在机械化作业的现代社会，产品的无差别化生产效率日益提高，买方和卖方的市场地位发生了调转，销售者失去了对市场的主导地位，生产者的效率优势逐渐丧失，薄利多销的市场策略不再适应发展。从客观科技上无法取胜，企业只得调整策略，攻占消费者的主观情感——品牌建设。由此可见，品牌建设对于企业发展刻不容缓。对于企业而言，品牌建设的重要性主要体现在三个方面：

1.品牌是企业的重要标识

首先，品牌是商品的重要标识。品牌的标志性作用可以帮助消费者快速进行商品判断，消费者根据品牌客体的差异能够非常容易地从大量同类商品中选择信赖的品牌进行购买，有助于加深消费者对品牌的认知，利于形成消费者的品牌忠诚度。所谓品牌的客体即品牌标识，品牌文字、字母、线条以及品牌的主体色彩。

其次，企业可根据品牌对本公司商品进行辨认，方便划分品牌利益和品牌责任。从而避免承担非本企业生产、销售产品所产生的质量问题和责任。

此外，品牌的标志性作用还体现在其是企业文化的重要组成部分。通过对品牌的认知、理解，提升消费者对品牌背后的企业的了解和信赖。

2.品牌是企业信誉的体现

品牌对企业发展而言，不仅仅具有辨识作用，更是企业信誉的体现，是责任承担的依据和保障，消费者根据选购商品的品牌知晓产品责任承担方。可见，企业注重品牌建设是勇于承担自身责任和社会责任的表现，也是企业形象塑造的重要环节。

3.品牌赋予产品高附加值

品牌是企业的象征，是产品质量和功能的保障，企业品牌所凝聚的是高于工业生产的知识性产品，是企业最具价值的无形商品。成功的品牌建设能为企业创造巨大的经济收益。这种收益来源主要体现在品牌给予产品的高附加值。例如爱马仕的包，香奈儿的服装，蒂芙尼的珠宝等等奢侈品，其产品之所以有底气进行高价销售并始终拥有稳定的市场，完全基于品牌所产生的高附加值，基于消费者对品牌的认可和信赖。

（三）品牌建设途径

随着品牌价值的日益凸显，全球企业越发重视内部品牌建设。然而品牌建设并非一蹴而就，而是一个慢慢经营的过程，因此品牌建设的途径选择至关重要。企业进行品牌建设的途径主要有以下几种：

1.广告宣传

广告宣传是品牌建设的必要手段。众所周知品牌成功的首要前提是增强曝光率，只有让消费者及潜在消费者认识品牌才能激发其对品牌的兴趣，进而了解、购买和使用，最终提高品牌忠诚度。广告宣传通过提高品牌曝光率，增强品牌知名度，树立品牌形象。随着信息接收方式的变更，企业所选择的广告宣传方式也出现重大变化，通常包括黄金时段广告投放、电视广告植入，以及粉丝带货等。

2. 电视、节目投资赞助

电视、节目投资赞助是品牌建设宣传的重要途径。对于电视、节目的投资，不仅仅可以对品牌进行宣传，获得更为广阔的客户群，还能够将资本变现，实现额外经济收益。例如蒙牛、OPPO 投资赞助综艺节目，极大地扩大了品牌影响力。

3. 公益事业投放

公益事业是企业承担自身责任和社会责任的重要表现，同时也有助于企业宣传和品牌形象，是品牌建设最为有效的手段。有效的途径能加快品牌建设的进程，同时建设途径的选择也一定程度上影响品牌的定位，因此须选择合适的途径进行品牌建设。

（四）品牌建设意义

对现代企业而言，品牌建设具有重要性。成功的品牌建设对于企业的发展具有重要的意义和影响。其意义主要体现在三个方面：

1. 塑造企业形象

品牌建设有利于塑造企业形象，提升企业知名度。品牌建设的过程是创建、宣传，形成品牌影响力，实现品牌价值转化的过程。这个过程最初始阶段是对品牌的宣传，也是树立和宣传企业形象的阶段。企业随着品牌建设同步发展壮大，例如，格力空调和海尔冰箱，成为格力电器和海尔电器的重要品质标杆，由此树立了海尔和格力电器质量领先的企业形象。

2. 扩宽企业市场规模，增加收益

品牌建设有利于企业的营收增长。从企业发展进度来看，品牌建设不仅仅有利于增强企业公信力，塑造企业形象，促进企业产品销售和市场规模的扩张，也有利于增加企业产品的附加值和品牌延伸价值，从而获得更多经济收益。由于企业品牌知名度的提升，消费者有了认知并产生信赖感，企业相关产品能够更加迅速和大规模地被消费者所接纳和选择，市场规模也由此打开，为企业创造更多的经济收益，例如世界知名的苹果手机，国内的华为手机等等。

3. 提高产品的延伸价值和附加值

品牌建设对于企业发展的意义还在于增加企业相关产品的附加值和延伸品牌价值。品牌对于产品的附加值的作用主要体现在奢侈品方面，例如售价几十万元的爱马仕包包，90%的费用为品牌增值。而品牌的延伸价值主要体现在品牌加盟付费以及品牌特许经营付费等，例如快乐番薯奶茶店、依思 Q 等女鞋品牌每店加盟费用就高达十几万元，特许经营费用收益也极为可观。

二、新媒体时代下的品牌营销

（一）新媒体时代下品牌的传播与营销

1. 品牌传播

品牌的传播，是品牌方通过某种媒介工具，向其品牌的受众传递品牌的信息，目的是提高品牌形象、认知度以及影响力的传播行为。品牌方实现与受众的各种沟通接触和互动所使用的工具，都可称为品牌传播的媒介。不同类型的媒介渠道，在其传播覆盖面和传播功能效率上，各有特色，各有优缺点。分析品牌传播的受众，实现品牌传播媒介的优化组合，以最小的投入获得最大的传播效果，是开展品牌传播工作时需要着重考虑的问题。品牌传播的媒介（工具），主要有，传统媒体——网站、报刊、宣传栏等；新媒体——微博、微信、微视频等；人际传播——推销、展览会、交易会等；公关——活动策划、表演比赛、事件营销等。

2. 品牌营销

品牌营销是指品牌方通过创立品牌形象，合理运用品牌传播媒介，提高其受众认知度，提高品牌竞争力，以此取得符合品牌方最大经济效益、社会效益的营销活动。品牌营销的重要性在于突出品牌自身的个性，找到能够深刻感染受众内心的品牌核心价值。这能够使其明确、清晰地识别并记住品牌的个性特点，也是促使受众认同、喜欢一个品牌的主要力量。品牌营销是近年来愈发得到认可的营销观念，它与一般的市场营销虽有相同之处，但更为注重的是对品牌本身进行营销——扩大品牌知名度、提高品牌社会形象，强化受众对品牌的认知度。在满足受众对产品、服务等功能需求的前提下，品牌营销还更加侧重于树立起一个立体全面的形象。这种形象，需要有形产品和无形服务来完成。有形产品是指产品功能满足需求的同时，还应该包装新颖，设计独特，名字有感染力、吸引力等。无形服务是在产品、服务的流通各个环节中，注重品牌价值理念的输出，提高受众满意度，取得其对品牌价值观的认可。品牌营销是一个系统工作，涉及品牌方产品服务、形象建立、流程控制、理念输出、媒介传播、评价反馈等各个层面。保持一个长期连贯一致的整合营销传播策略，可以提高品牌营销效率，降低品牌营销投入成本。而且，品牌营销战略，应该根据品牌方的阶段目标和区域目标的具体情况而有所不同。

（二）新媒体时代下品牌的价值延伸及功能

从市场营销学的角度来看，品牌方都需要通过品牌形象来提升其自身价值，这种诉求不仅体现在企业组织需要品牌化来销售其商品，获取经济利益的最大化；也体现在非营利机构需要品牌化来提高其所提供无形产品、服务的使用率和受众认可度，达到公共利益的最大化。

1. 品牌的价值延伸

商业品牌在非营利领域的延伸特点主要表现为：在本质上，不管是企业还是非营利组织等的品牌首先代表的是其提供的产品、服务的符号化体现。非营利组织品牌化过程中，首先就需要建立一个可以体现其所提供的公共产品、服务的具化形象，如警察、消防员等的卡通形象。这些形象能使品牌符号更鲜明，更容易给受众留下深刻印象。其次，与企业一样，非营利组织品牌也需要在发展中不断提高自身的服务质量，提升产品价值，实现品牌效益的提升。不论是商业流通过程中的产品，还是非营利组织所提供的公共产品和服务都需要通过品牌来与受众产生联系，在满足受众基础物质、服务需求的基础上，传播品牌文化理念，满足受众更高层次的心理需要。非营利组织品牌和商业品牌一样，都需要经历一个长期的品牌发展过程以及一系列的品牌发展战略，其品牌的发展就是公益服务，行政服务市场化的发展，其发展主要还是要借鉴商业品牌的发展策略，以迎合受众的需要。其市场化也是建设服务型组织的内在需求，要求行政行为应符合市场的规律，迎合受众需要，达到行政效率的最优化，社会公共利益的最大化。

2. 品牌的功能

新媒体在品牌方发展中所具备的功能主要为以下几个：

（1）聚合功能

一个具备高度品牌价值的机构组织更容易获得社会认可，在获取资源方面也有天然的优势。在现实中也常常表现为，社会中的资本、人才等都会向强势品牌方聚合，如阿里巴巴、腾讯等就聚合了大量的IT从业人员。风险投资等非营利组织和部门中品牌知名度较高的如警察、海关等部门也比较容易得到大学毕业生们的青睐。形象良好的品牌也具有较强的市场号召力，产品及服务认知度高，是影响受众进行消费选择的一个重要参考。品牌的发展是企业市场竞争中的重要筹码。非营利机构的聚合功能有时候表现得更为强大，能对其所辖区域的经济、社会发展，重大社会事件的走向等产生重大影响。此外，非营利组织良好品牌形象的聚合力还会使其在整合、分配和运用社会公共资源方面更具权威性，能有效提高行政效率，降低行政成本，建立良好的公共形象。

（2）宣传功能

良好的品牌形象具有强大的辐射影响力，对内对外都有所体现。对内，一个好的品牌形象能使内部组织员工们形成积极向上的组织文化、工作氛围，自发地产生集团荣誉感、自豪感，调动员工的积极性、主动性、创造性，形成较强的内部凝聚力。对外，好的品牌形象代表好的品牌文化、产品和服务，能赢得受众的好感，增加消费者、参与者和吸引外部高素质人才的加盟，好的品牌形象也会自发产生正面的宣传功能，赢得公众认可，潜移默化地与受众建立情感联系，使他们对品牌产生亲切感。

（3）信用背书功能

品牌的另一大作用是保证品质，打消疑虑，向受众提供信用背书。品牌不仅是企业或产品的名字，也不仅是一种象征性的符号，更是其所传递的价值观、文化和特性。品牌方通过品牌的名称、符号等运用，向受众区别其产品或服务，简化受众对产品或服务的辨识；通过长期建立的品牌信誉、知名度，确认其产品或服务的品质，强化其在受众心中的形象，使受众成为品牌的忠实拥护者，这种信用背书的建立同时也降低了受众在选择品牌时的决策成本。从本质上说，品牌，就是被赋予信誉、质量和客户忠诚度的经济学符号。如果品牌拥有较高的信用和良好口碑，它就会变成企业宝贵而巨大的无形资产，带来稳定的预期利益。相反，如果信用不足或者出现信用危机，已有品牌则会遇到危机，其效应可能在很短时间内衰退，甚至引发多米诺骨牌崩塌式的后果。

三、新媒体在品牌传播中的创新优势

（一）低廉的营销成本

新媒体传播具有营销成本低廉的特点，主要体现在以下两个方面：

首先，新媒体本身的去媒体化特性。媒体化是媒介传播时所具有的显著特征，比如需要专业的信息采编团队，专门的信息发布媒介等，而新媒体的传播不仅可以采取传播媒体化的方式进行，也能采用去媒体化的方式进行，去媒体化就是让信息传播不再局限于传播者的单一来源，可以让受众来参与内容制作，信息宣发，比如很多公众号都会采用受众的稿件、信息源等，这就为降低以前高昂的媒体化成本提供了可能。

其次，传统的广告营销所依赖的是大众媒体，而新媒体的出现，让品牌方在进行广告营销时有了更多选择，甚至可以通过对受众的精准画像进行广告投放，受众免费获取信息，定向接受品牌信息，使得营销成本下降的同时也降低了受众获取信息的成本。

（二）精准定位受众

首先，新媒体传播改变了之前服务营销无法量化的特点，新媒体的发展，加速了信息传播的进程，优化了信息传播质量，降低了人们在寻找信息过程中浪费的时间和空间，提高了受众的信息获取效率及信息价值。利用新媒体进行营销的优点在于可以根据受众的需求随时随地进行产品定制，最大化地满足受众需求。营销效果在新媒体时代有了可以衡量的尺度。在传统媒介时代，服务无法被加以量化形式的表达，而新媒体平台上受众可以随时随地对品牌方提供的服务及产品等所有环节进行评价，这些评价同时又经过其二次传播影响了其他受众，并影响其他受众的产品、服务选择的决策过程。受众在选择产品和服务过程中的决策风险大大降低了。

其次，新媒体的运作依靠的是一套数字化模拟系统，它的产生能够更好地定位和服务受众。与之前的人为因素不同，数字化的模拟系统能够更好地减少人为因素的过失。在之前的服务中，人脑的记忆毕竟有限，无法做到在短时间之内迅速记住大量信息。当服务人群超过人类记忆极限之时，人的行为因素就会产生过错。作为一种机器，能够在短时间之内，清楚并准确地记忆大量的信息，这在一定程度上能够减少服务差异性的产生。服务的提供者和服务的受众不可分割，新媒体就实现了服务者和受众之间的有效分割。在微信的第三方应用平台——京东中，你就可以直接在搜索栏输入自己想要的产品，然后对产品进行筛选，在这过程中间，没有服务者的跟随，有的只是受众的自我选择。在这一实现购买的过程中，受众自身充当了服务者，也就完成了从受众到受众与服务者两者相结合的转化。

最后，新媒体能够对受众精准定位，进行有效信息推送。服务的生产需要根据受众的行为进行决定，在新媒体与受众一对一的封闭信息交流中，除了推送相关的产品活动以及产品信息之外，还可以针对每个受众的不同爱好、行为模式等建立品牌方自身的受众数据库，精准推送受众喜爱的信息。

（三）提供产品与服务的双重体验

提供产品与服务的双重体验，即在满足了受众对媒介载体诉求的基础上，提升用户的服务体验。

第一，提供产品体验。新媒体作为一种新兴媒介，在传播符号方面具有自身的独特优势，使传播具有多样化的特点：可以发送语音，可以编辑文字，可以在文章中加入图片，还可以加入超链接视频，并且能够用生动的表情符号与消费者进行互动。语音功能的加入改写了之前只是利用视觉化形式进行传播的现象，在此之前的图片传播、文字传播或者是视频传播或多或少都需要利用视觉形象进行符号的传达与解读。语音交流的加入，使人与人之间的交流回归至语音而不再是与冰冷的机器进行对接。对于企业来说，微信这些功能能够很好地传达品牌形象，塑造产品美誉度。如“星巴克”利用微信公众平台接收消费者在后台发送的表情符号，就会根据消费者的心情用《自然醒》专辑中的音乐来回应消费者，并在这过程中向用户推荐产品信息。

第二，提供服务体验。以“罗辑思维”的语音推送为例，其公众号每天发送由罗振宇录制的 60 秒语音，受众根据语音提示的关键词，在后台回复获得相关文章。语音相较于图文形式的表达更有亲和力，能使人产生如临其境的感觉。在用户输入相关的关键词的时候就与用户产生了互动，锁定了真正的用户群。“罗辑思维”每天固定在早上六点半进行文章的推送，以 60 秒语音的形式进行推送。早上六点半虽然不是受众最休闲的时间段，但对生活在北上广的年轻群体而言，早上起来在上班的路上，利用碎片化的时间就可以阅读“罗辑思维”所推送的文章。每天固定的时间进行推送显示了“罗辑思维”的坚持所在，用魅力触动受众。由此可见，新媒体所带来的产品与服务的双重体验，也有利于消费者树立对于品牌美誉度的认知。

四、新媒体时代内容营销环境及现状分析

（一）内容营销的历史沿革

1. 内容营销的概念和作用

“内容营销”这个字眼的最早出现时间可以追溯到 1996 年，由当时的美国报纸编辑协会发起并提出，但专门研究内容营销的机构——内容营销学院直到 2007 年才正式成立。随着专业机构的建立，相对应的出版物也开始在市面售卖，包括杂志、论文甚至书籍方面的学术资料的大批涌现，也让相关从业者逐渐对这种新的品牌传播策略重视起来。

内容营销这一定义也是在 2007 年出现在中国的，由谷润传媒首次提出和使用。9 年后，中国本土的内容营销研究院正式成立，这一名词在学界和业界也开始被广泛讨论起来，至今国内外对其定义也尚未达成一致意见。

首先，从内容本身来看，品牌能够通过内容提供给消费者新鲜感、意义感并夹带与产品相关的高价值硬消息。在 2011 年，利布就指出提供有趣且有意义并带有眼球效应特质是内容营销的核心要点。通过对具体案例的研究，牟兰提出内容中如果添加有趣的娱乐信息，更能够激发阅读者的沉浸感和共情效应；减少内容中的负面元素，添加有意义的信息，更能在传播社会议题时传递正能量，让受众理解并尊重法治道德高压线，提高内容一次传播的投入产出比，帮助传播主获得最高的内容效益。

其次，在传播渠道上，内容营销和传统的单通道单次传播不同，数字媒体时代，除了内容核心的一致性，内容的形式、传播介质、传播时长都比原先更加灵活和多样化。刘斌从新媒体平台中的短视频出发，提出新媒体创作者需要积极利用多类型的新媒体工具发挥创造和传播能够吸引目标受众的内容，并通过内容给予受众收获感，从而有效提升营销效果。

还有学者从内容营销的效果来定义。第一类立足于品牌视角，品牌的主动传播能够激发消费者在社区内的讨论和创作以及社群内的沟通交流，通过社交效应使用户更加认可品牌，提升复购率和好感度。通过案例分析，贺爱忠、蔡玲、高杰总结以上动作为对话、参与、讲故事，并证明它们能够让消费者对品牌产生显著积极的了解、互动和购买欲望。陈嘉卉、周懿瑾也提到内容营销对品牌传播的独特性：内容营销是一种通过邀请顾客参与，并在互动中共建品牌的营销手段。另一类分析立足销售本身，不论是提高顾客互动率还是加深客户忠诚度，无不在为着一个目标努力，就是提高品牌的销售额。基于这一目的，李霞认为内容营销可以利用有价值的内容把共享爱好和价值观的内容消费者凝聚起来并构建社群，最终成为忠诚度极高的粉丝群体，为品牌带来较大的流量，随后品牌可以把对内容的消费引导成为对品牌产品和服务的消费，依靠强大稳定的粉丝效益达到营销目的。因此内容营销在品牌传播中的应用也愈加广泛。

2. 大众传媒时代的内容

营销最早使用内容营销的例子可追溯至 18 世纪的大众传媒时代，很多品牌通过讲故事吸

引顾客和维护顾客关系。传统媒体时代，内容主要依靠书目、报纸、广电广告等媒介存在，传播广度较为有限，导致品牌传播也面临着相同的难题。为了解决困境，一些品牌开始尝试将品牌营销广告包装成有价值和有趣的内容，吸引更多消费者的关注。1900 年，米其林公司将路线图、供给站等旅行资讯整理出版成内容手册《米其林指南》免费送给司机，可口可乐在 2020 年宣布其内容战略以品牌故事作为品牌传播着力点，品牌讲述故事始终能够有效抓住消费者的眼球，不管形式如何变化，爱听故事始终是人类天性之一。

2005 年是新数字时代开始的标志，也就是 Web2.0 时代的到来。即时快速的互联网大大降低了品牌与消费者之间的沟通成本，信息不对等的状况有所减弱，因而在一定意义上首次建立了双方非中心化沟通的桥梁，具体例子比如，消费者可以在官方文章或网站下留言，也能收到官方的回复。曾经只是单纯地以售卖为目的的营销，已经开始和互动沟通结合在一起而升级迭代，在不断与消费者沟通的过程中，品牌也能获得灵感和反馈，创造出更好玩更有用的内容。但内容营销不光是讲故事和互动，也重视在与消费者的联结中共创内容和品牌，这一点由于大众媒介的单向性和技术的有限性尚未被当时的品牌营销涉及。随着互联网的全面发展，数字媒体的时代到来，传统的内容营销已经无法满足市场需求，从而产生新的思路。

（二）数字媒体时代内容营销的转变

数字媒体时代，品牌传播的底层根基是尊重每一个独立消费者存在着个体差异的消费观，因此接下来本书将从消费者角度出发，分析消费者态度的转变对内容营销带来了哪些影响。

传统媒体时代，单通道的大众传播通常会造成传受双方信息不对等的情况，品牌方对信息掌握着绝大部分的控制权。而在参与化时代，品牌开始要学着和消费者沟通，其中一个要素就是品牌营销专家需要开始倾听和洞察消费者，理解他们的需求，从感性情绪中分解出理性需求，并邀请他们通过互动发表深入意见。当消费者开始自主参与到品牌共建的时候，就进入更深一层的和品牌的沟通关系中。因此营销的中心目的也从之前商品售卖额升级成邀请消费者参与品牌新品开发和意见反馈沟通等活动。

消费群体开始重视合作的这一变化也在反推品牌做出新的决策。传统消费者所处的地位正在发生改变，消费者不再是被分隔开的孤立个体，而开始通过社交媒体等渠道凝聚成品牌必须重视的流量，在做出消费决策时，他们不再随意被商家引导，而是主动搜集相关评论。如今，品牌已经不能掌握绝大部分的品牌控制权，逐渐汇聚在一起的消费者群体要求品牌必须让出这些权利。

传统媒体时代，大规模受众之间没有渠道互相沟通，人们接收到的是大众传播无差异的信息传递。在全球化矛盾时代，大众化的传播已经逐渐失效，消费者们连接起来，形成一个个小的消费圈子。品牌当下必须首先做到深耕某一圈层的消费者，为消费者提供生活上的沟通感和方向感以及社区归属感。用其包含的文化消除人们的集体焦虑感，满足他们的需求和渴望，这就要求品牌走进消费者，了解他们的沟通语言、兴趣爱好和价值导向，并在此基础上，书写和传递与品牌调性契合的背景故事与愿景，吸引相同理念的潜在消费者，并在了解后成为品牌忠粉。

传统媒体时代，直白的传统广告很容易被视为噪声从而使受众滋生排斥和厌烦心理，这也是人们在看到广告时就会选择换台或关闭网站的原因。而在创造性社会时代，直播、兴趣种草、个性推荐等隐形链路让硬广信息也随之隐形，既能传递产品信息又能提供便捷的购买路径，将创意性的内容和实用性信息持续送达给消费者，吸引他们主动关注，进一步激发有兴趣的消费者互动，也就更容易在接触内容的时候达成一键购买。社会化媒体平等传播和即时方便的特点，让它成为未来品牌与用户沟通渠道的首选。也就是说，让客户获得价值感将成为未来品牌传播活动的核心主张，价值驱动型商业模式将成为数字媒体时代品牌制胜的法宝。

（三）本土品牌内容营销环境及现状分析

1. 本土品牌内容营销环境现状

随着技术发展和人民生活水平的提高，品牌营销不仅面临着国际市场的挑战，本土品牌由于掌握本地优势，对国内市场更为熟悉，因而国内品牌营销手段更是花样百出，战况百变。不少品牌在近两年都开始着力于内容营销，并在长期试水和借鉴的过程中完成自身从内容生产到分发转化的全矩阵打造和优化。根据对自身能力的审视，选择不同的细分渠道进行精准投放，抓住目标用户。

（1）国产品牌异军突起

2018 年起，以完美日记为头部势力的国产美妆品牌吸睛效果显著，人们对国货的关注度和喜爱程度也空前提高。国货美妆品牌打入市场的标志性节点是 2019 年，完美日记在天猫 618 大促节拔得头筹，成为天猫彩妆销量榜单第一名，超过了同时间段的欧莱雅、雅诗兰黛等国际彩妆大牌，也包括平价系列的人气品牌美宝莲。2019 年 618 电商大促期间，仅天猫平台的国货品牌的 GMV（成交总额）较比去年就实现了增幅 100%，美妆品牌增幅更是突破 1000%，证明着国货美妆品牌正在大幅抢得国内美妆市场占比。2020 年今日头条发布《美妆用户洞察报告》，指出：2019 年美妆市场销售额超 2600 亿元，同比增长 9%，2020 年国内化妆品零售额突破 4900 亿元，2020 年国货美妆品牌中有 16 个品牌正式进入 10 亿品牌俱乐部。在日韩两国，美妆渗透率已突破 80% 和 90%，而中国这个数字只达到 30%，国内美妆市场尚处于快速成长期，因此未来国货美妆品牌还有足够大的发展空间。

近年崛起的国货美妆品牌整体特征表现为体量不大且单品较少，因而很少有品牌会搭建线下专柜或实体店铺，线上数字媒介就成为品牌传播的主战场，从抖音到 B 站，从小红书到知乎、豆瓣，不管线上还是线下，只要有年轻人的出现就会看到国货美妆品牌的广告投放。《彭博商业周刊》曾对国内 Z 世代（1995—2009 年间出生的一代）的年轻消费者做过研究发现，出身富养家庭的新消费者们从小接触网络数字科技，追求个性化和高质量的体验，为了买到精致的商品，他们愿意花费大量精力在数字媒体上搜索相关内容种草做功课，因此内容营销也就顺理成章地成为国货美妆品牌突围市场份额的重要品牌传播打法之一。

（2）电商直播风口出现

电商直播自 2015 年诞生，俨然成为互联网新经济业态下最热门的商业模式之一，2020 年疫情蔓延降低了人们线下消费的热情，反而将消费欲望投射到线上电商来获得满足，更是掀起了电商直播卖货的风口。第 46 次《中国互联网络发展状况统计报告》显示，2020 年中国电商直播用户达到 3.09 亿人，超过所有网民的三分之一，2020 上半年观看电商直播的人次就超 500 亿，而单价低、花样又多的美妆品牌更是其中的爆款品类。

电商直播在移动设备上进行互动和带货，内容创新度和视听观感都达到前所未有的巅峰。与电视导购对比，电商直播的优势十分明显，制作团队通过生产内容和创新互动环节，将传播和选择的主动权交给用户，并借此慢慢培养用户对主播的好感与信任。

（3）传统东方美学走红

2018 年被行业称为国内的“国潮元年”：2 月，李宁首次在纽约时装周举行发布会；5 月天猫平台开展“国潮行动”，周黑鸭、百雀羚、大白兔奶糖等都不约而同选择与美妆品牌进行跨界联名合作……后期天猫发布的报告数据显示，2017 年起，在平台以“国风”为关键字搜索商品的消费者同比增加了 14.73%，故宫文创、美康粉黛和卡婷等老牌彩妆品牌的一系列年轻化营销活动都是国风重归市场的风向标。同时，腾讯广告的调研报告也证明，国货品牌已经在三分之二以上的女性用户中打响知名度，甚至四分之三的用户已经完成了首次购买，还有超过一半的用户不止一次买过新国货品牌，证明国货品牌正在慢慢剥离曾经“质量差”“廉价”等负面形象，逐渐在消费者中获得重视和认可。特征鲜明的国风元素和东方美学风格重归市场并引起重视，中国风正在年轻消费群体中成为潮流时尚的个性象征。国内 Z 世代消费者成为网络消费的主力，对高奢国际大牌的追求欲降低，并对国货保持愿意尝试的态度，而这些年轻人对数字媒体的使用频率更高，也成为国货美妆在社交媒体中更容易影响到的一群潜在受众。

2. 本土品牌内容营销现状

随着国内社交媒体的快速发展，抖音、快手、小红书平台迅速站上风口，成为新消费人群的聚集地，许多品牌的内容也纷纷涌向这些新平台。《2020 年 Q2 美妆行业内容营销报告》显示，在抖音热销榜单数据中，美体护肤品类比面部彩妆更畅销，两种品类的带货达人在全平台的数量占比分别是 19%、23%，在全品类中排名第一。且粉丝数量在 100 万到 500 万的直播主播最多。在快手 App 上，美容护肤品类在热销榜单前 1000 名的商品中的占比达到 13.5%，超过了占比 2.8% 面部彩妆品类，和抖音相同的是，口红都是售卖成交额最高的单品类目。与抖音快手对比，种草 App 小红书中彩妆护肤条线销售数量占比最高。2020 年的第一季度，美妆消费群体在小红书全部品牌消费群体中的渗透率达到 11.8%。小红书平台上，美容护肤品类热门单品却不同于抖音、快手平台，榜首文做的是高端眼霜系列。

由此可见，美妆个护品牌在不同的平台中有着不同的受众和占比，品牌在选择 KOL 进行种草投放时也有差异化的选择。本土品牌内容营销迎来了爆炸式增长。消费者购物平台和消费习惯的改变，品牌也在适应性地调整品牌的传播策略。

第四节　市场调研和分析难度增大

大数据背景下，以抽样调查为基础制定营销策略的方式已经逐渐褪去，企业借助大数据技术分析处理产品与客户信息，制定营销策略会更具科学性。传统企业面临越来越复杂的市场发展环境，其营销体系的调整和新的发展方案的制定，仅依靠抽样调查获取数据不够完整全面，难以准确预测信息。大数据发展时代，企业要在对整个营销行为进行信息汇总的基础上开展调查分析，最终得出的数据信息才具有参考价值。相关数据库的建立，完整的数据分析，可以帮助企业更加精准地判断营销活动中采取什么样的策略才能实现利润的最大化。

一、市场调研概述

（一）相关定义

市场调研是运用科学的方法，有目的、有计划地收集、整理、分析有关供求、资源的各种情报、信息、资料。它是把握供求现状和发展趋势，为制定营销策略和企业决策提供正确依据的信息管理活动，是市场调查与市场研究的统称。它是个人或组织根据特定的决策问题而系统地设计、搜集、记录、整理、分析及研究市场各类信息资料、报告调研结果的工作过程。市场调研是市场预测和经营决策过程中必不可少的组成部分。

（二）分类介绍

在分类中，包括定量研究、定性研究、零售研究、媒介和广告研究、商业和工业研究、对少数民族和特殊群体的研究、民意调查以及桌面研究等。近年来，伴随着互联网的发展和新技术的应用，市场调研往往借助专业在线调查收集信息，处理数据。

（三）存在问题

企业在市场调研方面普遍存在的问题：

市场调研是一个令很多中小企业营销管理者感到迷茫的问题：人力上，既没有专职的市场调研人员，更没有独立的市场部门；财力上，请不起专业的市场调研公司……而市场调研工作又不能不做，不做就不知道你要讨好的对象是谁，他在想什么，做什么；不做就不知道自己的竞争对手过去、现在和未来怎么做。

（四）步骤流程

市场调研流程的 11 个步骤：

确定市场调研的必要性

定义问题

确立调研目标

确定调研设计方案

确定信息的类型和来源

确定收集资料

问卷设计

确定抽样方案及样本容量

收集资料

分析资料

撰写调研报告

调研流程：调研计划撰写—调研问卷设计—调研问卷实施—调研问卷收集、整理—数据分析—调研报告撰写

（五）研究方法

1. 传统的电话访问

传统的电话访问就是按照样本名单，选择一个调查者，拨通电话，询问一系列的问题。访

问员（调查员）按照问卷，在答案纸记录被访者的回答。调查员集中在某个场所或专门的电话访问间，在固定的时间内开始面访工作，现场有督导人员进行管理。调查员都是经过专门训练的，一般以兼职的大学生为主，或其他一些人员。

2. 计算机辅助电话访问（CATI）

在发达国家，特别是在美国，集中在某一中心地点进行的计算机辅助电话访问比传统的电话访问更为普遍。目前国内有少数调查公司采用。计算机辅助电话访问使用一份按计算机设计方法设计的问卷，用电话对被调查者进行访问。计算机问卷可以利用大型机、微型机或个人用计算机来设计生成，调查员坐在 CRT 终端（与总控计算机相连的带屏幕和键盘的终端设备）对面，头戴小型耳机式电话。CRT 代替了问卷、答案纸和铅笔。通过计算机拨打所要的号码，电话接通之后，调查员就读出 CRT 屏幕上显示出的问答题并直接将被调查者的回答（用号码表示）用键盘记入计算机的记忆库之中。计算机会系统地指引调查员工作。在 CRT 屏幕上，一个问答题只出现一次。计算机会检查答案的适当性和一致性。数据的收集过程是自然的、平稳的，而且访问时间大大缩减，数据质量得到了加强，数据的编码和录入等过程也不再需要。由于回答是直接输入计算机的，关于数据收集和结果的阶段性的和最新的报告几乎可以立刻就得到。

3. 入户访问

入户访问指调查员到被调查者的家中或工作单位进行访问，直接与被调查者接触。然后或是利用访问式问卷逐个对问题进行询问，并记录下对方的回答；或是将自填式问卷交给被调查者，讲明方法后，等待对方填写完毕或稍后再回来收取问卷的调查方式。这是目前国内最为常用的一种调查方法。调查的户或单位都是按照一定的随机抽样准则抽取的，入户以后确定的访问对象也有一定的法则。

4. 拦截访问

拦截访问是指在某个场所（一般是较繁华的商业区）拦截在场的一些人进行面访调查。这种方法常用于商业性的消费者意向调查中。拦截面访的好处在于效率高，但是，无论如何控制样本及调查的质量，收集的数据都无法证明对总体有很好的代表性。这是拦截访问的最大问题。

5. 小组（焦点）座谈

小组（焦点）座谈（Focus Group）是由一个经过训练的主持人以一种无结构的自然的形式与一个小组的被调查者交谈。主持人负责组织讨论。小组座谈法的主要目的，是通过采访一组从调研者所要研究的目标市场中选择来的被调查者，从而获取对一些有关问题的深入了解。这种方法的价值在于常常可以从自由进行的小组讨论中得到一些意想不到的发现。

6. 深度访谈法

深度访谈法是一种无结构的、直接的、个人的访问，在访问过程中，一个掌握高级技巧的调查员深入地访谈一个被调查者，以揭示对某一问题的潜在动机、信念、态度和感情。比较常用的深度访谈技术主要有三种：阶梯前进、隐蔽问题寻探以及象征性分析。深度访谈主要也是用于获取对问题的理解和深层了解的探索性研究。

7. 投影技法

所谓投影技法是一种无结构的非直接的询问形式，可以鼓励被调查者将他们对所关心问题的潜在动机、信仰、态度或感情投射出来。在投影技法中，并不要求被调查者描述自己的行为，而是要他们解释其他人的行为。在解释他人的行为时，被调查者就间接地将他们自己的动机、信仰、态度或感情投影到了有关的情景之中。因此，通过分析被调查者对那些没有结构的、不明确而且模棱两可的剧本的反应，他们的态度也就被揭示出来了。剧情越模糊，被调查者就更多地投影他们的感情、需要、动机、态度和价值观，就像在心理咨询诊所中利用投影技法来分析患者的心理那样。和心理学中的分类一样，投影技法可分成联想技法、完成技法、结构技法和表现技法。

（六）调研方法

1. 电话访问

企业内部的销售代表或专业的第三方调研公司的人员通过电话对客户进行有条理的访问。电话访问的优点是由于人性化的、与客户直接进行访谈，一般会有较高的参与度。电话访问的缺点是由于拒绝率的上升而降低效率；如果委托第三方专业公司可能产生较高的费用；更重要的是消费者越来越讨厌接到影响其生活、工作的电话，电话访问越来越困难。

2. 在线访问

企业利用在线的调查、免费的网上文字评语、在线的调研收集客户的信息。在线访问的优点包括由于便利而有比传统邮寄调查更高的反馈率；对客户和公司都有成本上的优势；借助软件便于快速分析数据。在线访问的缺点是如果客户自己发起在线访问有可能产生扭曲的结果；可能产生不准确的回复（自动回复系统通常自动寻找关键字而自动发送回复）从而忽略客户顾虑中的细微差别；除非绝大部分客户使用网上渠道提供反馈意见，否则收集的信息不完整。

3. 文案调研

主要是二手资料的收集、整理和分析。

主要的渠道来自网上资料搜索和图书馆等书籍信息搜索。

4. 实地调研

实地调研可分为询问法、观察法和实验法三种。

询问法：就是调查人员通过各种方式向被调查者发问或征求意见来搜集市场信息的一种方法。它可分为深度访谈、GI 座谈会、问卷调查等方法，其中问卷调查法又可分为电话访问、邮寄调查、留置问卷调查、入户访问、街头拦访等调查形式。

采用此方法时的注意点：所提问题确属必要，被访问者有能力回答所提问题，访问的时间不能过长，询问的语气、措辞、态度、气氛必须合适。

观察法：它是调查人员在调研现场，直接或通过仪器观察、记录被调查者的行为和表情，以获取信息的一种调研方法。

实验法：它是通过实际的、小规模的营销活动来调查关于某一产品或某项营销措施执行效果等市场信息的方法。实验的主要内容有产品的质量、品种、商标、外观、价格、促销方式及销售渠道等。它常用于新产品的试销和展销。

5. 特殊调研

特殊调研有固定样本、零售店销量、消费者调查组等持续性实地调查；投影法、推测试验法、语义区别法等购买动机调查；CATI 计算机调查等形式。

6. 竞争对手调研

“知己知彼，百战不殆”，一句中国最古老的成语勾画出了竞争研究的重要性。在市场竞争日趋白热化的今天，不了解竞争市场情况，不认识竞争对手，就意味着没有胜利的机会。

竞争研究的根本目标是通过一切可能获得的信息来查清竞争对手的状况，包括：产品及价格策略、渠道策略、营销（销售）策略、竞争策略、研发策略、财务状况及人力资源等，发现其竞争弱势点，帮助企业制定恰如其分的进攻战略，扩大自己的市场份额；另外，对竞争对手最优势的部分，需要制定回避策略，以免发生对企业的损害事件。

7. 集中小组调查

是经过仔细选择邀请一定数量（6—15 个）的客户，在一个专业的调研主持人的帮助下了解与客户的满意度、价值相关的内容。这种调研的优点是根据提供的讨论指南和时间表对客户的偏好和顾虑有全面深入的了解；便于与客户建立良好的关系。这种调查的缺点是由于调研主持人的偏见而得到有曲解的结果；为了鼓励被调研者的参与，每次小组座谈会的参与人数有限制；如果增加样本的人数，所投入的成本就很高。

报告主要针对项目投资前期所必需的市场调查及市场前景预测进行撰写，主要包括项目涉及的原料市场、产品市场、技术设备、项目测算以及未来项目产品市场前景等几大方面的调查与分析。

随着我国经济的不断成长，国家越来越重视项目相关行业的发展。为了组织好项目的投资建设，在前期需要进行深入的调查研究。报告正是针对项目投资需要为决策部门提供第一手的市场调查资料并对与项目市场前景相关的产业政策、税收政策、出口贸易政策做出分析。

报告以项目投资建设所必须考虑的问题为出发点，为投资者详细地分析整个项目面临的市场环境和未来的投资收益测算。报告以客观事实为依据，对于有意投资项目的企业和资本机构具有极好的参考价值。

8. 邮寄 / 传真调查表

公司通过直邮或传真向抽样的客户进行调研。这种调研的优点包括由于被访问者有足够的时间回答问题而收集到精确的、高质量的问卷；可提供便于量化的结果；由于大批量邮寄而成本较低。这种调研的缺点是调研的完整性取决于被访者的意愿；由于回收率一般较低而统计效果不佳。

二、市场调研的重要性

（一）提供基础性数据

以市场调研为基础，可以确保为企业提供的信息是准确的，然后通过科学的数据分析方式进行系统分析，之后可以根据相关调研结果对营销决策进行调整。同时，由于企业不能直接与广大消费者进行面对面的沟通，通过市场调研可以更加充分地了解消费者的心理活动，分析消费者和潜在消费者的需求，进行产品营销调整。而且，也可以通过市场调研对消费者和潜在消费者的群体进行定位，对年龄、消费能力、所需产品等几个方面进行调研，从而了解消费者对产品的切实需求。对一个企业来说，市场调研是企业对产品在行业内竞争优劣程度的掌握，可以直面技术水平和设备水平的缺陷，管理者也可以通过市场调研了解市场竞争的发展趋势，从而紧跟市场发展的步伐，免遭淘汰。并且，通过市场调研也可以将现有的营销策略进行调整，使制定的方案与市场发展趋势相符。

（二）为开发新产品奠定基础

随着我国居民的生活水平逐渐提高，人们的消费能力不再像20世纪一样，供求关系也不再紧张。现代社会企业若要想生产的产品具有一定的市场价值，能在消费者中产生影响力，就必须要通过市场调研对消费者的需求进行收集。但是企业是生产单位，不能实时面对消费者、了解消费者的需求，并根据消费者的需求进行生产，因此市场调研是必不可少的，可以为开发新产品奠定基础。

（三）了解市场发展趋势

无论是国际市场还是国内市场均存在一定的变化，这种变化不仅使市场环境变得多元化，还导致了市场环境的复杂性。通常市场调研的内容主要包括人口环境、市场环境、经济环境、地理环境等，通过对当地人口基数、市场购买力、气候、社会经济以及当地的风俗习惯等几个方面进行信息收集，企业可以针对收集的信息进行系统策划，了解当地市场的竞争环境，确保所生产的商品可以顺应市场发展。

（四）提高企业核心竞争力

市场调研不仅仅是调研消费者的需求与态度，还要调研同类型企业生产的同类型商品，不仅要了解产品价格、性能，更要了解消费者对于该类产品的认可程度。针对上述信息，企业可以扬长避短、趋利避害地优化产品，使产品可以在消费者中产生一定的影响力，同时也能够提升企业自身的竞争实力，使其可以在市场竞争中占据一定的主动权。

三、市场调研技术在我国企业营销活动中的缺失

随着国内企业经营规模逐步扩大，产品营销与市场调研之间的关联性越来越强。为适应国内城市建设与开发的需求，不断地进行各项工作实践成效的分析，在提升资源利用率、完善产品经营形态中发挥着重要作用。

（一）市场调研技术与企业营销活动

1. 市场调研技术

市场调研，是指将消费者、公共管理部门以及市场等因素关联起来的分析活动，它主要是以识别和界定市场营销过程中的机遇、问题为主的活动。市场调研技术是针对产生、改进以及评价营销活动，提升企业经营过程中的系列操作。市场调研技术分析过程中，有序的活动实施流程一般包括“环境分析与问题定义”“形成调研方案，做好信息归类”“实行样本抽查，进行资料收集”“进行资料整合，撰写调研报告”四个步骤。

2. 企业营销活动

企业营销活动，是指企业针对消费者消费需求，引导消费者在了解产品的过程中购买商品。企业营销活动实施操作过程中，针对营销市场的需要、趋向，做好营销活动定位，是确保企业营销活动得以实现和转换的条件。比如，针对不同群体进行营销方法的调整等等，这些都是企业营销活动推进的主导形态。

3. 市场调研技术在企业营销活动中应用

市场调研技术的有效运用、科学性普查，是了解企业生产经营活动的主要方式，也是合理进行营销产品互动与沟通的主导形式。

其一，市场调研技术的有序实施，可以按照产业经营的基本资料，帮助经营者掌控市场，精准地分析市场消费需求。

其二，市场调研技术的合理运用，也可以帮助经营者在调研中明确发展规律，以达到增加企业经营方案推进强度的目的。

其三，市场调研技术的合理实施，能够迎合新的市场需求，为企业市场经营与拓展提供更新的发展路径。也就是说，市场调研活动的合理展开，是保障企业经营活动协调运作的主要形式，它可以增加企业经营活力，彰显企业发展新时代特征。

（二）市场调研技术在我国企业营销活动中的缺失

1. 市场调研价值性理解缺失

我国企业市场经营结构体系中，部分企业是随着国家经济发展的基本趋向，依据逐步积累起来的经验进行运营，因而，该部分企业认为，企业经营权需合理把握经营经验，无须市场调研。同时，由于我国市场化经营形式主要是在西方资本主义经济运转的基础上模仿而来，缺乏长期推进发展的实践基础，致使部分企业不知如何进行市场调研。此种市场调研技术运用不到位的状况，不仅直接导致了我国企业营销活动实践层面的缺失，更会导致国内企业逐步与市场整体发展态势相互分离，继而出现市场调研技术运用不当的状况。

2. 企业市场调研的系统性

国内企业在市场调研活动分析过程中，主要是采取结构局部分析法，对企业市场调研工作的推进情况进行综合判断。常见的有广告市场投入效果分析、消费者消费倾向分析等等。这些局部化的市场调研分析方式，不仅无法满足企业长期性经营的发展态势，还容易引导企业出现“以偏概全”的经营误区。相关研究资料显示，国内 60%~65% 的企业当前所实行的市场调研活动为局域化策略，同时，30%~40% 的企业直接按照这一结果进行整体性经营活动的安排。此种企业市场调研与社会各项工作之间不相适应的状况，大大减弱了企业市场调研活动实施的价值，甚至会出现企业营销活动偏差。

3. 市场调研监管工作不到位

我国企业市场调研技术实践效果，也在一定程度上受到市场经济运用整体制度框架的限制。尤其是在我国当前经济处于新常态的环境之下，市场调研技术运用期间，部分企业往往只出于对自身经营利益的考虑，直接将市场调研看作商品价值寻求提升的渠道，从而也就出现了市场调研边缘化偏失的趋势。基于社会市场经济环境下的政府管理，主要采取宏观监控策略进行活动研究，外部监管活动无法细化的问题，极易衍生出各类市场调研技术运用与企业长远营销策略不适应市场调研实践的问题。

（三）规避市场调研技术在我国企业营销活动中缺失的方法

1. 市场调研价值理解层面提升

市场调研技术在国内企业营销活动中的融合，需要有正确的思维引导趋向作为指导。为此，针对当前企业营销活动中的缺失问题，给予合理有序的指导方案，是协调进行各个领域工作妥善化解安排的第一环节。其一，注重对传统经营环境和当代经营环境进行区分，从而突破传统的“经验论”趋向，进而确保企业经营与社会发展之间的相互承接；其二，市场调研技术探究过程中，指导企业采取规范、正确的方法进行市场调研，是确保各项工作得以顺利推进的前提条件。为此，实行有序的调研系列活动组织与安排操作，是彰显其存在价值的首要步骤。

比如，某企业营销活动实施过程中，为了确保营销与市场经营之间保持相互协调的趋向，企业管理人员首先是从市场调研的价值理解层面进行研究。

工作实施的首要环节包括：

企业管理者通过行业发展趋向数据分析、行业竞争激烈程度研究等方面，明确对比传统的经验分析法和市场调研分析法之间的差异性，从信度、效度等方面，直观地了解产品市场调研的存在价值。

国家公共管理部门，对企业进行市场营销情况指导管理的过程中，也应尤为注重从企业当前经营发展的实际入手，先进行市场调研理论普及，再进行市场调研方法指导，最后是市场调研系列活动的相应安排，以辅助企业在产业生产与经营过程中，逐步创建与社会发展相互承接的产业经营系列工作结构。规避国内市场调研技术在国内生产经营领域中的融合问题，在于做好各个方面的工作调节，逐步彰显其存在的价值，从而将其更加深入地推广下去。

2. 市场调研活动系统化推进

提升当前市场调研技术运用成效的有序化途径，可通过改变传统的市场调研活动系列安排不够妥当的状况，以合理的实践研究方式为主导，进而确保市场调研活动的趋向指导性作用得到全面性发挥。

其一，市场调研活动全面推进过程中，企业做好营销活动中的系列因素的统筹安排，以科学的方式进行多重管理条件的整合，是市场调研活动实施途径的衔接条件。

其二，市场调研活动实施过程中，做好调研数据整体与部分分析的相互协调，也是市场调研活动实施期间不可缺少的条件。

某企业运用市场调研技术进行营销活动相关要素探究期间，为迎合新时期的产业发展趋向，进行市场调研活动系列安排期间所采取的实践要点包括：

企业着重从市场营销活动实施的具体趋向入手，对各个部分的营销活动进行了多重化的安排，并实行了“环境分析与问题定义”“形成调研方案，做好信息归类”“实行样本抽查，进行资料收集”“进行资料整合，撰写调研报告”基础步骤，以便在企业营销活动探索过程中，能够形成企业内部生产、外部销售两者有机承接的实践探索新趋势，从而达到市场营销活动与企业生产开发趋向对应的发展目的。

企业经营过程中，除了将所有的数据集中性整合，还需要采取大数据分析法，对市场调研的数据信息进行整合，一方面将市场调研数据用于产品广告分析、市场调研等当前实践的具体工作之内，另一方面用于企业更加长远的未来规划，充分发挥市场调研技术的作用。规避市场调研技术在我国企业营销活动中运用的缺失，在于形成系统、完整的调研技术实际运用体系，同时要将这一结构灵活地运用起来，以打造更为协调、更加多元的实践结构。

3. 市场调研监管工作规范化实施

企业营销活动全面推进过程中，有序进行各项市场调研工作的规范化安排，科学做好实践活动的系统性研究，也是引导企业市场调研工作得以长效化推进的主要方法。

其一，企业市场营销活动实施过程中，企业除了从经济效益的角度分析问题，还需要从消费者需求、商品质量以及售后服务等方面进行研究，具体进行各个部分工作安排时期，在对内部市场调研数据进行掌控的同时，要进行纵向和横向之间的分析，以确保企业进行产业经营过程中，营销广告、市场等方面都有更为深入的认识。

其二，企业市场经营调研研究期间，需结合国家监管部门做好外部监管，对于企业的阶段性经营状况进行分析，以实现与政府宏观监控与微观实践活动相互对应的实践策略。

比如，国内某企业为规避市场调研技术实施期间存在的弊端，实际进行活动协调安排分析期间，主要进行了以下系列活动：

企业运用市场调研系列活动实施过程中，除了要对企业运营实践的基本利益情况进行研究，还要从后续服务、实践活动安排等方面入手，系统地进行市场调研系列活动内部影响因素的考察；

企业每阶段进行的市场调研实践资料，部分涉及行业整体发展、局部调控等各个方面的系列内容，均需要在管理部门中进行备份，以确保企业营销活动实施期间工作推进探索时期，其调研活动可以为实践者带来规范、有序的管理条件。规避市场调研技术在我国企业营销活动中缺失的方法中，运用规范的管理机制构建、运作，合理地进行营销系列要点的探索，是企业经营活动与企业发展之间相互承接的主导方式。

4. 市场调研群体能力提升

市场调研群体能力的提升，是确保市场调研数据精准性，协调进行市场调研信息内容合理分析的主导方法。为了适应当代社会的发展需求，从实践群体的视角上寻求工作实践的渠道，是在主观层面上进行市场调研提升群体能力的有效策略。某企业利用市场调研技术助推企业营销活动实践过程中，为了确保各项活动的实践效果，企业主要进行了市场调研群体能力提升工作的全面实施：

市场调研技术实践人员具体进行调研活动全面推进前期，管理部门按照国家实践的基本情况，进行了市场调研系列工作的系统化学习。同时，按照市场调研技术实践的一般性流程，进行了有针对性的能力学习。

市场调研群体阶段性进行各个部分的工作安排后，还要系统地进行多重调研活动情况的总结。其中包括生产调研数据的整理、消费者消费需求的调研考察等，这些都是当代调研工作深入展开的内容。

逐步引导企业调研人员的工作思路与当代市场经营的实际趋势相互承接，这样可以规避调研群体人员能力与调研市场不相适应的问题。市场调研技术在我国企业营销活动中的有序融合，实践主体能力的提升，是在主体层面寻求工作开展的表现。

第四章　新媒体时代企业市场营销内容变化

第一节　市场调查

市场营销工作的开展必须以市场调查为基础，主要包括市场环境、行业发展现状、市场竞争形势、消费者需求等。传统的市场调查多是以问卷调查、访谈等形式开展。大数据技术的发展对人们的消费行为产生了很大影响，需要在原有市场调查的基础上不断完善。

一、新媒体时代对市场调查的影响

新媒体时代对市场调查造成影响不可避免，必须正确认识新媒体时代，结合新媒体时代为市场调查带来的契机与高要求顺利完成市场调查转变。新媒体在当前社会中无处不在，新媒体时代下，数据容量更大，尤其是信息资源总量在市场发展与经济进步基础上无限扩展，正因如此市场调查数据在新媒体的影响下信息资源更加丰富，得到更多信息资源支持。

新媒体中的数据类型众多，不仅信息资源数量增加，类型也不断变化，包括结构化数据资源、非结构化数据资源等。数据价值密度低同样是新媒体的显著特点，数据量增加，但是多元化的信息资源中信息价值密度相对降低，这方面要求市场调查必须提高信息价值分析能力。

转变传统市场调查方式，正确认识新媒体时代为市场调查带来的便捷性，客观看到传统市场调查中调查成本高、调查难度大以及调查周期长的不足。利用更便捷的信息获取渠道，有效减少信息获取与调查的成本。网络化平台以及销售信息等将调查的资源面扩展，不仅能够更加贴近市场调查对象，还能够时刻了解市场发展变化，掌握实时市场调查信息。市场调查在新媒体时代调查的重点得到突出，寻找数据之间因果关系的同时及时转变关系，寻找其中的逻辑变化，这样一来市场调查效率得到明显提升。

二、新媒体时代市场调查的转变

新媒体对市场调查具有直接影响，从数据资源、数据分析等方面转变了市场调查的方式。市场调查实际展开，需要认识到新媒体时代数据信息的潜在价值，通过庞大的数据量统计，挖掘数据实用价值，并且科学利用这些有价值的数据资源。对此，市场调查必须做到如下几点：

（一）增强市场调查数据再利用意识

在进行市场调查过程中，针对新媒体时代的数据信息，市场调查需要强化对数据再利用的意识，结合网络数据结构，调查数据资源期间注重对隐藏数据的挖掘，并且结合后台服务技术。从市场调查角度出发，认识到数据信息价值的重要性，特别是庞大的数据资源，掌握其中的关键数据内容，挖掘数据信息的推荐引擎性能，真正做到对数据信息的再利用。

（二）重视市场调查中产品信息价值挖掘

市场调查中会涉及各种类型的产品，这些产品包含大量调查信息。在市场调查中将数据信息加以重组，利用新媒体技术，计算重组信息总和，这样一来就可以获得部分信息价值与总和信息价值。数据信息重组主要以市场调查的数据集为主，这些数据集是单个数据信息价值的汇总，因此总和价值必然高于部分信息价值。比如房地产行业，在进行信息调查过程中，结合新媒体提供的信息资源，掌握地产发展信息与实时价格、物业价格，并且对这些数据资源进行重组处理，从中认识到当前地产交易的注意事项以及物业相关要求，同时能够为消费者预估住宅价格、配比自身需求提供参考，这样才能真正达到市场调查的目的，将市场调查作用发挥到最大。

（三）客观对待市场调查数据的扩展性

结合新媒体时代对市场调查的影响与市场调查具体方法，认识到市场调查数据的动态变化，尤其是数据扩展性。市场调查方法的主要实施便是收集各种数据信息，虽然收集数据的方法不同，但是最终目的都是获得调查数据。针对市场调查中收集到的各种数据，按照数据类型加以划分，并且深入挖掘不同类型下数据的潜在价值，以此将数据价值发挥到最大，同时还能够改善数据收集成本高的不足，降低市场调查成本。大量数据收集期间，需要认识到数据本身是浮动变化的。受到市场发展的影响，数据会出现不同程度的浮动，所以对数据再次使用价值充分考虑，利用数据扩展性让数据发挥再次利用价值。比如各种手机授权体验店中，会在店内安装摄像头，摄像头起到防盗、安保作用同时，对观察产品销售情况、店面规划反响以及产品售后等都起到重要作用，通过对消费者反应的观察，为后期营销改革或者抓住营销契机等提供参考，为市场调查提供更直观的数据展现。这便是数据扩展性，充分发挥数据扩展性，可以降低市场调查难度。

（四）充分利用开放性政府数据资源

市场调查中，针对数据资源调查途径的拓展，还包括新媒体时代下政府开放性数据资源的应用。作为原始数据采集者，政府掌握大规模数据信息，公共部门针对数据信息通过新媒体形式开放展示，其中隐藏着很多有价值的数据内容。市场调查以创新性思维与辩证分析手段剖析政府开放性数据资源，将这些资源与市场调查内容结合，在挖掘隐形数据基础上，提高市场调查数据的准确性与实时性。在常用市场调查方法基础上增加联姻式调查方法，利用互联网对调查数据资源进行整合，结合微媒体、新媒体等途径，确保信息数据获取的全面、准确，掌握数据变化痕迹，以此保证信息资源的实时性。联姻式市场调查涉及多个途径的信息资源，所以数据整合至关重要。利用新媒体技术进行数据系统处理，从结构性与非结构性等方面划分数据类型，从而为市场调查的持续进行提供更扎实的资源支撑。

第二节　客户关系管理

新媒体时代，企业与客户之间的互动更加频繁，消费者在市场活动中的主动性更强，传统的以产品为中心的营销策略难以适应企业发展需求，必须要更加重视客户的服务和体验，重视对客户需求的分析。因此，企业市场营销战略中，客户关系的建立、维护和管理是重点内容。

有效的客户关系管理能帮助企业更好地获取消费者数据，分析其行为特征。这些都有赖于物联网、云计算等技术的发展，企业的客户关系管理工作应该从理念、制度、方法及技术等方面着手改变，丰富客户关系管理内容，提升企业营销战略的有效性。

一、客户关系管理分析

新媒体以其特有的魅力已进驻到各个领域，而人们在日常的衣食住行中，样样离不开产品或服务的购买，随着社会经济的发展和产品或服务的商品化，这种关系越来越频繁，也越来越密切地引起社会各界的广泛关注，这种关系即客户关系。

客户关系管理存在于所有的商品活动中，平时人们的每一次销售与购买，都是简单的客户关系，比如超市购物会员卡、超市推销打折商品或促销活动等，目的都是为了吸引顾客，从而提高营业额和增加利润。又比如同种性质的商品分区摆在同一个地方时，店主的一个甜蜜“微笑”或一句和蔼可亲的问候，也可能会引来顾客的多次青睐或重复性的购买，这些都是客户关系管理在商品购买活动中的有效利用，虽微不足道，却意义深远。因此，客户关系管理的重要性更值得引起重点关注。随着新媒体技术的推进，现有的客户关系管理已无法满足当前市场的需要，因此，企业应高度重视客户关系管理，利用新媒体技术为公司提供精准营销和个性化广告推介。

（一）客户关系管理概述

1. 客户关系管理的内容

客户关系管理（CRM）就是一种商业管理策略，它通过使企业组织工作流程、技术支持与客户服务都以客户为中心来协调与统一与客户的交互行动，达到保留有价值客户，挖掘潜在客户，赢得客户忠诚，并最终获得客户长期价值的目的。

（1）CRM 就是一种新型管理理念与管理模式

它将企业的客户作为重要的外部资源，实施于企业的相关领域，通过完善的客户服务与深入的客户分析不断了解顾客需求，提供客户满意的产品与服务，与客户建立长期、稳定的密切关系，实现客户的价值。这种管理理念，要求企业从过去的以产品为中心的模式向以客户为中心的模式转化。

（2）CRM 也就是一种管理软件与技术

它要借助于专业的软件与硬件系统，为企业的销售、客户服务与决策支持等领域提供一个业务自动化的解决方案。一个完整的 CRM 系统综合应用了数据仓库技术、数据挖掘技术、Internet 技术、面向对象技术、客户机与服务器体系等信息技术。

2. 客户关系管理的功能

虽然客户关系管理包括关系建立、维系、提升、终止等内容，但维系客户、提升客户忠诚度无疑是客户关系管理的中心内容。长期忠诚的客户不仅会持续购买更多的企业产品，给企业长期带来源源不断的利润，还会给企业的生产经营活动提出宝贵的改进意见与建议。此外，他们还是企业的义务推销员，通过口碑作用，提升企业的知名度与美誉度，为企业带来更多的新客户。忠诚的客户对企业具有极其重要的意义，但客户对企业绝非就是无条件的忠诚，事实上，顾客忠诚是对其自身价值的一种追求。客户忠诚的永远是价值，而不是特定企业。沿着这样的思路，许多企业或许会对维系顾客忠诚失去信心，实际上，这只是一种形而上学的理解，它忽略了企业与客户关系中的一些传承性的联系与实际约束条件。对于企业已有的客户来讲，他们在成为企业的真实客户之前，必然早已经历了一个依据预期价值进行抉择的过程，客户一定会选择他们认为对其价值最优的企业。对大多现时客户来讲，他们在一定的约束条件下，追求其自身价值的最优解就是成为该企业的客户。可以认为，在大多数现实客户的眼里，企业在与其他竞争对手通过产品与服务所进行的价值交锋中已经脱颖而出，这就是企业以关系管理维系客户忠诚的重要前提。

3. 客户关系管理在企业经营管理中的作用

（1）客户资源的重要性

当今的市场已经从产品竞争转向客户资源竞争。一个企业如果能够拥有数量稳定的客户群，并能够与客户建立起友好互惠的合作关系，向客户提供符合需求的服务，企业的利润就能够得到充分的保障。这种情况在国内网络通信巨头腾讯的身上得到了最好的体现，正是因为早期在维护客户资源上的辛勤付出，腾讯拥有其他各大软件公司所无法比拟的客户基础。在推出微信等软件时，都能有效地将这一资源优势转化为竞争优势，从而在抢占市场时获取先机。

（2）整合企业资源

完整的客户关系管理系统在企业资源配置中将发挥巨大的作用。它将管理、营销、销售与客户服务以及技术支持等与客户相关的业务进行整合，使得企业的信息与资源流高效顺畅地运行，实现企业运营效率的全面提升，实现信息共享，实现与客户紧密相关的业务流程的电子化并提高员工工作能力。使得客户与企业进行沟通时能够感觉到企业是作为一个整体在向他提供标准的、协调一致的信息，这种服务不会因为个别工作人员的个人偏差而发生变化。

（3）客户关系管理就是企业需求利润最大化的有效途径

客户关系管理系统的作用，一是能够有效整合客户信息并在企业内部形成共享，更好地促进企业为客户提供更加完善的服务，从而为企业吸引更多的客户；二是能够将客户管理系统以客户为先的经营管理理念灌输到企业运行的方方面面，使员工自动把以客为尊作为日常工作的行为准则，如春风化雨般渗透到企业的各个层面。客户在接触到企业的任何部门或者个人时，都能感受到现代企业高效完善的客户服务体系，员工也都能够马上被调动起来为客户提供其感兴趣的服务或产品信息，从而让客户服务最优化、企业价值最大化。

（二）企业客户关系管理的现状分析

1. 企业客户关系管理制度不完善

（1）数据采集认识不够

目前，我国企业对如何收集数据、如何保证数据质量、如何对数据进行处理等问题缺少足够的认识，从而使企业在实施 CRM 过程中难以产生所需要的结果。客户数据通常存储在公司不同的技术平台上的多个系统中，企业没有集成企业内不同系统上存储的有关客户的数据，这样就造成了不同部门对客户发出的产品信息不同，让客户产生误解。

（2）没有与客户的互动渠道

客户关系管理精髓的内涵就是建立一个与客户互动的良好渠道，而目前国内的客户关系管理产品只是为企业提供了一个封闭的管理模式，既不能通过网络收集客户信息，也不能将系统资源对客户开放，这从根本上就背离了客户关系管理的思想。

（3）CRM 未能融入企业文化

企业文化是企业在长期发展过程中形成的，是企业的灵魂，指引着企业的发展方向，成为企业的无形资产。CRM 的核心思想就是以客户为中心，那么实施 CRM 的企业就要求从以往的以生产为中心、以产品为中心向以客户为中心转变。文化的产生与形成是一个漫长的过程，文化变革更非易事，因此，在实施 CRM 的过程中就容易使 CRM 的理念与企业的文化相矛盾，CRM 未能融入企业文化。

2. 客户关系管理信息化落后

（1）过分追求软件功能的大而全

国产软件在功能上试图把市场、销售、服务全部捆绑在一起，但这样做反而造成软件的针对性不强，每个模块的功能都过于简单了。而且许多厂商仅仅在原有企业资源规划（ERP）产品的某些模块上稍加修改，或者在其他模块上捆绑了客户关系管理模块，并没有真正贯彻客户关系管理系统的"以客户为中心"的理念。所以实际上，能够提供功能比较全面的客户关系管理产品的国内厂商还很少。

（2）信息技术不成熟

CRM 的运行离不开信息技术的支撑，目前比较常用的技术包括数据仓库、资料采集、销售自动化、市场营销自动化、服务自动化以及呼叫中心或多媒体客户服务中心等，而在计算机技术、通信技术、存储技术等方面，我国与发达国家存在很大的差距。当 CRM 系统在使用过程中出现问题时，不能及时有效地进行处理，完不成预期的任务。久而久之，CRM 系统成了企业的摆设，不能发挥它的使用价值。

（三）企业客户关系管理存在的问题

1. 企业原有的经营管理理念不能适应 CRM 的需要

我国对 CRM 引进的是产品，而不是管理思想。我国企业管理者仅把 CRM 看作信息技术，而非管理理念，并未给予高度重视。企业在系统规划与实施时仅由技术主管负责，缺少高层领导与营销、客户支持、生产等业务部门的参与。项目经理多由技术部门的领导担任，高级管理人员未能亲自关心负责系统的规划与实施。这就在 CRM 的实施上造成了障碍，技术部门毕竟在公司里管理权限有限，推广 CRM 需要其他部门配合时困难重重。

2. 现有的组织结构与营销体系不能适应 CRM 的需要

近年来，许多企业在推动信息化方面不遗余力，人力、财务、专卖、营销、监管等各种系统纷纷上马，加快了企业的信息化建设进程。但在企业信息化进程中，有两个问题始终没有得到很好的解决。

一是企业自身营销、网建、采购、品牌部门获取客户信息的渠道过于单一，收集客户反馈信息较少。

二是各部门之间缺乏系统正式的信息共享平台，无法对各自收集的客户信息进行统一整合与有效分析。在以客户为核心的现代化企业中，上述两点是不可或缺的，这就为客户关系管理在企业中的运用奠定了需求基础。再好的产品没有客户基础也无法为企业获取利润。企业需要做的，除了加强产品研发与质量控制之外，还需要守住现在掌握的客户资源，努力开辟新的目标客户群，做好客户关系管理，提升客户服务水平，为销售部门打好更加坚实的客户基础。

3. 缺乏明确的可测量目标与机制来保障 CRM 的实施

未科学地评估客户价值，客户分类不合理，缺乏量化分析工具。公司客户管理人员对每个客户采取统一待遇，并没有做到针对客户特点采用不同的沟通方法，也没有按照客户价值的大小，重点进行跟踪服务，因此导致客户流失，客户的满意度不高。

4. 企业信息化建设薄弱

（1）软件供应商的问题

如今的 CRM 技术大多用来满足 CRM 的用户需求，而且存在许多具有竞争力的 CRM 供应商可以选择，供应商是否能够实现承诺也是影响 CRM 实施的因素。在实践案例中很多企业在选择供应商的过程中，只是听从软件供应商的建议，例如有的供应商声称自己的软件可以无缝地与所有后台系统进行集成。当企业购买以后发现集成并不是无缝的，而需要一个价值昂贵的“中间件”来连接，这个“中间件”也需要从这个供应商处购买，这样企业就会掉入循环的圈子里，没有成功地实施 CRM，反而又花费了很多钱。

（2）企业难以跟上 CRM 的技术进步

CRM 技术随着信息技术的发展而发展着，企业的 CRM 软件是否跟得上软件的发展直接会影响客户使用 CRM 系统的满意程度。

（3）软件使用率的风险

软件的使用率风险是指进行 CRM 软件部署时发现企业能够应用的功能与企业实际需要的功能相差很多，或是企业要求的功能比实际的 CRM 软件提供的功能要多很多，或是比其功能要少，真正的风险是指后者，因为后者是对企业资源的浪费。在许多企业使用 CRM 软件之前认为软件的功能越多越好，但是到头来可以发挥作用的功能只有其中的 20% 或更少。

（4）技术安全问题

CRM 系统是一个开放性工程，通常要建立一个基于 Vb 的系统，该系统所处理的客户信息对许多员工与客户是开放的、共享的。当 CRM 系统逐渐成为一种更透明、更重要的企业资产的时候，就难免会出现安全问题。而且对于安全问题的解决，仅仅使用标准的安全控制工具是远远不够的。在一个开放系统中，用户的安全防护可以通过编码来限制，但是在 CRM 系统中，安全防护的问题就变得非常复杂，这也就产生了 CRM 系统的安全问题。

二、新媒体时代客户关系管理的分析

（一）新媒体时代客户关系管理内涵

从新媒体的展望了解到，对于企业来说，“数据即资源”的理念已深入企业的管理理念中，随之客户关系管理的内涵也发生了相应的变化。

首先，数据是企业管理的核心资产。像产品和技术一样，新媒体时代，数据已成为企业不可或缺的重要资产。随着新媒体时代的到来，手机和互联网移动终端的运用，企业不仅要关注二八定律中所涉及的 20% 的优质客户，同时也要关注长尾定律中所涉及的 80%的客户，充分利用好这些数据，将这些数据进行价值转化，并将其产品化。

其次，数据是企业的核心资源。新媒体时代，企业将数据当作资源来管理，既体现了数据即资源的理念，同时也实现了企业数字化管理的转型，从而助推企业实现精细化管理。最后，数据是企业决策的依据。新媒体时代，通过对大量数据的获取与分析，挖掘出数据中的有用价值，指导企业进行有效的决策，减少资源浪费，实现精准定位与营销，使得客户关系管理更加高质高效。

（二）新媒体对客户关系管理的主要功能

新媒体不仅可以帮助企业实现客户关系的精细化管理，还可以帮助企业完善自身内部的管理。

1. 获取和共享客户信息

对于企业来说，客户的信息来源有限，因此需要拓宽企业的营销渠道，争取更多的客户资源，需要公司努力去寻找自己的潜在客户，发现客户就要跟客户进行沟通联系，争取让这些潜在的客户变为企业真正的客户。然而在客户开发的过程中，会出现多方面的情况，在有些潜在客户还没有来得及成为真正的客户时，营销人员就放弃跟踪并又开始寻找新的客户；另外，可能还会出现一个客户同时和公司多个营销人员对接，这样一来不仅造成公司资源浪费，还会引起客户的不信任，这是传统营销中经常出现的问题。然而利用新媒体后，可以将公司的所有数据集中储存在一个大的数据库中，不管是线上还是线下获取的数据，都可以一定的结构方式储存在这个新媒体库中，销售人员在销售的每一个环节都能清楚地看到自己所需要的客户信息，以实现数据的共享，因此，新媒体可以让销售人员与客户进行有效的沟通，从而提高公司的销售额。

2. 拓展产品推广渠道

随着网络信息技术的不断发展，网络营销越来越盛行，电子商务已成为新媒体时代市场营销的必然趋势，另外，随着新媒体技术的不断推进，营销手段不断创新，企业可以充分利用新媒体的相关技术（比如数据推送、新媒体营销）来拓宽产品的推广渠道，创建线上品牌效应，从而赢得更多的客户。

3. 提高客户的忠诚度

对于公司来说，获取新客户所需要的成本远远高于维护和留住老客户的成本，上文理论描述中关系营销理论也提到了维护老客户比开发新客户成本要低得多，因此，需要采取有效的措施来维护老客户，提高客户的忠诚度。

4. 促进企业的组织变革

新媒体时代，企业面临多方面的竞争，需要加强公司自身的建设来促进企业更好地发展。另外，要充分发挥信息技术特别是新媒体运用技术在公司管理中的作用，将新媒体技术与公司管理紧密联系起来，整合线上线下资源，提高公司的管理水平，增强公司的竞争优势，从而促进公司健康稳步的发展，促进企业的组织变革。

5. 提高客户服务质量

产品的同质性表明企业不能只依赖产品来开拓市场，而应更多地关注高质高效的客户服务。不仅要关注售前、售中、售后的客户服务，还要关注客户评论信息，因为商品的评论信息不是靠商家自己，也不是靠平台网站，而是靠客户来提供的，客户评论信息的形成与丰富，以及评论信息的价值分析，离不开新媒体的数据挖掘与数据分析。因此，提高客户服务质量也是新媒体在客户关系管理中的功能之一。

三、新媒体时代新营销渠道拓展

基于新媒体场景下营销呈现出的新特征，渠道创新应围绕着为客户创造价值的首要命题与核心思维，展现出更加开放、包容的特质，在追求品牌至上的同时，不断降低渠道成本和提升渠道效率。借助微博、微信、微视频直播等移动终端的载体应用，渠道创新应集中于渠道自身显著的属性差异，凸显更强的开放性和更高的关注度。要求传统渠道重新定位渠道功能，优化消费者渠道体验，更加注重内容创新和加强渠道融合，以便更好地通过系统化布局，形成渠道协同效应。

（一）新媒体营销渠道呈现出的新特征

1. 新媒体营销渠道始终围绕顾客价值创造的中心命题

营销渠道的存在价值永远是围绕顾客服务和为顾客创造最大价值，产品满足与需求程度则是成功营销的基础条件。它既是由市场决定的，也是不断变化的市场需求及客户对更高价值追求的结果。从形式上看，渠道创新是渠道的灵活应用；但从根本上说，渠道创新是顾客价值深深融入商品的体现。伴随着消费升级，高端化、品质化、个性化产品已成为当前的消费热点，营销的核心思维是“价值稀缺性”，无论产品差异化还是品牌差异化，都要创造与众不同的稀缺价值。围绕商业价值创造，营销渠道的发展应服从和服务于营销的核心思维，如直播和网红经济极大刺激了消费，给商家带来销量、顾客、产品推广等多重经济效益。营销渠道的创新，实现了顾客价值新创造，增强了消费新活力，激发了消费新动能。

2. 营销渠道展现出更加开放、包容的特质

新媒体营销考量的不单纯是新技术应用，而是将消费者纳入到整个营销渠道运营中来，作为主体而存在，参与、互动、体验和分享，而使消费者有了更大的发言权，网民不再是旁观者，而是可以全面转化为消费者，更加注重价值传递、内容互动和定位精准。作为正在崛起的营销力量，社交化网络构成新媒体营销的支架，网络改变营销的单一传导方式，改变单一影响方向，而实现交互化、网络化的渗透性营销，即生产商通过网络在向消费者传播产品和服务的同时，消费者也能借助网络对产品和服务的要求做出积极反馈，甚至参与到产品的设计和生产活动中。这种机制加强了产消之间的互动性，提高了营销效率。在客户开辟方面，带来新鲜感和更佳的用户体验；在渠道策略上可以很大程度地减少外部环境的条框限制；在渠道传播上，更加细分的人群和需求，创造了更加丰富多样化的营销表达式样，并以此不断激发消费者产生强烈的互联和消费意愿。在新营销环境下，所有网民都可以参与到特定的传播过程中，营销渠道展现出更加开放、包容的特质。

3. 渠道创新的目标追求是打造品牌力

渠道建立的核心在于如何提高从生产到消费对接的系统效率，渠道价值在于形成消费者忠诚和口碑，使消费者成为意见领袖。新零售背景下，大数据带来的精准营销铸就渠道新特质，

品牌在渠道传播中被赋予更多的消费者个性内涵，再加上电商技术创新所带来的在抖音、微博、微信等新媒体社交化平台的营销一体化，“制造品牌”从来没有这样贴近消费者，并且在信息传递上被消费者所主导。由此，在品牌传播中，不仅需要提炼产品的事实与价值信息，更需要关注新兴互动媒体的介质特点和传播规律。不难看出，体验和分享对品牌传播十分重要。企业借助网络平台搭建起品牌与消费者间沟通的桥梁。建立起与消费者的情感关联，更有利于树立品牌口碑，产生品牌认同。同时，企业还可以通过推出能为消费者提供主动便捷的服务来为消费者创造价值，提升品牌的亲和力，最终促成产品销售。当前，新消费品牌得以快速成长，新媒体营销依然离不开强化品牌主导。

4. 零层次的管理结构降低渠道成本，提升渠道效率

传统渠道管理是单向输出、多层级销售。微时代，营销渠道变得越来越简单，可以实现直接销售，渠道结构几乎不存在环节成本，并且渠道创新不仅没有放松对渠道的控制，反而与管理结合得更紧密。网络触角影响着每一个渠道和渠道营销赋能：新媒体营销下的渠道创新中的每一个组成部分，直接或潜在地不断引发企业、竞争者、经销商、顾客等产生自身需求内容以及认同的需求满足方式的变化。企业通过客户在微博、微信的分享或者发表的内容，就能发掘低成本的客户信息反馈、舆论监测等具有价值的数据，进而分析客户的消费喜好、购买能力、消费习惯等信息，帮助企业制定行之有效的营销策略。企业也可以建立社交平台，并通过加强与用户的互动沟通，拉近与消费者的情感距离，提升消费者参与感，引导消费者的喜好和强化品牌忠诚度。

（二）新媒体营销带来的渠道结构变革

当今渠道结构设计越来越朝着整体性、有序性和开放性发展，扁平化和立体化成为最主要的演变形态。对于企业而言，网站、微博、公众号、抖音都属于打造品牌发声地的新媒体平台，媒体正在全线视频化，通过掌控用户关系而不是掌控流量发挥渠道作用，渠道管理趋于线下、线上、社群三维空间的有机融合（见图 4-1）。

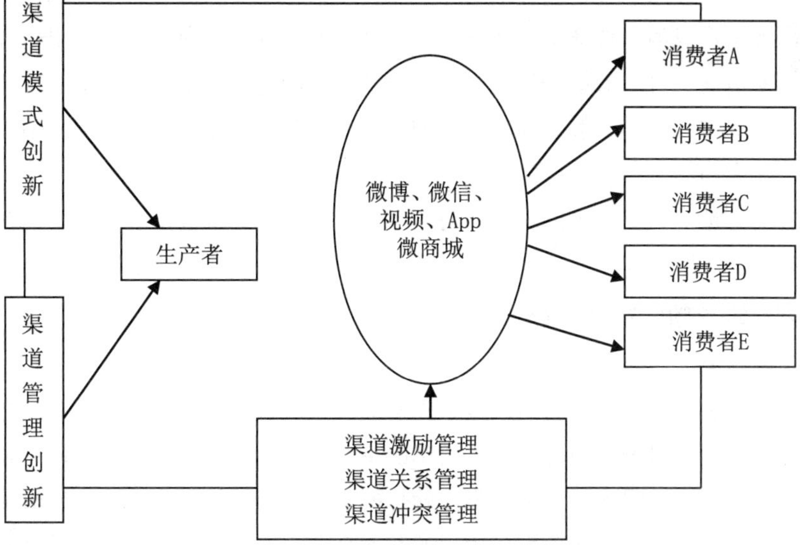

图 4–1　新媒体营销带来的渠道结构变化

1.用户广度的无限扩大

基于电子商务、微博、微信、视频直播等社交工具的庞大用户基数，新媒体营销不仅能够最大限度地拓宽产品的受众层面，还可以迅速将大量潜在用户转化为真正用户，短时间内为产品聚集更多的人气以及关注度。新媒体带来了信息传输的高效率，传播的范围更广，市场影响度更高。基于移动互联网的用户主体越来越庞大，以经营客户关系为主题，新媒体营销可以触及客户需求的每一个点、线、面。

2.用户深度的直接触达

传统营销渠道存在生产者和销售者之间的信息不对称问题，信息传播和搜寻的成本极其高昂，新媒体则具有天然的社交属性，其内容可接触性更强，操作更加方便，使人人都能成为传播者，无论线上或是线下的交易，用户都能获得更全面的产品信息。与用户寻找共同的话题，在消除信息不对称的同时，营销目的转化为管理用户的预期和分享行为，在与用户互动时具备更强的“深度”优势，这种优势就在于能够实现与用户一对一的即时互动，用户的高度参与很容易加深对一个品牌和产品的认知，使产品或品牌的知名度提高。

3.渠道多样化整合趋势明显

新媒体包括多种互联互通的网络构成元素，云媒体和大型户外媒体等也将成为新媒体的重要组成部分，并以其特有的优势助力企业提升营销效果，渠道整合日益成为企业促销、提升品牌的有效手段，众多新消费社媒投放选择更趋于跨平台组合优化。渠道整合不仅通过扩展渠道触点，形成长尾效应，而且通过线下线上融合，完美解决人性化服务问题，让更多用户在购买商品时零距离接触，将消费体验做到极致。

4.营销渠道更重视突出核心价值的内容建设

内容的生动性、价值性作为最具吸引力的渠道构建部分，通过音频、视频、在线阅读、社交网络、资讯等形式表现出来，共同构成新媒体营销的力量。内容向消费传导的逻辑，是突出产品和服务的价值，而灵活多样的网络表现形式又能够最鲜活生动地给予消费者价值展示。一方面营销渠道呈现电商化，通过内容呈现和转化，将用户核心逻辑定格为创造消费者价值，进而在产品和服务上形成消费者情感支持和品牌忠诚。另一方面电商平台呈现出内容化特点，消费者在购物上对电商平台的依赖感加强，产品的核心价值仍然是消费者核心诉求。而这种价值随着用户内容审美水平提升，形式和内容更加统一，营销渠道在新媒体框架内不再是单纯渠道功能的展示，而变为消费者核心价值的传播。根据调研结果，用户在内容消费中，核心评判要素主要集中在内容情节、实用价值及画面清晰度等方面，而非特效设置，故事内核成为内容竞争的关键所在，不仅强调内容为王，同时强调内容更加人格化、有温度。

（三）新媒体营销的主要渠道模式

1.搜索引擎营销

内容触达用户主要路径。利用用户搜索关键词反映对该产品的关注，尽可能地把营销信息传递给目标用户，搜索引擎营销是新媒体营销的主要表现形式。对于大多数用户来讲，主要看搜索结果第一页的内容，因此搜索结果靠前就是搜索引擎营销的最终目标。当前搜索引擎优化在强调外部链接的基础上，更加关注与用户的互动交流，重视用户的反馈和对搜索信息的满意度。无论是竞价排名还是关键词广告，搜索引擎营销核心在于内容精准和使内容直接触达用户。当前搜索引擎越来越多地成为网民接触互联网的重要工具，更多企业也越来越认识到其营销价值，在企业营销战略中的地位越来越高。随着移动互联网的广泛应用，营销载体正从 PC 端转移到移动端，搜索引擎营销也会向移动营销倾斜。

2. 社交平台

微信和微博营销渠道的优势互补。微信和微博不仅具有媒体属性，更具有服务属性。微信的辐射性、广泛交融性和关系进入已成为最具活力的营销渠道，成为获得品牌支持的最有效手段，围绕购买流程所需要的任何服务都能方便实现。不仅如此，企业可以通过微信掌握产品的反馈信息，做到点对点的营销。另外，微信营销的私密性带来高可信度、强号召力，增加品牌黏性。在共创价值过程中，通过建立一对一对话平台机制，不仅拉近品牌与消费者之间的心理距离，而且使消费者在这种对话关系中增强企业信任感，用户朋友圈的口碑传播，使微信渠道更具有营销转化率的优势，微信公众号已成为当前主流推广渠道。传播面广、传播迅速是微博最显著的特征，一条极具引爆点的微博在短时间内就可以广泛地影响到不同受众。以微博作为营销平台，每一个粉丝都是潜在营销对象，每个企业都可以通过微博平台传播自己的产品信息，在不断扩大营销搜索圈后，寻找或者被更多的准客户寻找到。在客户开拓环节，微博工具的应用打破了时空限制和地域限制，在很短时间内，通过"关注"与"被关注"、原创或转发与大范围内的受众产生关联，促使他们产生购买欲望，做出购物决策，再以文字、图片等表达方式作为载体吸引，为企业营销开辟更广渠道（见表 4-1）。

表 4-1　微博和微信表现在营销渠道上的不同属性

—	微博	微信
属性	媒体属性	聊天属性
开放度	高	低
关注度	单向关注和双向关注	双向关注
关系强度	弱	强
传播影响度	放射状裂变	圆圈加点线状

3. 视频营销

直播"带货"拓宽销售渠道。直播最大的特点是直观、即时、互动，具有较强的信息披露性和情感感染力，有利于用户沟通和宣传。直播"带货"改变了传统消费者和企业之间的关系，让人与货的连结关系更紧密。面对市场上大量存在的同质化产品，直播"带货"可以更好地引导消费者，更快捷地匹配供需关系。直播形式和场景更丰富和生动，使得消费者能更为直观且全面地了解产品内容及服务信息。当前许多品牌已把视频直播作为一种战略性管理对待，通过品牌介绍、品牌推广、增加用户访问量、促进用户参与等方式，加强产品与消费者联系。在突出产品的卖点、性价比、性能方面，再也没有其他营销渠道能够具有如此强大的感染力和吸引力，利用直播技术引流和产品解说，更容易与用户产生黏性，提高产品销售额。

第三节　产品开发

企业要获得市场营销的先机，首先需要重视产品的创新研发，以消费者需求为导向，制定科学的产品研发流程，减少产品研发风险。在构思和研发测试、营销战略制定等阶段，发挥大数据技术优势，更精准地获取反馈信息，完善产品设计，并加强产品推广宣传的力度，有效引导消费、引领行业发展。

一、企业新产品开发概述

在产品开发过程中，产品开发水平需要尽可能地根据现如今市场的导向以及消费者的消费趋势，对自身所开发的产品进行一定的改进。然而，在企业中将产品开发与市场营销相结合的话，不仅能够使开发的产品更符合市场的需求，同时也能够帮助新产品打开市场，提高企业的利润和消费者的满意程度。

（一）参与式设计

1. 参与式设计的定义及特征

“参与式设计”理念的来源可以追溯至 20 世纪 60 年代的欧洲北部，最初来源于让管理者们听取公众的声音的需求，使公众也能参与到他们的决策中，随着时间的推移，这个概念发展成了一种强调用户与研究者及所有相关人员一起参与到设计过程当中的理论，以更好地了解、满足并洞察他们的需求。“参与式设计”也被称为“共同创造”，“共同设计”或“合作式设计”，让用户参与到设计核心过程中，为设计前期的创新思路、中期的设计构想及后期的产品体验等阶段问题的解决起到关键作用。

只有真正抓住用户需求，基于需求设计出的产品才更容易被用户认同和接受，无论是为哪个群体进行设计，我们只有脱离为他们设计产品的思想桎梏，而开始与他们一起以主人翁的意识和角度进行创作时，不仅可以使设计师能更真实地了解用户的需求与期望，寻找到用户更易接受的解决方法，同时也会得到更多更加优秀的产品。

2. 参与式设计在设计中的使用

传统的设计流程中，让设计师来把控整个设计过程，他们凭着自己多年的经验进行设计需求提取，以此来分析用户的需求，这样的方式设计出来的结果都只是浮于表面的需求，只有让用户参与到设计中来，将自己的本质需求融入设计，才能更加准确地了解用户的深层需求。在参与式设计理念中，用户可以参与到产品开发的各个阶段，与设计师一起发现并解决问题，设计师也不再全程主导设计环节，而是与用户站在同一平等地位上，一起去设计符合真实需求、更加优秀的产品。

最早应用“参与式设计”理念的是无印良品公司，他们的“生活良品研究所”平台可以方便用户在线下实体店铺没有找到自己喜欢的产品时进行留言，写下自己的意见与需求，同时也可以对店铺内已有的产品提出自己的改进意见，通过这样的方式，管理者可以及时了解用户需求，根据消费者的意见来改进产品，使产品更加畅销。

3. 设计创新中的用户参与方法

用户参与产品创新设计的方法很多，问卷法、访谈法、焦点小组法、可用性测试法、用户需求排序法等。

（1）焦点小组

焦点小组，又称小组（焦点）座谈（Focus Group），是社会科学中一种不可或缺的资料获取方法，由著名社会学教授默顿（Merton，R.K）及其同事提出。以座谈会形式为主，由一位受过专业训练的主持人及具有代表性的消费者小组以半结构自然形式进行交谈以寻求问题解决方法，默顿指出焦点小组的访谈方法需要研究者事先设计好主要研究内容及访谈提要，与被访谈者共同参与讨论并表达出自己的主观感受。

主要分为三大类，以人数和方式进行区分。第一类是团体焦点访谈，全员团体焦点访谈由于参与人数较多，持续时间也比较长，90~120 分钟，由主持人进行引导，参加人数为 8~12 人。第二类是小型团体焦点访谈，参与人数为 4~6 人，时长 90~120 分钟。第三类是电话焦点访谈，参加人在电话里根据主持人的安排指示进行讨论，时长 30~120 分钟。随着新媒体网络平台的发展，许多研究者开始进行网上焦点小组访谈，出现了电子团体焦点访谈。

焦点小组法主要有两方面的特点，首先，它可以帮助我们深入探索一些不太了解的研究问题，例如迅速了解某类客户对某一产品、计划、服务等的印象，找到新品开发过程中的潜在问题，另一方面，它可以对我们的调研结果进行补充，帮助我们深入理解，更加全面地对问题进行研究。

（2）深度访谈

深度访谈又称无结构访谈或自由访谈，主要指专业访谈人员与被访者之间针对某一主题或范围进行的一对一谈话活动，时间通常为 30~60 分钟，地点一般为被访者家中或某一集中访问点，主要了解个人对某种事物的看法，或做出某项决定的原因等，常用于了解客户做出购买决策的原因或对于某类产品、服务等的需求，以及生活中的情绪和个人倾向等，深度访谈法无须事先设置访谈模式及问卷，是用户研究中常用的一种比较自由的研究工具，可以与许多研究方法进行结合，可以说是一种“万能的访谈”方法。通常来说，深度访谈需要线下见面交流，但也可以通过电话或视频进行访谈活动。

根据访谈情况的不同，深度访谈又可以分为正式的和不正式的两种访谈形式，正式的主要指在访谈开始前研究人员及被访者都做过相应的准备的访谈，通常研究人员都会提前准备好一份大概的问题纲要，在访谈过程中随时提示自己，保证访谈的完整性及流畅程度。非正式的主要指研究人员并未提前告知被访者这件事，双方在均无任何准备活动的情况下进行的闲聊式访谈，交谈进程无法由研究者主导，只能根据交谈的具体对象及情境采取因势利导、见机行事的方法。

深度访谈的访谈模式更加灵活多变，对访谈结构及方式也没有过多要求，可以帮助我们更加深入地了解用户的潜在需求，缺点是此方法对参与人员的要求比结构或半结构类访谈的要求更高且得到的结论也相较而言更难处理一些。

（3）需求优先级排序

用户的需求采集之后，需要对众多的需求进行优先级排序。常见的方法有以下几种。

四象限法：四象限法要求我们把紧急且重要的需求排在最前，不紧急但重要的需求其次，紧急不重要的需求再次，最后是不紧急不重要的需求，如图 4-2。在判断需求是否重要时，可以使用四象限法则内涵进行如下方式思考（重要程度由强到弱）：

这个需求如果不采纳会造成严重的问题和恶劣的影响。

如果采纳了是否会产生巨大好处和极佳效果。

这个需求跟核心用户利益是否有关。

这个需求跟大部分用户权益是否有关。

这个需求跟效率或成本是否有关。

在进行与用户体验相关的紧急程度判断时，参考如下排序方法（紧急程度由强到弱）：

不做，糟糕的体验是否会持续发生并造成恶劣影响。

一定范围内可控，长时间后会有很多严重问题产生。

做了可以立刻解决很多问题，产生正面的影响。

做了可以在一段时间后有良好的效果。

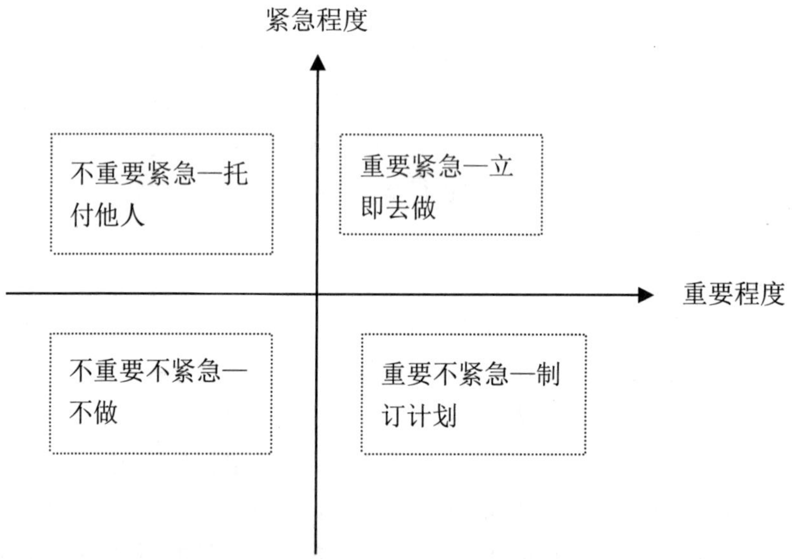

图 4-2 四象限法则

卡诺模型（KAND 模型）：如图 4-3，卡诺模型揭示了产品特性与用户满意度之间的关系，用户对产品的满意度越高，则代表用户对此产品的需求更为强烈，如图 4-3，主要将用户的需求分为图中的五大类，其中第一类的基本需求主要指产品必备需求，这类需求用户认为是必须存在的，如果丧失满意度将会面临大幅度下滑。第二类期望需求，产品特性越好，用户满意度越高，两者是正相关的关系，当产品特性满足用户期望需求时满意度会稳定上升。第三类兴奋需求主要指用户的潜在需求，满足这类需求将大大提升用户对产品的满意度。第四类相反需求主要指与用户满意度负相关的多余无用需求。第五类无关紧要需求主要指用户对该产品特性并不关心的一些需求。

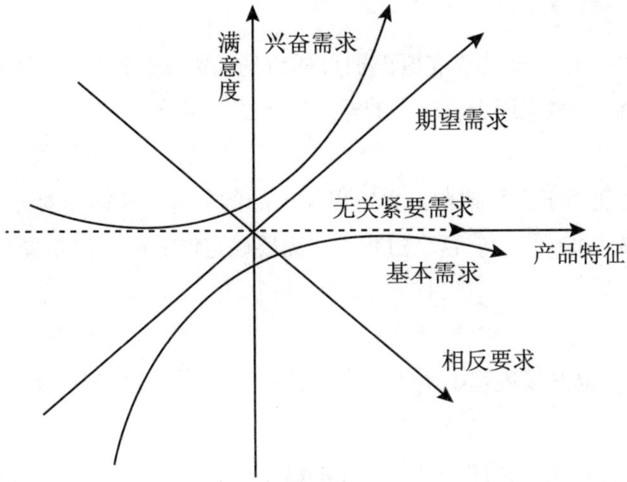

图 4–3　KANO 模型

（4）利克特量表

利克特量表（Likert scale）是评分量表中最常用的一种，于 1932 年被社会心理学家利克特（R.A.Likert）首次提出并广泛应用。该量表由一些围绕主题展开的问题组成，选项由代表心理等距的若干数字组成，主要用来调研用户对某一事物的态度或看法，最常被使用的是 5 点等距量表，即表中的每个问题均有五个不同的态度话术以供选择，如极其不满意、不满意、一般、满意、极其满意，并使用 1~5 五个数字与其对应来作为答案计分，一般“5”表示程度最强的肯定情况，“1”表示程度最强的否定情况。将各题得分累加后即可得出态度总分，不同分数代表着不同的积极程度，日常使用中，5 点或 7 点量表最为常见。

（二）新产品开发流程

新产品开发主要指新产品从思维发散、构思完成直至生产销售的一系列活动过程，建立一套完善的产品开发流程结构可以使企业在激烈的市场竞争中保持优势，不同的企业往往拥有一套独特的、基于其发展模式和企业性质的产品开发流程。

企业开发新产品大致分为以下几个步骤：首先对产品的制作技术与市场推广可行性进行系统分析，接下来对产品的设计流程进行规划，接着进行产品制作技术、设计方法及进程的验证，最后进行量产销售和售后。但也有别的学者认为一般新产品开发流程会有如下五个阶段：

构思筛选阶段，整合上一代产品的不足、优势、机会点、竞争力等信息。

开发设计阶段，明确产品设计方案与规格，结构尺寸与外观等数据。

详细设计与检验阶段，小规模生产验证设计可行性，进行检验测试，确保产品质量。

量产阶段，确定市场需求后进行大批量产品生产。

市场投放阶段，新产品进行销售阶段。

基本的产品设计与开发流程分为以下几个步骤：

1. 规划阶段

规划阶段在新产品开发项目流程启动之前，是关键的准备期，这一阶段主要对产品的目标市场进行细分，对产品开发制作推广等阶段的问题及限制进行提前调研，做好一切准备工作。

2. 概念开发

概念开发阶段需要有关部门精准地识别目标市场的需求，形成相关的产品概念并进行评估，最终选择出至少一个概念用于进一步的开发和测试。

3. 系统设计

系统设计阶段一般用于产品架构的界定以及产品的分解，并初步对分解后的产品子系统、相关组件以及关键部件进行设计。这个过程中，需要确定产品的几何布局、子系统的功能及规格以及初步的装配流程。

4. 详细设计

这一阶段涵盖了产品开发流程中生产制作、成本控制、材料规划等几个关键问题。

5. 测试与改进

测试与改进阶段往往用来创建和评估产品的试生产版本，这一阶段也可以叫作原型测试阶段。这个过程中，原型机通常被顾客在其使用环境中进行测试，以确定该产品是否符合设计并满足顾客需求。

6. 试产扩量

这一阶段的产品会通过目标生产系统制造出来，并酌情提供给目标客户以评估和识别其中存在的问题。

二、产品研发和销售中存在的漏洞

在现如今企业的产品研发中，虽然不断推出新品，但是并不是每一个新品都有着一定的销量的，部分商品推出之后，不仅不能够给企业带来一定的利润，甚至连研发这个产品耗费的精力，给公司带来的亏损漏洞，也没有办法弥补。当今企业新产品研发和销售失败，主要存在着以下几个原因：

第一个原因是产品在研发的时候没有注重市场的导向。例如在网红泡泡机流行的时候，许多厂家争相对网红泡泡机进行生产，这样的生产行为，虽然说有一些跟风，但是跟随市场的导向，仍然是能够赚取一些利润的。但是这个时候如果没有根据市场导向去进行生产，仍然生产过去的传统泡泡机的话，很大程度上会因为没有跟上时代的步伐而被淘汰。更重要的是，泡泡机的成本差不多，售卖的价格也差不多，这就意味着过去传统的泡泡机，其实不会因为价格优势而占据一定市场的。所以这也是网红泡泡机很火的原因之一。虽然说在后期大量网红泡泡机的涌出占据了一定的市场，使部分企业生产者没有办法获取很大的利润，但是跟随着市场潮流进行短期的生产，仍然是能够获取利润的。

第二个原因是企业在进行产品研发的时候，没有对自己所研发的新产品进行清晰的定位。现如今许多企业只是在盲目跟随社会的潮流进行产品研发和生产，没有自身独特的特性和想法，很难在市场上占据一定的份额。事实上，在新产品的研发中应该结合当下的潮流以及消费者的消费需求和消费能力，同时对自身的产品一定要有清晰的定位。像喜茶对自身的产品定位是十分明确的，做一些简单的轻奢饮品，一杯奶茶几十块钱。像益禾堂对自己的产品定位就是平价大众，一杯奶茶只需要六块钱，同时质量也有一定的保障。企业都对自己产品有着清晰的定位，所以它们也会有自己固定的客流。但是现如今许多产品的研发，因为没有办法对自己的产品进行清晰的定位，导致品牌的效益不明确。顾客进行商品购买的时候，除去商品质量价格需要考虑以外，还会考虑的是这个商品品牌能够带来的价值。

第三个原因是产品研发出来之后，产品的营销手段和营销方式选择错误，导致产品没有在前期得到合适的宣传，部分企业在产品研发和产品营销上面是割裂开来的，没有将产品研发与产品营销相结合，当产品生产出来之后也没有选择合适的营销方案。其实在产品研发的初期或者后期就能够对所研发的新产品做一定的宣传，给消费者带来一定的神秘感和期待，在产品研发成功之后，也要对该产品进行合适的营销和宣传，选择合适的广告词以及合适的宣传手段让该产品具备一定的知名度，才能够使产品在消费者中占据一定的地位。但是很多时候企业并没有做到这一点，一些企业注重产品的研发投入，却忽视了后期的市场营销投入，而一些产品的研发，重视市场营销的投入，而忽视了前期产品质量的投入。这二者其中任何一者缺失都会导致产品后期的销路难以打开。

三、新媒体时代产品创新与新产品开发

新媒体时代的产品创新和新产品开发既要继承传统的产品创新和新产品开发的经验，又要针对新媒体时代的特点进行创新和突破。按开发新产品的方式，新产品可分为技术引进新产品、独立开发新产品和混合开发新产品。技术引进新产品是企业为避开自身开发能力较弱的难点，直接引进市场上已有的成熟技术制造的产品。独立开发新产品是企业独立开发制造的产品，它是从用户所需要的产品功能出发探索能够满足功能需求的原理和结构。混合开发的新产品则是将前两者有机结合在一起，制造出的新产品。

（一）新媒体时代的新产品开发

互联网尤其是移动互联网的发展产生的海量数据使得人类社会步入了新媒体时代。但新媒体时代的产品创新和新产品开发出现了不同于以往的特征。以往的产品创新和新产品开发是以企业为主导展开的。而新媒体时代消费者就可以进行突破式创新，消费者可以参与产品开发活动。企业可以引入消费者的力量尤其是普通消费者的意见和观点，甚至可以邀请他们主动参与设计对应的产品构件。

可见，新媒体时代产品创新和新产品开发是由企业和用户共同驱动的。典型的案例是小米手机，“米粉”们既是新一款小米手机的消费者又是小米手机的创造者，这种用户体验是极佳的。

（二）新媒体时代新产品的开发策略

企业从其所处市场地位可分为市场领先者、市场挑战者、市场追随者和市场利基者。相应的新产品开发策略分别如下：

1. 领先策略

这类产品开发多从属于发明创造范围，所谓领先策略即在产品竞争中通过不断采用新技术、新原理、新结构来优先开发出全新的产品，从而达到市场领先。这种策略的投资数额大，科研工作量大，需要很长的新产品实验时间。如互联网三巨头 BAT 现在格局的形成实际上是其各自在电子商务、搜索引擎及社交网络上采取领先策略的结果。

2. 超越自我策略

这种策略更多地追求长远利益，这要求企业具有长远的“利润观”理念，从而更注重培育潜在市场，不断实现自我超越。中粮集团的我买网成功地实现了传统企业向互联网企业的转型。

3. 紧跟策略

采用这类策略的市场追随者企业通常仿制领先者的产品或对其进行局部的改进和创新。根据其追随领先者的不同可细分为紧密跟随、距离跟随及混合跟随三类。

4. 利基策略

市场领先者、市场挑战者、市场追随者占领了市场的绝大部分份额，但不可能占据所有市场份额，这就给利基企业以机会，它会利用整个市场中尚未被发现的市场通过种种专业化策略取得成功。长尾理论是其理论支撑，实践中有很多关于长尾理论的应用。余额宝这一新产品的开发是个典型的案例。余额宝的产品口号是“会赚钱的支付宝”，其核心内容是余额增值、获得收益。传统金融的目标客户是“高大上”的客户，而余额宝则选择传统银行不愿做的众多草根用户。余额宝是由第三方支付平台（支付宝）为个人用户打造的余额增值服务。余额宝这款金融创新产品开创了互联网理财的新领域，自出现后受到了用户的欢迎。从实际运行效果来看，余额宝等互联网理财工具确实倒逼了传统银行业的改革，意义深远。

（三）新媒体时代新产品开发的方向

新媒体时代新产品的开发需要注意以下几个方面：

1. 产品性质和用途

新产品开发前应充分考察产品的性质和用途，并把它与相应的替代品比较，以保证所开发新产品的独创性，避免新产品很快就被市场淘汰。在这个快速迭代的时代，这一点尤其重要。例如，“微信”和“来往”在抢占移动互联网终端的比拼中，前者胜出而后者基本被用户淘汰。

2. 价格和销售量

新媒体时代的定价方式出现了不同于传统的变化，传统经济中价格大于零的情况占主导，而新媒体时代大量免费经济（价格等于零）甚至是补贴用户（价格小于零）情况的大量存在使得价格和销售量之间出现错综复杂的关系。很多互联网企业都在构建自己的平台生态圈，其中生产的系列产品有些是免费或补贴方式，吸引消费者到平台上来，平台则通过系列产品中的增值服务和高端服务获取收益。

3. 消费者需求变化的速度和方向

随着生活水平的提高，消费者的需求呈现多样化、快速变动的特点。新媒体时代背景下的消费者能够参与产品创新和新产品开发活动，小米手机就是成功的案例。

4. 企业产品创新满足市场需求的能力

新媒体时代是一个快鱼吃慢鱼的时代，产品创新和新产品开发借助数据挖掘，迅速应对市场需求。在通信制造业，“中华酷联”（中兴、华为、酷派、联想）代替“巨大中华”（巨龙、大唐、中兴、华为）就是一例。“中华酷联”曾在移动互联网迅猛发展的情况下最终胜出成为中国内地的四家主流智能手机厂商。

5. 企业技术力量储备和产品开发团队建设

传统企业力量储备和产品开发团队建设对于产品创新和新产品开发的作用至关重要。新媒体时代同样如此，但消费者也在其中发挥着重要的作用。例如小米的成功就在于它充分重视粉丝在产品创新和新产品开发中的作用。

（四）新媒体时代新产品开发的程序

传统的新产品开发步骤包括六个：调查研究阶段→构思创意阶段→新产品设计阶段→新产品试制与评价阶段→生产技术准备阶段→正式生产与销售阶段。而在新媒体时代这六个步骤都将发生深刻变革。在调查研究阶段从这种有限样本、小数据模式转向全数据阶段，使后面的构思创意等步骤都呈现出不同于以往的特征。

新产品开发是一种创新活动，产品创意对新产品能否开发成功有至关重要的意义和作用。传统的社会调查方法遇到新的挑战，因为社会调查说白了就是一种小数据时代的随机采样模式（通过最少的数据获得更多的信息），这种模式因有限的样本选择会对实际工作造成很大的损失。而新媒体时代则让数据“发声”，采用的是全数据模式，即“样本＝总体”。新媒体时代企业新产品开发构思创意来自用户、企业内部人员和专业科技人员三个方面。

首先，企业要进行新产品开发就要对用户消费数据进行充分挖掘，以便精准地掌握用户的需求。

其次，企业内部人员。经常接触用户的销售人员等对用户对老产品的改进意见和需求变化都比较清楚，能够给企业提供新产品开发的创意。

再次，专业科技人员。他们具有较丰富的专业理论、技术知识，能为企业提供新产品开发的创意。

新媒体时代的新产品创意包括产品构思、构思筛选和产品构念的形成三个方面的内容。产品构思是指在新媒体、云计算的基础上提出新产品的构想和产品改良的建议。构思筛选是因为并不是所有的产品构思都能发展成为新产品。有的产品构思很好但不能实现商业价值；而有的产品构思由于本身就不切实际所以缺乏开发的可能性。最后，产品构念的形成。把筛选后的构思转变成消费者可接受的、具体化的产品概念。产品构念的形成过程也就是构思创意和消费者需求相结合的过程。而新媒体时代下的数据挖掘和云计算能够使得这种结合更为有效。

第四节　品牌宣传

市场营销中，品牌发挥的作用越来越显著，品牌会在很大程度上影响到消费者的消费行为。因此，在企业市场营销变革和创新中，品牌传播是重要内容。品牌传播主要是企业对传播的时间和内容加以整合，营销消费者的接触点，提升品牌的识别度，这是重要的营销环节，是在企业与消费者的互动交流中，不断提升企业影响力的工作。“互联网＋”时代，信息产业高速增长，企业品牌的传播难度不断增大，一些资本相对雄厚的企业，尚可以投入大量资金进行企业品牌宣传，但是对中小企业来说，资金有限，人力有限，更应该通过大数据技术，提升企业资源利用率，对消费者进行细致划分，准确推送，实现精准化营销。

一、新媒体时代下企业品牌宣传

（一）新媒体时代下品牌宣传思维

品牌是企业的代表，品牌可以用文字或者图案表示，是企业被大众熟知的标识符。有效地进行企业品牌推广，不仅能够提高企业的知名度，还能为企业带来巨大的客户群体。当今社会是网络信息时代，新媒体的诞生，使得企业品牌宣传方式多样化。新媒体是组合词语，是杂志、报刊、广播、电视、电脑、手机等媒体方式组合起来的新概念。新媒体通过网络的方式，向群众传达各种信息，起到宣传作用。新媒体的宣传具有广泛性、普遍性、全面性，严谨地说，新媒体即数字媒体。企业品牌宣传要顺应新时代的发展，新媒体时代已经覆盖了整个社会，手机已是人民群众的必备物品，利用好新媒体进行品牌宣传，可以将品牌信息精准地传达给消费者，给消费者留下深刻的印象。运用新媒体进行品牌宣传，可以有效地将品牌与消费者进行连接，减少中间环节，降低品牌宣传的成本，避免品牌在宣传过程中信息丢失。在新媒体时代下进行品牌宣传，能够在较短的时间内得到收益，品牌信息能够大面积地传播，有利于企业占有市场。在新媒体时代下，企业品牌的营销思维，要符合时代的要求，要跟上新媒体的步伐，利用新媒体的传播优势，采取有效的方式进行品牌宣传。新媒体营销，作为一种新的宣传方式，越来越受关注，其是建立在互联网模式下的新型营销策略，是企业整体品牌宣传的重要战略手段。企业的发展与进步，主要取决于企业的市场占有量，新媒体时代，品牌宣传思维的变化，是企业快速占有市场的关键。

（二）新媒体时代下品牌宣传的变化

世界上众多知名品牌基本是根据创始人的名字进行命名，例如王致和、李宁、路易•威登等，皆是以创始人名字作为品牌名称。形成这种品牌命名现象的原因，主要是当时的时代背景、文化、通信以及传播并不发达。例如王致和腐乳，其家里祖孙三代都做腐乳生意，提到王致和都知道王致和腐乳，味道鲜美信誉良好，久而久之王致和腐乳自然就成了企业品牌。但随着时代的发展，信息传播速度加快，传播范围扩大，产品可以不再依据个人背景，或者企业背景进行命名，而是根据自身的特点优势，来进行品牌命名。新媒体时代下，企业品牌命名可以依据法律形式、商业形式、社会道德形式进行自我保护。新媒体时代的品牌营销后来居上，众多新兴的企业品牌，利用新媒体的宣传方式，快速地追上百年企业品牌的宣传水平，导致这种现象的原因，是新媒体时代下网络宣传的普遍性。

新媒体时代下的品牌宣传，打破传统营销模式下的地域障碍，不再是金字塔式分层效应，而是扁平式发展。企业品牌营销，需要满足各层次消费者的需求，在降低宣传成本的条件下，保障品牌宣传质量，同时保护消费者利益，是品牌长期发展的基本条件。新媒体时代下，信息宣传的普遍性，使得同种产品多种品牌市场竞争力越来越强。消费者对品牌的承认度，加入其自身情感，使其产生了品牌粉丝。品牌粉丝是庞大的消费群体，是品牌的主要追求者。例如苹果手机，对现在的消费者而言，使用苹果手机，已经不仅仅是因其先进的功能，而是时尚需要，这便是品牌宣传带来的粉丝效益。新媒体时代下，企业品牌的宣传也在不断变化，适应时代趋势的宣传方式，是一个品牌成功的标准。

（三）新时代下品牌宣传的核心

新媒体时代下的品牌宣传，利用新媒体作为传播媒介进行信息传播，向消费者展现企业品牌的背景文化。品牌的核心价值，是取得消费者信任的关键，品牌的背景文化，体现出企业的发展历程。例如苹果手机的创始人乔布斯，经过多次创业，多番实验，历经多次失败，最终取得成功。成功之后不久便离开人世。乔布斯虽然离世，却开创了世界手机第一品牌。这便是企业品牌的核心价值，优秀的品牌历史，能够在网上博得过亿的点击量，为企业带来过亿的品牌宣传。企业品牌的核心，同时具有纪念意义，比如品牌创始人的生日，或者品牌的周年纪念日，都是进行新产品发布的好时机，也可有效促进消费者购买。品牌宣传的核心也包括心理营销，这种营销方法是采用得民心的手段，进行品牌宣传。比如企业品牌对灾区进行捐款，所做的慈善活动，都是企业品牌的宣传方式。事实证明，往往对慈善事业贡献多的企业，更受大众偏爱。新媒体时代下，展示企业品牌核心价值，对品牌的宣传起到促进作用，同时是品牌推广必要的活动。

二、新媒体时代下品牌宣传的特点

（一）移动设备的广泛应用加速信息宣传

新媒体时代的发展，离不开网络的推动。现今社会的人民群众，普遍通过通信设备来获取信息。网络传播信息的渠道主要有社交软件、博客、网络游戏、视频广告、微信、网络购物商场、搜索引擎、数字杂志报纸、手机信息、移动电视，这种有线与无线的传播方式，我们称之为新媒体。当今社会处于网络信息时代，日常生活离不开网络，电脑手机是信息交流的主要方式。重大事件发生，通过网络的传播，会瞬间传达给全国人民，这便是网络信息传播的惊人速度。新媒体时代下的网络购物，网络交易电话、物业费、手机费，网络操作已经逐渐取代现实操作。随着移动设备的普遍使用，网络品牌宣传效果惊人，一则广告的发布，瞬间便可遍布全国网络，使用通信设备的人民群众，瞬间可通过网络接收到品牌信息。新媒体时代下的宣传方式众多，网络宣传更具优势，基于人民群众广泛使用通信设备的特点，网民浏览新闻网页、观看最新资讯，已经是必做的事情。企业品牌以广告的形式进行宣传，品牌信息能够有效地传达给网民，从根本上起到宣传作用。通过网络的形式进行品牌宣传，能够使消费者更加全面地了解产品信息，提高对企业品牌的认知度，保证品牌宣传的有效性。

（二）新媒体对于品牌宣传的作用

新媒体具有很好的品牌宣传效果，新媒体具有时代性、时尚性，是比较前卫的宣传模式，多受青年人如白领、学生等的喜爱。新媒体是一种时尚的宣传方式，更适合具有高购买能力的消费者，促进消费的冲动性与主动性。消费者在消费时，首先考虑的是产品的质量，普遍倾向于看见实物，同时相信他人的购买意见，也会根据自身的使用情况，利用新媒体进行传播，帮助企业品牌进行宣传。新媒体在品牌宣传时，要适应品牌自身特点，使消费者在心理上对品牌有一定程度的认知。品牌是一个企业的核心，通过新媒体进行宣传，可以提高企业品牌的知名度，促进企业品牌的发展。

（三）新媒体时代提高了品牌宣传效果

利用新媒体进行企业品牌宣传，对企业品牌的精准定位至关重要。企业在塑造品牌时，要考虑企业的背景文化、社会的发展现状、消费者目前的需求、潮流趋势的发展，这些都是影响品牌成功塑造的关键。新媒体时代宣传与传统宣传模式相比，新媒体更具有信息传播的快捷性、广泛性，因此企业品牌的改进与创新要适应新媒体的发展。中国的百年企业，在新媒体时代下的今天，都在进行着传统宣传模式到新媒体宣传模式的转变，不断更新换代，顺应时代的发展，是企业品牌发展的必经之路。总体来说，新媒体时代提高了企业品牌的宣传效果。

三、新媒体时代下的企业品牌管理

（一）企业品牌的精准定位

基于消费者对同种产品不同品牌的认可度不同，企业对品牌的定位是吸引消费者的关键。品牌是企业的竞争力来源，是企业的无形资产。企业在塑造自己品牌的时候，要标新立异，迎合消费者的需求，给消费者营造更加温馨的氛围，有利于品牌的宣传，提高品牌的知名度。企业品牌的精准定位，是企业长期发展的关键。企业品牌一旦确立，便不可改变，一个知名品牌，改变名称，会使品牌的知名度归零，给消费者带来误解，因此企业品牌的精准定位，是十分重要的。在新媒体时代下，企业在进行品牌宣传时，应该将传统宣传模式与新媒体相结合，更好地突出企业产品的优越性，加大宣传力度，通过宣传，使消费者了解到产品的优点，以及企业的核心价值。企业品牌的宣传，可以使消费者对品牌了解、熟悉、拥护、忠心，进而成为粉丝，品牌宣传做到以上五点，便是企业品牌的成功。

（二）适应新媒体时代下的网络宣传

在新媒体时代下进行企业品牌宣传，需要适应网络宣传模式。新媒体时代下的网络宣传模式多种多样，从众多的竞争品牌中脱颖而出，是企业品牌宣传的关键。新媒体时代下，能够采取对应的策略，更好地对自己的品牌进行宣传。企业品牌的宣传，也需要遵循一定的规则，注重保持品牌本身特色，注重企业文化，注重情感等。企业品牌是企业成功的关键，品牌的信誉度代表着企业的信誉度，塑造一个良好的品牌，就是为企业树立一个良好的形象。企业品牌通过网络进行宣传，可以迅速地传达给消费者，避免复杂的中间环节。消费者要了解品牌，可以通过搜索引擎直接搜索，从而建立品牌与消费者之间的直接联系。适应新时代下的网络宣传，可以提高企业品牌的知名度，增加企业产品营销数量，促进企业的发展。

（三）注重企业品牌创新与管理

在新媒体时代下，企业进行品牌宣传，需要有独特的宣传模式，建立符合自身条件的宣传模式，是企业成功的基础。企业需要吸收新的宣传管理概念，不断完善更新，促进企业与消费者的沟通，建立稳定的客户关系。品牌的创新与管理，主要包括两方面：

一是要有专业的管理者进行品牌管理，根据自身企业品牌的特点，打造适合品牌的宣传模式，从而进行宣传。培养优质的宣传团队，培训专业的营销知识，可以有效地利用新媒体，作为宣传的媒介，大力地进行企业品牌宣传。

二是制订合理的品牌宣传计划，打造适合品牌特性的品牌宣传方案。依据当下社会的时尚潮流，以满足消费者需求为目的，规划企业品牌的未来发展。企业品牌的宣传策略，要有目的性，明确传统宣传模式与新媒体宣传的分工，将两种宣传模式相结合，更好地进行企业品牌宣传。企业品牌管理，要注重宣传团队的整体合作性，好的品牌不是靠个人，而是靠整体的力量，部门的优势体现在互利共赢。新媒体时代，企业品牌的宣传，各部门的相互协作是至关重要的，企业需要调动员工的积极性，发挥个人潜力，以百分百的热情投入到工作中，才能成功地进行品牌宣传。比如销售部门可以根据产品的销量、消费者的意见，直接获得产品信息反馈，根据产品信息加以改善，满足消费者需求，从而确保企业发展。企业品牌宣传需要强大的执行力度，保证消费者满意，员工认可，形成强大的竞争优势。企业注重品牌的创新与管理，是在新媒体时代下进行有效品牌宣传的基础。

四、利用新媒体进行品牌宣传的优势

（一）网络搜索的优势

新媒体时代下，网络已经成为人民生活的重要工具，网络交易逐渐替代现实交易。利用网络进行工作，开展业余生活，是现代社会普遍的生活方式。搜索引擎是网络的主要利用工具，利用搜索引擎，能够快速解决日常工作中的问题。由于搜索引擎中存在较大的库户资源，因此在网页中投放广告，能够大范围地进行品牌宣传。网络搜索是全球性质的，地区发生的新闻，放到网上，可以迅速地传播到全国各大网站，瞬间消息便遍布世界。利用网络搜索进行品牌宣传，可以降低宣传成本，最大规模地进行品牌宣传。在新媒体时代下，网络搜索是人们每天都会做的事情，品牌在网页上的宣传内容，会被不停地重复观看，有利于消费者提高对品牌的熟悉度，促进品牌的有效宣传。

（二）微博宣传的便捷

新媒体时代下，微博是比较具有标志性的宣传媒介。头条新闻发生后，微博会在第一时间更新。微博作为新媒体时代的传播媒介，具有较大的客户资源，在新媒体时代中，具有信息传播的主导作用。例如罗永浩投诉西门子企业事件，微博最先报道，之后央视等媒体进行大量报道。据调查表明，中国一半以上的新闻报道最先来自微博，随后被各大媒体放大。企业品牌宣传，应积极主动地配合媒介，发布与企业相关的正能量信息，为品牌营造良好的信誉，加强品牌宣传，提高品牌知名度。企业通过微博等媒体，适时地报道公益活动、企业文化等内容，可以提升企业在消费者心中的形象。企业可以通过微信群、QQ 群等，与客户建立联系，实时收集客户信息以及客户动态，更好地了解客户需求，对客户进行维护与引导，从而进行品牌宣传。例如肯德基员工在洗碗池小便事件被报道之后，引起广泛关注，肯德基相关门店也对工作人员进行处理，并公开道歉。通过媒体机制，保护公众安全，维护公众利益，是网络信息时代的新特点。便捷的微博宣传，为企业品牌宣传带来巨大效益，为企业节省大量广告成本。

（三）企业自媒体的有效管理

新媒体时代下，随着网络的流行，企业也开始利用网络途径，进行企业文化的传播，从而达到品牌宣传的效果。企业以公司名义建立官方微博，在微博上面更新状态，发表意见，免费为自己进行宣传。企业对自身传播媒体的有效管理，为品牌进行有效宣传的同时，也传播了企业文化，展现了品牌的核心价值。在新媒体时代，企业品牌的有效宣传，需要将新媒体与传统媒体相结合，而不是互相制约。利用企业自媒体进行品牌宣传，宣传效果是非常优质的，企业自媒体普遍被人们应用，属于日常生活的一部分。而对企业自媒体的有效管理，可以更好地促进企业品牌宣传，使消费者更加深入地了解品牌以及品牌背景文化，从而建立品牌与消费者之间的联系，对企业的发展大有益处。

五、传统媒体和新媒体内容营销服务特点

（一）传统媒体内容营销服务特点

传统媒体的内容营销服务相对而言更加注重用户的到达率而缺乏对用户营销服务体验感的重视，如在传统媒介上的期刊发行量，广播、电视媒体的收视（听）率。在播放的过程中缺少观众的关注度，其服务特点主要表现为单向输出、反馈周期长、用户维系度低的特点。

1. 单向输出服务

所谓传统媒体主要是相对于近几年普及应用的新媒体而言，在传统媒体中，主要通过图像、声音等有限的空间进行内容的传播，在空间传播范围上具有一定的局限，其次在传统媒体的传播中，企业进行信息传播的渠道较少，尤其是广告投放企业对信息渠道的掌控程度较高，几乎是“播什么，听什么”，在信息的传递过程中，受众主要充当倾听者和接收者，在信息的传播与营销服务中，内容呈现出“单向”的传播模式。传统媒体营销服务主要是讲求单方向、并且强制性地向消费者进行产品的营销宣传，给消费者留下深刻的印象，从而影响消费者的购买行为。但长期的单向信息轰炸极易造成受众的心理反感。在营销服务活动中，传统媒体多采用层级模式，按类分层进行信息传播，从消费者到产品企业往往会隔着多个代理商。这样的多层级宣传模式就影响了信息的实效性和完整性，不利于营销服务质量的提升。与此同时，一些营销产品的投放者的需求不同，在类别上有着极大的分散性，使得媒体与企业、消费者之间出现沟通成本高、沟通渠道少的问题，这就造成了传统媒体很难掌握消费者的真实需求，不能在有效时间内做出准确的服务判断，消费者的潜在需求不能得到及时的满足，不利于营销服务的进一步推广和扩展。

2. 反馈周期长

传统媒体时期内容营销服务获取客户只能通过传统媒介，没有直接面对客户。其媒体营销的反馈周期较长，媒体在营销服务过程中充当的是媒介的角色，广告主通过传统媒介进行信息的传递。传统媒体营销服务的形式主要是广告代理制，是广告主、广告媒介和受众这三方参与的一种广告形式，各类企业通过广告宣传的方式来进行企业产品的宣传，进一步提升产品的知名度。但在传统的广告代理营销服务中其方式较为单一和直接，在很大程度上限制了产品服务市场和宣传面的推广和扩大，不利于所宣传产品的销售。在过去多年的发展历程中，广告媒体营销服务仍然处在不成熟的阶段，在广告发展初期，广告代理制度的出现满足了专业化分工的需要，促进了媒体内容营销服务的进步和升级，但是随着经济的细化发展，受众对于服务水平的要求逐渐提高，单一的服务方式不能满足消费者日益增长的需求，尤其是随着媒介传播的多样化发展与进步，消费者对所需产品的个性化服务与全面服务的要求也逐步提高，这就需要广告主与消费者之间实现及时的沟通与反馈，消除内容营销服务中的一些弊端。但在广告代理制度中，信息反馈的渠道不够畅通，导致反馈周期较长，不利于服务方及时有效地改进服务，就会在无形中造成潜在用户的流失。换言之，在传统的广告营销服务中仅能为其提供简单的视听方面的满足。因此，传统媒体的营销服务方式在与用户的互动反馈方面有着较大的局限性。

有了及时的信息反馈与服务改进才可以提升顾客的忠诚度，因此在产品的营销服务中不仅

应重视“物”的营销，“人”的个性化需求和受尊重需求也是营销服务的重点。

3. 用户维系度低

在传统媒体生态环境中，用户主要通过“你说我听”的单向信息传播方式来被动地接收信息内容。随着自媒体平台的发展，用户正在向主动进行信息消费的方向转变，这就使得传统媒体营销服务很难建立较高质量的用户维系网，在传统媒体营销服务中，媒体运营方所承载的营销信息量有限，并且与消费者的互动性较弱，在信息传递过程中只能向受众传播统一的内容，受众接受个性化服务的程度较低。在新媒体生态逐渐发展变化的今天，传统的广告代理式营销服务已经不能满足企业营销的需求，随着新媒体营销方式的多样化普及，传统媒体特别是传统纸媒的媒体价值、渠道价值就一直处于迅速衰减的状态，受众群体呈现缩小化的态势，传统媒体的受众圈在逐渐变小，这也直接影响了传统媒体营销的用户维系，使得其用户维系度一直呈现出下降的趋势。当代中国内容产业的发展与升级，对内容信息的传播与发展有了更高的要求，对商品企业与产品供应商来说，媒体始终是企业与消费者进行沟通的工具和纽带。随着新媒体的发展，自媒体的碎片化信息传播与个性化互动满足了当代用户对时间和空间的需求，用户的信息反馈也能得到及时有效的处理，并且个性化的信息内容也在很大程度上提高了用户的满意度，进而使用户的维系度得到了提升。当前，传统媒体的营销服务在如今的内容行业里虽还占有一席之地，但相比之下，新媒体的用户维系度较高，在内容营销服务方面的竞争力就呈现出向上的发展态势，可以说新旧媒体内容营销服务的竞争进入到了一个新阶段。对内容营销服务行业来说，个性化的内容营销服务更有利于得到用户的认可，实现较高的用户维系度。

（二）新媒体内容营销服务特点

新媒体时代的内容营销服务主要是通过第三方平台的支持，将内容创作者生产的内容和内容投放平台进行精准的匹配，提供全方位的资源和技术支持，为各类品牌主、媒体主、平台和用户进行牵线搭桥，提供内容商业枢纽服务。通过优质图文和视频等内容输出，将吸引受众和流量作为营销的首要目标，进而将输出的相关内容价值变现。内容营销服务的范围广泛，其涵盖了网络科技、艺术传媒、母婴育儿、时尚美妆、文学、社会信息、金融财经、幽默消息、娱乐、军事等多方面。内容营销服务的特点主要有以下三方面。

1. 媒体平台的多元投放

新媒体时代下的内容营销服务，不是单一的通过如搜索引擎、微博、博客、App、微信等平台渠道进行宣传营销，新媒体的内容营销服务需要通过多种媒介渠道进行整合式营销，如果资金允许，新媒体内容营销服务还可以和传统的模式相融合，形成一套多方位立体化的整合营销服务模式。相比较传统媒介营销而言，在新媒体上的内容营销能够实现更佳的营销效果，因为新媒体平台的信息发布更加快捷与深入，受众的互动参与度得到了较大的提升，使得受众可以根据自己的偏好进行话题参与，实现内容营销的主题推广或品牌营销。

新媒体时代下的内容营销服务建立在产品精准投放诉求的基础上，实现对受众潜移默化的心理引导并适用于所有的媒体平台。伴随着现阶段 O2O 互联网营销模式的发展以及新媒体平台数量的持续递增，在平台上开展营销服务也成为了一种新的“风向”，许多领域的企业都希望在相关的内容产业营销中有所作为。加之互联网消费群体的内容需求量逐渐增多，相关的内容产品营销服务供给也开始不断增多，服务形式呈现出多样化的发展态势。互联网信息平台大致可以分为五大类，分别是资讯平台、社交平台、视频平台、音频平台和其他平台，内容营销服务者会根据这些平台的特点，准确地选择利用率最高、变现能力最强的平台作为营销的“主战场”，同时兼顾有潜力的平台来扩大流量。

在当代自媒体的平台营销中，通过营销服务可以提升用户的积极性和参与度，在媒体的信息发布中让用户深入到营销服务中。内容营销服务的关键点是通过为受众提供有价值的内容服务，得到受众对相关内容的认可，将相关的内容信息分享给受众周边的潜在用户，这种内容的分享融入了用户的个人影响力和个人信誉，但分享的前提是内容营销中的内容和服务必须是价值性强的优质营销，这也是内容营销必须具备的特性，具有价值性的内容营销才能够得到认可与分享，带动受众的积极性，并达到营销的目的。

2. 大数据技术的深度应用

现阶段，国民互联网的普及率得到了提升，内容信息获取的覆盖面更为广泛，无论是从消费者本身，还是从企业推广平台运营者的角度来看，内容营销服务都具有较大的推广和升值空间。大数据时代的到来是互联网革命与智能技术的整合式变革，大数据技术是指涵盖了数据从采集、加工、生成、转换、计算、深度挖掘等有关于数据生产周期的关联技术集合。在信息时代中，大数据技术的应用意义并不在于对整体数据的掌控，更重要的是对于海量关联数据的深度融合和分析。对于内容产业而言，大数据技术的深度应用综合了内容产业从生产、管理和营销等多方面的数据管理，是内容营销服务进行数据挖掘和趋势判断的重要抓手。在自媒体的内容营销服务中，较多的服务板块应用了大数据的深度分析，例如在美食直播平台通过对浏览用户以往的浏览习惯进行数据云计算，为用户精准地推送相关的美食内容信息，刺激用户的购买欲望，实现销售。除了利用数据对用户的偏好进行分析应用，自媒体平台还可以通过云数据的计算将用户的信息阅读习惯和方式进行分类，满足用户的个性化需求，比如在抖音短视频中，系统也会根据用户的浏览习惯及时推送内容信息，为用户提供精准化的服务。在新媒体时代的内容营销服务中，平台和平台之间也建立了关联入口，用户可根据需求点击平台跳转，通过大数据的分析，使平台传播的信息更具有可用性，通过窗口跳转，也更全面地为消费者提供产品认知，满足消费者的使用需求，同时也能使用户的操作更加便捷。通过大数据技术的深度应用对用户的个性化需求进行深度分析，最大程度地满足用户差异化的内容需求，以用户的需求为导向，积极主动地满足平台用户的个性需求，才能适应时代的发展。

3. 传播路径的创意设计

为了迎合多变的市场需求，新媒体内容营销服务不仅在内容的生产、投放方面进行创新，同时在内容的传播方面通过多样化的信息传播交互发展，呈现出一种可视的内容传播路径，在内容的制作方面，可以通过社会化的创意设计为用户提供多样的交流式路径。通过具有创意设计的传播路径抓住受众的心理，吸引潜在用户的眼球，推动内容营销服务的升级发展。在当代的新媒体营销服务中，大部分的自媒体都能够根据不同的传播路径制定不同的内容表现策略，例如微博客户端的内容营销服务多是以“短平快”的方式满足用户的需求，著名网红李子柒作为微博签约的自媒体人通过内容营销传递一种积极向上的人生态度，在微博中的内容营销服务的短视频中以“文案＋视频”的方式呈现，而在微信公众号中主要以看我、美食、生活、非遗的四个板块来展现，根据不同平台的创意服务实现了非常好的传播效果。在新媒体时代，自媒体平台会根据用户的偏好分析进行内容服务的个性化设计，如用户可以通过界面选择进行视频或者图文的方式选择，通过这种具有个性化的创意设计传播实现内容的有效利用，同时也培养了平台用户的忠诚度与认同度。

（三）新媒体内容营销服务的优势

新媒体的普及式发展意味着当代自媒体不能单纯以互联网为传播渠道进行营销服务，在内容营销服务的过程中运用多样化的整合营销手段，通过新媒体平台进行内容营销服务，创新传播路径设计，将传统营销服务模式与新媒体营销服务进行整合，全方位地实现内容营销服务的创新发展，满足用户的多样化需求，与传统媒体的内容营销服务相比，新媒体营销服务具有以下几方面优势。

1. 双向互动的沟通方式

同传统的媒介传播相比，新媒体的信息传播与内容营销更加注重种子用户的挖掘与维系，相对于单向的信息传播与宣传，这是当代新媒体进行内容营销服务的起点，如国内知名平台小米、Keep 等自媒体的内容营销都是从种子用户的培养与营销服务开始的。对传统的广告营销而言，种子用户是一个新的名词。新媒体营销考虑的是在内容营销的服务中怎样去实现种子用户的培育与吸引，作为自媒体平台应该去哪里寻找属于自己的种子用户，在寻找到高度匹配的种子用户后实现直接有效的双向互动。在传播中最为核心的是实现种子用户的主动传播，通过第一个种子用户地毯式地获取更多的高匹配的新用户，通过精准的数据跟踪监测与匹配，就会在区域范围内实现用户数据的对应，也就是说一个种子用户后面跟随 120 个新的用户。新媒体营销同传统媒体营销相比，根本上的是传播模式与方式的转变，在新媒体的内容营销服务中，永远以用户为中心，在产品服务的思维模式方面，从用户的体验和需求出发，时刻注重培养平台用户的参与感与互动，在获取反馈信息的同时，及时地改进服务，最大程度地实现高效率服务，提升用户的体验感与互动效率。

2. 扩散式的信息发布渠道

手机不离身是当下网民的现状，当媒体走向融合，各类客户端也齐齐发力抢占用户的碎片时间，在消费者“刷”的过程中形成用户的“第一印象”。新媒体的营销服务的优势之一在于它渗透性强，可以无处不在，并且依靠移动终端，满足受众需求，为用户提供服务，与传统报纸电视相比少了很多条件限制，在内容营销服务过程中及时地满足用户的多方面需求。在日常生活中，利用碎片化的时间完成信息的获取，将信息渗透在分分秒秒中，会产生潜移默化的效果。同时扩散式的信息传递有利于运营方对用户信息的收集、分析和预判，不断完善对营销对象的个性化服务，实现内容营销服务的高质量发展。在平台完善服务的过程中，通过平台的固定忠实用户实现进一步的推广与宣传。现阶段新媒体的信息发布自媒体主要包括四大类：自筹自建平台、第三方关联类账号、软文发布网站渠道、自媒体大号渠道。现在自媒体平台很多，相关内容的信息发布可以通过各大自媒体平台，在当代的内容营销服务中，信息的传播与发展逐渐呈现出一种扩散式的传播趋势，也就是说，平台只要将自身具有的优势内容投入目标受众的“池塘”中，信息就会如涟漪波浪一般层次性地叠加传播出去。

在传播过程中，营销内容的启动方式呈现多样化的发展，这种启动只要具备动力即可。这种联合方式可以是传统媒介的电视曝光，也可以是互联网新闻的报道，或者大V的信息转发，也可以进行平台的量化广告投放，甚至可以是依赖“水军”进行热门冲榜。在传播动力的支持下传播内容，以平台关系数据链条为依托，提升内容营销服务的效果，达到1+1 > 2的效果。

3. 精准化的用户定位

在新媒体内容营销中，不管是门户网站还是自媒体平台，相对于传统媒体来说更加具有针对性和独特性。因为传统媒体的内容营销方式是铺天盖地地对准所有目标群体来进行营销，而在新媒体时期，广告方和投资方会精确地选择特定目标受众来开展营销。比如你在抖音上搜索观看了大量的关于福特汽车的广告，那么系统就会认定你有购车需求，为你推送实时的车类品牌的广告。在个性化的用户定位服务过程中，内容营销的数据与技术都是基于人、账户以及数据网，在大数据时代，用户越来越强调个性化的需求，消费者会根据实际意愿选择自己喜欢的商品，这种个性化的需求在数字时代成为可能，用户的消费欲望是可以被推理和计算的，通过各种工具的辅助应用，大数据分析能够让产品供应商更明确消费者的需求，实现个性化与针对性的整合营销。

在当代新媒体的内容营销服务中，不论是辅助广告，还是内容服务相关的搜索引擎广告，在对于用户的潜在消费领域和意向领域都有更精准的把握，对于目标群体的选择也更有针对性，实现精准营销，由此能减少企业销售的沉没成本，提升企业营销及平台营销服务的效果，实现客户和平台的双赢。

第五章　新媒体时代企业市场营销战略创新措施

第一节　有针对性地制定市场营销战略

现代企业营销主要目的仍然是企业利润最大化，而赢利的实现则需要企业品牌和产品被更多的消费者所熟知，从而刺激人们的消费欲望。传统的企业宣传手段中，如报纸、电视广告等形式的受众范围正在逐渐缩小，受众的类型也开始减少，而新媒体的迅速发展吸引了越来越多的用户，利用新媒体展开相应的营销策略可以获得更多的潜在客户的关注，并且可以结合企业和产品本身的情况来设定更为细致的营销方案，并最终形成有效的营销战略。可以说，现代企业的营销战略是建立在消费群体的细分基础上的，而互联网通过大数据分析给企业提供了丰富翔实的参考资料，比如不同群体的消费习惯、消费能力、企业产品消费群体的基本特征等，在有了这些资料之后，企业就可以根据自身产品的特点和定位的潜在客户群体恰当地选择合适的新媒体渠道来完成营销任务，这便是新媒体时代下的精准营销思路。

一、新媒体制定营销战略目标

对于目标市场营销，新媒体主要采用集中性目标市场营销策略、个性化目标市场营销策略、无差异性目标市场营销策略和差异性目标市场营销策略。这四种目标市场营销策略各有利弊。企业选择目标市场时，应考虑自身的各种因素和条件，如企业规模和原料供应、产品类似性、市场类似性、产品寿命周期、竞争的目标市场等。选择适合本企业的目标市场策略是一项复杂的工作。

（一）集中性目标市场营销

集中性目标市场营销，是指企业集中力量进入某一细分市场，针对该细分市场设计一套营销组合策略，实行专业化生产和经营，以获取较高的市场占有率。集中性市场策略就是在细分后的市场上，选择两个或几个细分市场作为目标市场，实行专业化生产和销售。在个别或少数市场上发挥优势，提高市场占有率。采用这种策略，企业对目标市场应有较深的了解，这适于中小型企业。这种策略有利于企业深入了解特定细分市场的需求，提供有针对性的服务；有利于企业在所选目标市场上巩固地位、提高信誉度；有利于实行专业化经营，降低成本。只要目标市场选择适当，企业还可在这个领域形成核心竞争力，获得较好的经济效益。

（二）个性化目标市场营销

新媒体技术的发展，使得市场能细分到每个消费者，定制产品的制造成本也日益降低。互联网极强的互动性和一对一独特的交流方式，使得在互联网上进行个性化营销比在其他任何媒体上都容易。个性化新媒体营销策略，是指企业将每个网上消费者都看作一个单独的目标市场，根据每个消费者的需求，安排一套个性化的营销策略，以吸引更多的消费者。实施这种策略对企业来说有相当的挑战性，实施的前提是：每个网上消费者的需求都有较大的差异，而且他们有着强烈的满足个性化需求的愿望；具有同种个性化需求的消费者有着一定的规模；企业具备开展个性化营销的条件；个性化营销对交换双方而言都符合经济效益的要求。可以说，个性化目标市场营销是差异性目标市场营销的极致，是市场细分的极限化。

（三）无差异性目标市场营销

无差异性目标市场营销，就是企业把整个市场作为自己的目标市场，只考虑市场需求的共性，不考虑其差异性，运用一种产品、一种价格、一种推销方法，吸引尽可能多的消费者。采用无差异性目标市场策略，产品在内在质量和外在形态上必须具有独特的风格，才能得到多数消费者的认可，从而保持相对的稳定性。这种策略的优点是产品单一，容易保证质量，能大批量生产，降低生产和销售成本。但如果同类企业也采用这种策略，必然形成激烈的竞争。无差异性目标市场策略在新媒体营销中的体现是，企业将整个网络市场作为一个目标市场，面对所有的市场只推出一种产品并只实施一套营销组合策略，通过无差异性的大规模营销，以吸引更多的消费者。实施这种战略的前提是，即使消费者的需求有差别，他们也有足够的相似性被作为一个同质的目标市场来对待。所以，它只重视消费者需求的相似性，忽略消费者需求的差异性。无差异性营销的理论基础是成本的经济性。生产单一产品，可减少生产和储运成本；无差异性的广告宣传和其他促销活动可节省促销费用；不进行市场细分，可减少企业在市场调研、产品开发、制定各种营销组合方案等方面的营销投入。这种策略对于需求广泛、市场同质性强且能大量生产大量销售的产品较合适。

（四）差异性目标市场营销

差异性目标市场营销，就是把整个市场细分为若干子市场，并针对不同的子市场，设计不同的产品，制定不同的营销策略，满足不同的消费需求。这种营销策略的优点是：小批量、多品种，生产机动灵活、针对性强，可更好地满足消费者的需求，由此促进产品销售。日用消费品大多采取这种营销方式。另外，由于企业是在多个细分市场上经营，因此在一定程度上可减少经营风险；一旦企业在几个细分市场上获得成功，有助于提升企业的形象和提高市场占有率。这种营销策略的不足之处：一是增加了营销成本。产品品种多会增加管理和存货成本；企业针对不同的细分市场制订独立的营销计划，会增加在市场调研、促销和渠道管理等方面的营销成本。二是使企业的资源配置不能有效集中，顾此失彼，甚至会在内部出现彼此争夺资源的现象，使拳头产品难以形成优势。对此，企业在采用这种营销策略时，要权衡利弊，即分析、比较增加销售额所带来的利益与由此增加的营销成本之间的关系，进行科学的决策。

二、新媒体企业营销的竞争战略

（一）企业营销管理发展的战略

1. 创新市场营销观念

企业创新营销方法，必须先从营销观念开始，只有不断更新营销观念，才能在新时代实现有效的营销。因此，需要管理者注意加强对营销理论新概念的学习，特别是在日益激烈的市场竞争中，增强新媒体的营销策略。企业的管理人都要掌握新媒体的市场营销理念，改变旧有观念，积极开拓创新，为自身的发展增加空间，企业管理人也要对员工进行新媒体宣传，让员工了解到新媒体是营销管理中的重要渠道，要利用新媒体平台，去制定良好的营销策略，促进企业发展。

2. 加强市场营销外部创新

企业可以使用新媒体平台进行线上营销，线上营销过程中消费者很注重产品评价，企业可以在消费者评价上做文章，进一步提高产品的性能，让消费者信任企业产品，树立良好口碑，提升企业形象。线上营销还可以促进网络市场中竞争对手的信息研究，使其更适合自己使用。在新媒体环境下，企业要更具竞争力还可以设置自己的网站，标记自己的徽标并成为网站良好的宣传素材。当客户有需求时，他们将会主动了解，也可以找到产品营销信息，客户还会帮助推广，这提高了营销水平。

3. 创新营销路径

营销路径的创新可以通过以下步骤来进行。首先是基于自主企业实体的直接渠道创新，渠道上没有中间商，是直接面对消费者，在此渠道中的重点是利用实体店的现有产品、设施和人力等资源进行服务创新和其他资源的创新，完成销售过程。其次是利用与其他企业的合作、代理、赞助等进行引渡，这些方式对于促进产品营销非常重要，也为新媒体时代的企业开展营销活动提供了帮助。在基于新媒体平台的新产品营销中发挥重要作用，营销渠道的组合是通过与产品制造商和代理商在第三方的帮助下积极合作，以拓宽和扩大营销渠道达到理想的营销效果。

（二）企业营销的战略方法

1. 消费者和企业进行及时交流

做好消费者与企业的互动可以增加企业产品的销量，因为在互动中，消费者对企业的产品有了更多的了解，就能够促进产品的销售。企业在和消费者互动的过程中，要积极听取消费者给出的建议，因为企业的销售对象就是消费者，要针对消费者提出的问题，进行解决改进。一切的产品设计，都要根据消费者的需求进行针对性设计，让消费者有绵绵不断的消费热情。

2. 能够及时调整营销方案，利于消费者购买

企业营销要注重消费者的心理因素，消费者喜欢什么样的产品，我们就给他制作什么样的产品。消费者的独特需求成为企业追求的目标，这还需要企业及时调整营销方案，促进消费者购买，营销计划体现出来的产品，符合消费者需求。在遇到节假日有活动的时候，企业就可以开展折价促销活动来提高销量。广大消费者都是比较偏好网络购物，网络商品物美价廉，比在现实生活中的实体店更便宜。遇到节假日就可以进行折价促销，提高消费者对企业的认知程度，增加消费者心中对企业的好感，消费者进行产品体验之后，在恢复正常价格后，也能信任企业，向企业购买产品。

（三）企业营销管理发展的战略创新

1. 能够扩大市场规模

如今的阿里巴巴和万达在市场上地位很好，二十多年前，这两家企业在市场上都还是两个不知名的小企业，由于几代人的努力慢慢地从小到大。企业发展过程中避免不了起起落落，转型升级，就需要这个更大的平台，也就是说，它将转向更广阔的市场，但需要一些钱才能进入更广阔的市场，通过微信、支付宝等手段，电子商务使企业面临的一些相对复杂的沟通问题减

少，产品市场分析和市场研究有许多复杂的过程，这些过程受环境和地区的影响，利用新媒体可以扩大市场规模，展现出更大的市场，使企业能够提高销量，增加利润。

2. 企业销售范围扩大

新媒体在我国占有重要的一席之地，科学技术水平迅速提高，时代发展以新媒体作为主要特征。在日常生活中，新媒体应用随处可见，新媒体使人与人的沟通交流更加方便快捷，沟通距离缩小。购物方式从实体店转向网店，互联网的购物平台给人们提供了方便，足不出户就可以实现购物，省去了去实体店购物的路程，这给人们提供了极大方便，深受消费者喜爱。新媒体的运用，给人们带来了方便与快捷，在企业的营销过程中，新媒体能够使企业的销量增加，利于营销工作的顺利进行。

3. 消费群体庞大

互联网的使用极大方便了人们的日常生活，手机、电脑的逐渐普及使人们的生活发生变化，这也为企业的营销提供了方便。目前使用网络的群体大多是学生、上班族，这能让企业对这些群体进行信息分析，形成数据，有利于促进企业产品营销，针对不同群体制定营销策略，制定这些群体喜爱的企业产品，也能通过信息数据，找出潜在消费客户，了解他们喜好的产品类型，制定受消费者喜好的产品，利用数据信息把客户对产品的偏好进行数据汇总，整体掌握消费者的购买倾向，提高企业效益。

4. 符合消费者的喜好

企业要针对消费者不同的消费需要来制订不同的营销计划，对消费者进行分类，使企业的市场营销取得良好成效。企业的销售人员一般只对产品进行表面宣传，没有专门的方法去销售产品，造成企业的营销成本增加，不能了解消费者的根本需要。这样的情况下，企业营销人员就可以利用新媒体的方法，了解消费者的消费需要和信息，促使企业的营销计划顺利进行，销量可观。

三、经典案例分析

随着电子信息技术的发展成熟和网络的普及，新媒体平台进入了全新的发展阶段，短视频则是新媒体迅猛发展的主要代表。短视频是以秒来计算拍摄作品时长的新型视频展示形式，随着智能电子设备以及修图 App 的发展和普及，能够实现直接在智能移动设备上拍摄和编辑短视频，并通过各种社交媒体分享短视频，融合了文字图片以及音频视频等表达形式成为当下最受年轻人喜爱的社交方式。

最早的手机端短视频应用叫 Dubsmash，是由德国人开发的通过对口型进行表演的工具。具体流程为选声音，通过配合口型进行肢体表演，进而将视频分享到社交网站上。一经发布就得到关注，席卷了整个欧美，之后的小咖秀和 Musical.ly 都是 Dubsmash 的效仿者。而抖音看到了 Dubsmash 的成功使其中国化，2017 年初抖音正式上线，通过推广，上半年在短视频 App 的综合排行榜中，位列第 9，日均播放量过亿。本部分将分析抖音的精准营销策略，进一步剖析其走红的原因以及存在的问题并进行细化，最后简单分析抖音短视频的未来发展趋势。

（一）营销策略分析

1. 精准定位

抖音作为专注新生代的音乐短视频社区，和一般视频软件区分开。小咖秀主要是通过用户对口型进行表演，快手中的内容大多偏向于新鲜猎奇。而抖音短视频将用户精准定位为 24 岁以下的一、二线城市青年人群，并且提供的音乐风格不一，用户也可以自己做成音乐进行上传，无形之中也能够带红部分歌曲，甚至当前在各大音乐网站出现了抖音热门歌单。抖音最初的流行视频是手势舞，根据音乐节点进行手势动作的转换。根据手势舞这个名字可以联想到必然要经过反复的动作练习。而手势舞的爆火能够确定抖音的忠实爱好者是喜欢音乐并且学习能力较强的年轻人。在当下短视频 App 两家爆火的局面下，网友称之为南抖音北快手。相比较之下，抖音的忠实用户更偏向于都市化。

除此之外，由于抖音的用户更年轻，内容也相对丰富和都市化，因此会吸引到更多的明星入驻。通过更多明星的加入，抖音和快手的差距也日益明显。

2. 可操作性强

在抖音的营销策略定位中，可操作性比较强。由于抖音定位为年轻人的音乐专区，其视频设计相较于其他短视频平台而言更为专一。视频的界面设计操作简单，在具体应用中通过录制 15 秒的视频，调摄快慢速度以及添加美颜等功效，能够让短视频的呈现凸显用户的个人风格。

其次抖音在特效中分为滤镜和时间两大类。而时间中的倒放和慢放是当前使用较多的特效，例如在拍摄温馨画面时，通常使用慢放，而拍摄动感较强的片段时，使用毛刺、闪白等特效能够起到良好的拍摄效果。音乐短视频的出现打破了以往观赏者角度欣赏明星 MV 的传统形式，能够让人人成为演员，人人成为自己的导演，在完成作品时收获到巨大的满足感。如果发布的视频得到的点赞和评论数较多，能够有效激励用户进行下一次的创作。抖音在发展历程中曾被指抄袭 Muse，在 2017 年今日头条将 Musical.ly 收购，消除了对抖音的负面影响。

3. 大数据下的个性化推荐

抖音作为当前今日头条旗下的火爆产品，在大数据之下的个性化推荐，使得抖音的热门推荐能够极其符合用户的心理需求。抖音热门推荐首先要经过筛选，避免出现低俗以及负面的内容。在推送模式下会根据用户最常观看的视频类型进行个性化推荐。在当前互联网的大潮中，只要你有表达欲并且制作出自己的视频，有亮点和关注度，就能够受到广大群众的喜爱，这一点使得抖音视频更加平民化。越来越多的用户愿意加入抖音并在此视频 App 上进行自我表达。因此在抖音中不难看到明星录制的视频，点赞和评论数还不及素人的热门视频，从另一个角度说明了在抖音上排到热门比在其他视频平台的含金量要更高。例如微博上明星的自拍照能有几万人次的点赞和评论，而抖音里热门视频往往是素人所拍，因此留给人的印象是抖音更关注内容，而不关注作者是谁。

（二）满足客户心理需求

1. 满足新形势下的互动需求

在当下信息时代网络平台成为人民群众获得资讯新闻的主要来源之一。只要有内容有想法，每个人都可以成为自媒体人。随着短视频的分享以及目标群体的年轻化，视频剪辑、美图美化、影视演艺等多种形式的表现手法，更加具有娱乐性和实用性。用户在制作过程中可以通过两两合作的形式来进一步提高视频作品质量，并且可以通过合拍以及转发的形式来提高视频点击量，使得广大用户在刷抖音的过程中体会到诸多乐趣，另一方面抖音并没有加入门槛，在当下全民娱乐的形势下，不管你是多大年纪，什么职业，只要你有想法敢表达就会受到抖音用户的关注和喜欢。

2. 满足现代化群众的情绪释放需求

在当前快节奏的时代下人们的情绪往往受到各种因素的影响。而抖音短视频的出现，能够灵活应用现代居民碎片化的时间来进行情绪的释放和压力的缓解。在刷抖音的过程中，用户能够从生活学习以及工作的压力中暂时解脱，产生不可替代的愉悦感。另一方面在抖音短视频中可以了解到光鲜亮丽背后的故事，使得压力得到缓解和释放，短暂休息之后更好地面对接下来的生活。

（三）抖音当前发展现状及优化措施

1. 软件升级漏洞

事物总有两面性，抖音短视频也不例外。在当前迅猛发展的大背景下，只有不断意识到当前存在的问题并加以优化，才能在时代的浪潮中立于不败之地。首先抖音短视频拍摄的操作手法相对简单，但是想要拍摄出保质保量的优秀作品不是一件易事。在笔者亲自尝试的过程中，加特效的操作环节会出现闪退以及运行时间过久等问题，并且不能做到细致调整。再例如被保存到草稿箱的视频不能继续剪辑等问题都会影响到用户的操作欲望。

2. 内容同质化严重

抖音拍摄内容同质化过于严重。热门推荐上的内容会使得大众纷纷参与挑战，并使用同一背景音乐，容易使用户产生审美疲劳。甚至有部分用户认为抖音会毁掉经典的歌曲，某一段旋律频繁播放就如同清晨闹铃一样，容易让人反感。因此抖音需要紧跟当下用户的兴趣点进行实时更新，并及时推出用户感兴趣的活动和挑战，从而实现短视频平台的可持续发展。

3. 社交性有待提升

抖音定位为音乐短视频制作的社交平台，音乐和短视频是其最大的亮点，但是不可忽视的是，抖音的社交性有待提升。在刷抖音的过程中只能不停地下翻以及点赞评论。而抖音上作品的同质化现象又非常严重，当用户看厌了就会选择卸掉软件。因此抖音既然定位为社区互动软件就应该注重用户之间的互动性。同时社交性也体现着用户黏度，而抖音在陌生人之间的互动中存在着不平等，人们还是习惯于待在自己的舒适圈，因此无法实现高效率的互动。在当前抖音爆红之后更应当具有忧患意识。除了实现自身的可持续发展，还应当关注来自市场的冲击，因此应当进行内容调整，不断给抖音用户带来全新的体验，最大程度提升客户的黏度。总而言之，抖音以其精准的定位和较强的操作性受到了广大用户的欢迎和认可，与此同时抖音发展中存在的同质化以及互动方式单一等问题也应当及时优化处理，提供更多元化的视频内容增强社交性，更好地提升用户黏度，实现短视频平台的可持续发展。

第二节　构建多重联动新媒体宣传体系

在新媒体环境下，企业在进行市场营销活动时还可以构建多重联动的新媒体宣传体系，因为当前的新媒体环境比较复杂，传统媒体的新媒体平台、公司性质的新媒体平台以及自媒体平台都可以进行信息的发布，实现市场营销的效果。对于现代企业而言，在单一的新媒体平台上进行宣传很难发挥出最佳的作用，只有选择多种不同的媒体平台，才能达到更为广泛深入的宣传效果。

一、树立科学的网络营销观念

企业为了实现网络营销的目标，就需要首先实现营销观念上的转变，对传统的网络营销模式进行优化和创新。具体而言，就是在具体的网络营销实践中，能够结合不同的营销目标制定不同的网络营销措施，构建立体化的网络营销平台，开创新的营销局面。企业必须改变以往简单的炒作或单纯建设网站的做法，而是要结合企业和产品项目的个性特征，科学配置企业的人财物等营销资源，对产品销售进行准确的市场定位，减少市场营销活动中盲目行为和主观行为。此外，企业网络营销观念上的转变，还体现在网络营销方法的丰富上，例如，在企业的品牌建设策略中，品牌的塑造是一个系统工程，可以与多种网络营销活动融为一体，所以品牌建设可以发挥新媒体的优势，通过企业宣传网站、电子邮件、网络广告、搜索引擎、虚拟社区、微博、微信等多样化的新型营销手段，建立起立体化、融合化的市场营销新范式，让企业的市场营销工作可以再迈一个新台阶。

二、加大网络营销基础设施建设

新媒体背景下企业市场营销模式的创新，需要企业高速、稳定的网络基础条件作保障。所以企业在构建网络营销模式时，必须以网络基础设施的完善为前提，为了使公司的客户能够更加便捷、安全、快速地访问公司网站，了解企业文化以及产品内涵，在企业内部实施更加高效的网络营销与管理，企业需要增加网络技术研发的投入，积极引进先进的网络技术和基础设备，优化网络办公环境，并结合企业的网络营销战略不断地对网站内容进行更新。同时，随着移动互联网时代的到来，企业还要特别重视移动互联网条件下营销工作的开展问题，让企业的营销工作真正可以突破时间和空间的限制，为企业市场营销活动的拓展提供更快、更新的信息，提高企业市场营销活动的响应速度和反应能力。此外，企业还必须重视网络安全问题，要结合企业实际网络状况，加强对企业内部员工信息安全方面的知识培训，认真贯彻和落实企业的网络安全管理制度、保密制度，做好企业市场营销信息的安全保密工作等。

三、加强市场调研

企业要想真正提高自身的网络营销能力和市场竞争实力，就需要提高对市场调研的重视程度，建立基于市场的快速反应机制，加快市场响应速度，进而完善网络营销计划和营销策略。可以说，企业任何网络营销策略的选择，都离不开企业的市场调研，市场调研是一项系统性、复杂性较强的活动，为了能够获得真实、可靠的信息，必须在前期就制定严谨的市场调研流程，建立全面的市场调研制度，减少市场调研活动中的盲目性，明确调查对象、调查问卷、调查人员、调查区域等各个目标，对市场调研活动程序严格规范的执行，然后对市场调研数据进行科学的分析，对市场需求状况和市场走势进行科学预测，为网络营销策略的制定提供相应的参考依据。同时，企业可以基于网络环境开展市场需求的调研工作，如在针对国外消费者的消费习惯进行调研时，就可以通过网络条件发放、回收调查问卷，对国外消费者的消费行为、消费偏好等信息进行分析，从而制定更加科学的市场营销策略。此外，企业通过网络调研和实地调研等方式，全面把握市场营销工作方向时，必须真正理清企业在网络营销活动中的优势、劣势、机会和挑战，对市场营销工作进行准确的市场地位，从而及时调整网络营销战略，选择更多科学的营销方法。

四、积极建设高素质的网络营销队伍

新媒体背景下企业市场营销模式的创新，需要市场营销人员兼具市场营销能力和信息化素质，所以企业在组建市场营销人才队伍时，要制订科学的人才招聘计划，重视对营销人员信息化素质和专业素质的考核，吸纳更多可以满足企业营销需要的高素质人才。对此，企业管理者必须首先提高自身的网络营销专业素质和诚信道德素质，然后结合营销队伍内部人员的素质状况，制订长期的培训计划，有针对性地提高企业营销人员的信息化素质和综合素质，这是企业实现销售目标和赢得市场竞争优势的重要基础。

同时，企业的管理者必须加强对营销人员的网络营销技能的培训，使他们深刻认识到网络营销的重要性，自觉恪守诚信规范，重视团队合作，自觉遵守职业道德，不做网络虚假宣传等。具体来说，在新媒体背景下，对于网络营销人员，企业管理者要培训他们的网络销售技巧、网络技术、网络道德、企业文化等，提高营销人员在网络营销方面的专业知识水平，提高他们的岗位责任感和职业素养。

第三节　市场营销思路与内容紧跟新媒体热点

企业在进行市场营销时还需要特别注意营销的思路和内容，注重形式和内容的创新。以肯德基为例，其在进行市场营销时就不断变换营销思路和内容，并且紧跟时代形势和新媒体讨论热点来选择产品的形象代言人，以获取更多消费者的关注，而且其在广告投放时也尝试过“病毒式”营销的策略。现代企业可以多关注当前的新媒体热点，找出热点和企业产品之间的关系，然后将产品营销和新媒体热点相结合，从而提高产品的营销效果。在进行新媒体热点融合营销的同时，企业还可以将线上线下的市场营销结合起来，以实现消费者在线上和线下进行商品和服务交易时的无缝对接，并对企业的市场营销形成统一的认识。而当可以有效地抓住市场的营销热点之后，企业也可以更有效地实现市场营销的目的。

一、新媒体环境下从众行为的渗透运用

从众一词最早源于心理学的概念，在如今已经渗透到生活中的各个领域。随着新媒体时代的到来，信息快速的传播与发酵，人们更加感受到了从众的强势效果，也在被动地接受从众。在广播电视媒体中从众更是运用得如鱼得水，其有助于媒体造势宣传，使节目的效果最大化。

但不可忽视盲目从众让受众逐渐失去个性，甚至是谣言的幕后推手。

（一）从众的心理分析

古斯塔夫·勒庞在《乌合之众：大众心理研究》中认为“孤立的他可能是个有教养的个人，但在群体中他却变成了野蛮人”。从众主要表现为根据他人而做出的行为或信念的改变，个体从众出于信息性压力和规范性压力的影响。一方面，在许多情景当中人们由于缺乏相关知识会跟随大多数人。另一方面个体由于害怕被群体孤立、偏离群体，会保持与群体观点一致。从众既会给我们的生活带来积极作用，也会产生一定的消极作用。

（二）新媒体环境下信息的发酵

新媒体时代，人们可以通过多种渠道获取信息、表达观点，让自己的话语权在新媒体时代找到了合适的位置。面对如此爆炸式的信息空间，在多元价值的冲击下，人们选择从众来与绝大多数人保持一致，增强与群体的关联性。从众成为人们之间联系的纽带与支撑。

微博、微信、自媒体订阅号的崛起，让碎片化的信息得到高效的整合与应用。信息的转发已成为当今信息传播的一大途径，在国内，不论是微博、人人网还是微信朋友圈，转发量都是衡量一条信息传播效果的重要指标。我们经常会看到动辄 10 万 + 的阅读量，这样的高质量内容在转发中让受众得到了相关的信息，并在生活中能够关注到这些热门事件，信息在群体的转发阅读中得到了有效传达。在“沉默的螺旋”影响下，越来越多的事件在发酵中得到关注。

新媒体下的从众，其实是一种集体情绪和集体观念的认同感，网络流行语的散播是一种集体情绪的宣泄。比如有一段时间“佛系青年”“打 CALL”“Pick”等被大家广泛使用。大家在被各种信息包裹着的时候，极易认可大众最普遍采用的观点。这些网络流行语，可能在刚开始的时候有些人都不清楚其中的含义，但是由于身边人都在使用，为了达到更好的人际交往效果，所以也纷纷进行从众使用。

（三）电视节目内容制作的适用

新媒体时代下的电视节目中，若要细心观察会发现，除了良好的节目内容外，更离不开与从众相关的知识进行包装。主持人作为一档节目的把控者，他的每一句话都是在向受众传递着信息。如今的节目除了内容，音响音效的包装都引导受众产生从众的心理活动。

1. 主持人的导向

主持人是公众获取信息知识的来源，是党和国家的“喉舌”。站在这一角色岗位上，每一句话都要严格把控方向，起到信息教育、舆论引导的作用。节目主持人通过自身品牌的塑造引起受众的注意进而得到受众认同，选择消费媒介产品。当受众对于主持人形象趋于认同的时候，便会增强主持人语言的公信力以及权威性，受众便会根据主持人的语言进行选择性接触。

主持人在电视购物节目中透过语言的表现力，可以最直接鲜明地作用于受众，诱发他们的从众行为。主持人会用“现在已经有多人订购成功”“热线电话都已经打爆了”这样的字句来吸引受众，个体开始跟随他人活动进行从众。新媒体环境的影响下，主持人不仅注重个人的业务能力，更加着重塑造“品牌化”“明星化”，让主持人的个人形象得到附加值的提升。受众喜欢主持人会针对主持人的着装、发型等进行模仿。

2. 节目包装的效果

电视节目中除了主持人语言之外，还需要通过包装让节目变得更加精彩、有看点。这些包装可以包括音响音效的运用、字幕花字等。节目组通过这些包装技术一方面让受众在行动上保证追随，另一方面又在悄无声息之中与受众的情感实现震荡。

音效在节目中已经是普遍运用的技术。在节目尴尬处会出现乌鸦飞过，并配上“嘎嘎”的声音；一些有趣的地方加入爆笑的音效；节目精彩的地方加入喝彩声与鼓掌的声音……这些就是通过音效带动现场以及荧屏前的个体跟随节目进行从众，受众也会在这些地方哈哈大笑或是拍手叫好。

3. 电视节目的营销手段

广播电视节目不仅要制作精良，还需要通过营销宣传打响知名度，形成良好的品牌效应，这样才会带来经济效益、社会效益的双丰收。广播电视节目除了利用从众心理让自身的节目得到营销以外，还额外提升产业能力。例如《爸爸去哪儿》第一季最后一期来到了黑龙江的雪乡进行录制，在节目结束之后雪乡变得十分火爆，成了著名的旅游景点。从众带来的可以说是一种产业化方式，带动了相关产业的发展以及人们生活方式的转变。

（四）从众行为的非理性爆发

从众效应在广播电视节目中的运用让节目效果得到更加完美的体现，吸引了众多受众关注。新媒体环境中从众也让信息更广泛地传播，在网络空间实现自己对话语权的支配。但是，从众的消极影响也在悄然影响着每一个主体的生活。

1. 节目制作原创力匮乏

如今的电视荧屏当中为了追求节目的收视率，同质化节目内容让中国的电视荧屏生产力贫乏。《非诚勿扰》成功后，电视上充斥着各式各样的《百里挑一》《爱情保卫战》等婚恋类节目；《爸爸去哪儿》获得关注后，《爸爸回来了》《妈妈是超人》等亲子类节目大肆制作……对中国的电视节目制作方而言，哪种节目火爆就要从众制作同一类型的节目。但是这样会造成受众的审美疲劳，进而导致同类型节目不受关注。除了国内节目的制作从众之外，还有就是节目抄袭国外的节目趋势严重。例如《极限挑战》《奔跑吧》《偶像练习生》等都能够在韩国节目当中找到原型，这种从众抄袭制作节目的方式对于中国的广播电视市场来讲是一种极大伤害。

2. 受众的认知迷失

受众观看节目的时候由于受到从众的影响会渐渐失去自我的认知观点，盲目从众的行为不利于价值观的培养。在观看购物节目的时候，观众对节目中的宣传深信不疑，从众进行购买之后发现上当受骗或者对于商品的满意度大打折扣的情况不在少数。这就是被从众迷乱了自己的双眼。

3. 新媒体时代的谣言

大家在互联网中极大程度地匿名发言，让信息变得鱼龙混杂，在受众盲目从众的过程中，许多谣言也得到了散播的平台。红黄蓝幼儿园事件、罗一笑事件、陕西野生华南虎事件等，这样的信息在爆出不久后引起受众的从众现象，但是又很快出现反转剧情。包括每年的各种谣言事件层出不穷，受众在没有详细的认知时就“随大流”进行散播，造成了各种虚假新闻。这样盲从带来的后果对个人及社会都造成了极大的恶劣影响。

二、新媒体时代企业进行热点事件营销

（一）什么是热点事件营销

1. 定义

所谓热点事件营销即掌握新闻运行的规律，再通过一系列的操作使得热点事件得到广泛传播，进而达到广告宣传某项产品的效果。

2. 具体案例

近年来，随着我国物流系统的逐步完善，淘宝天猫网购逐步走向千家万户，忠实的淘宝用户也与日俱增。阿里巴巴看到了商机，选中了“双十一”这个热点事件进行营销。究其原因，一是双十一的寓意为光棍节，关注该节日的年轻人较多，而网购的主力军恰恰为年轻人；二是借助双十一这一热点事件，比较容易吸引人们的眼球，以“光棍节”为噱头来进行促销，将双十一打造为一个购物狂欢节，拓展双十一的意义。

（二）企业为什么要利用热点事件进行营销

热点事件关注度高，吸引观众眼球。热点事件可以是有趣的小事，也可以是振聋发聩的大事，由此可见，事件无论大小，都有成为热点事件的可能，都有获得极高关注度的强烈吸引力。企业有时选择利用某事件进行营销，而不是选择专门制造介绍某一产品的广告，通常是因为热点事件传播力极强，受众广，更易被消费者接受，相比于直接向消费者灌输产品信息的广告来说更加温和。

节省大量广告策划的费用和时间。企业发布商品广告，便不得不面对广告成本这个问题，一条三十秒的广告，其价位因播放时间与播放媒体不同而大相径庭。除此之外，策划广告还需要大量时间，且探讨并敲定广告的播放时间以及播放媒体仍需要进行大量的计算与对比工作，也十分耗时，最终完成后才可以面世。对比之下，广告的传播速度以及对消费者的吸引力远远不如热点营销事件，手机、电脑、电视、各大网站都可以转载与传播热点事件，但很多广告都拘泥于仅在电视播放而传播力度较弱，传播范围较小。

提高品牌知名度与形象。一般情况下，消费者是否购买某产品与该产品品牌知名度的高低呈正相关，因为在消费者的心目中，品牌知名度高的企业通常对生产产品的各环节都要求得十分严格，使产品的质量以及售后都有良好的保障，增加了消费者购物时的“安全感”。而一个好的热点营销事件倘若能够被口口相传，便会在潜移默化中形成关于该产品的良好口碑以及较高知名度，并塑造出良好的品牌形象，增强消费者对某种产品的熟悉感与亲近感，为消费者购买本企业的产品做好了准备工作。

（三）企业如何利用热点事件进行营销

1. 准确把握热点事件的性质

企业在策划热点事件营销前，应当准确把握该事件的性质，通常选择积极的、正面的事件，起到正确的舆论导向作用。就如旺旺推出具有“国潮”范儿的五十六个民族罐，从预售开始便已成为热点事件，赚足了眼球，赢得了广大消费者的喜爱，人们争相抢购。从更深层次来说，在这个物欲横流，各种思想与文化争相交错碰撞的时代，五十六个民族罐进一步加深了年

轻人对于民族的认同感，增强了人们的民族自信心，应当被推崇与喜爱。但如果企业选择较为消极的热点事件进行营销，便可能会误导消费者，传播负能量，而不应被提倡。

2. 寻找或建立热点事件与产品的联系

利用热点事件进行营销，最重要的便是令需要宣传的产品与热点事件建立一种联系，使人们一看到该热点事件便能联想到某种产品，才能起到促进产品销售的作用。这种联系，可以是直接的，也可以是间接的，但都要起到一种纽带的作用，通过纽带的连接，使产品自然地蕴含在热点事件中，并通过该事件彰显产品的一些品质与用途。将热点事件与产品联系得比较好的例子有英菲尼迪，当奥迪错将广告投放成了英菲尼迪的广告宣传片时，一石激起千层浪，该乌龙事件在短时间内迅速传播，被各大网站与网友评论、转发，引发激烈讨论，成为热门话题，英菲尼迪也自然而然地成为了热点事件的中心。引发网友们的大量围观后，英菲尼迪迅速抓住热点事件营销的机会，积极巧发微博感谢奥迪送给自己的“三十周年生日贺礼”，在进一步增加热度的同时成功地将一场乌龙事件转化为了两家企业“秀恩爱”，既帮助奥迪化解了危机，又为自己的品牌做了一次免费宣传。

进行热点事件营销是多媒体时代应运而生的一种营销方式，许多企业都使用过或即将使用该营销方式以促进销售额的增长。恰当地运用热点事件营销，益处颇多，对树立良好的品牌形象，提高企业的知名度与美誉度都十分有利。但近些年，一些企业为了追逐利益而制造一些在法律边缘徘徊的热点营销事件，缺乏企业应有的社会责任感。鉴于此，企业应当积极承担社会责任，从社会整体利益出发，在合法的条件下进行热点事件营销，拉动销量增长，不应被利益蒙蔽双眼，助长负面营销事件的形成。

三、典型案例分析

近年来，在新媒体普及发展的技术支持下，网络综艺节目成为人们日常生活娱乐的重心。但是在“流量经济”时代，如何保持节目的新颖性、吸引观众成为网络综艺节目研究重点。

（一）网络综艺节目现状分析

在新媒体崛起的当代社会，网络综艺节目呈现一种欣欣向荣的姿态，《奇葩说》《明日之子》《你正常吗》《火星情报局》等综艺节目更是受到广大受众的喜爱。在网络综艺节目高收益的背景下，许多视频网站开始推出自制的网络综艺节目，导致近年来网络综艺节目数量飙升，大多存在节目同质化、节目内容低俗的问题。一味迎合观众的低俗品味，忽略节目本身的内涵价值，利用网络高速特性却没有表现出作为公众媒体的社会责任感，这亟需有关部门调整相关规定政策，做好网络生态环境监督，给受众一个健康、积极的网络综艺环境，以探求网络综艺节目的可持续发展。

（二）多角度受众心理分析

1. 受众主动心理分析

从当代受众观看行为进行分析，观众一般会经历“需求—追求—满足—情感”的心理历程，因此，一个好的网络综艺节目要依据受众心理变化，不断对节目内容进行更新，以追求更好的节目效果。把握受众心理，定位节目人群，将是网络综艺节目的长久发展之道。《奇葩说》是一档“严肃”的辩论形式节目，将人们面临的生活抉择搬上节目的，选手开发自己的脑洞对辩题进行多角度剖析，在一场没有任何规则的辩论赛中，融入了辩题、调侃、娱乐、需求等各种元素，深深满足了受众对娱乐消遣的心理需求，从而引起受众的关注、喜爱。随着互联网技术的普及发展，人们会自主选择自己需要的知识内容，在观看综艺节目的同时，希望能丰富自己的内涵，在激烈竞争的社会之中能不至于“落后”。如腾讯自制的网络综艺节目《你正常吗》，就是一档大型调查类真人秀，节目对受众进行互动测试，依据大数据来确定“你正常吗”，既满足了人们对于求知探索的心理需求，又能激发受众对自己喜欢或者想要了解的东西进行深刻了解。

随着社会的不断进步，人际关系模糊，人们都盼望能引起别人的重视，因此，网络综艺节目制定需要尽可能提高受众的参与度，学会抓住首因效应引导受众的依赖心理，从而提高综艺节目知名度。如《明日之子》，就是对选手进行不断培训，受众可以全程看到选手培训的过程，然后依据自己的喜好进行投票，选出自己喜爱的选手，将自己的情感融入到选手的经历之中，并且，观众还可以通过网络投票获得幸运奖品，这样更提高了观众的参与度，并使观众期待选手的表现以及后续的发展。正是由于《明日之子》，水晶时代选手通过不断成长，打造出“最强厂牌”，使受众在心里觉得正是由于自己的投票，将自己喜欢的选手一路“捧”起来，不断调动受众的参与心理，从而提高了《明日之子》的热度。随着新媒体技术的发展，各类网络综艺节目层出不穷，观众会依据自己喜好选择节目观看，把握大众主动心理需求，是网络综艺节目能快速获取流量的一种方法。现代受众心理大致分为娱乐需求、求知需求、参与需求，网络综艺节目只有分析受众心理，促进受众主动选择，才能更好地奠定网络综艺节目的发展基础。

2.受众认同心理分析

网络综艺节目在制定之初，就会针对受众人群进行节目定位，如曾火极一时的《变形计》。当代生活品质的提升、父母对于孩子的过分溺爱，导致许多孩子在青春期叛逆，《变形计》是将家庭状况截然不同的孩子进行互换生活，让生活在大山的孩子见识城市的繁华，让生活在“蜜罐”内的孩子认识到生活的艰辛。这样的“变形”引起当代家长和年轻人的共鸣，希望每一个孩子在不同的生活之中体会到生命之重与生活之美，这样激发受众的情感，让受众在某一方面产生情感认同，从而提高对节目的关注度。在心理学研究上，人们感情的共鸣与认同，是人们以相同情境带入，勾起自身情感的认知，造就相关共鸣的结果。将之运用到综艺节目之中，通过话题、场景布置、引导，可引起受众某一方面情感的寄托与认同。

如《你正常吗》曾有一段节目，以“在某些时候有过自杀念头，正常吗？”为话题，引起社会层面的广泛关注。因为人们生活在这个社会，面对学习、生活、工作压力，总有超出我们承受力的极限的时候，在无助的时候难免有轻生的念头。这个话题有着极强的代入感，一经出来，网络投票就达到了 700 多万，曾有 55%的网友述说有过轻生的念头。最后节目组给出的是“这是不正常的”，节目组没有对网络投票结果进行“宣布”，却引来网友更多的“好评”，其根本原因就是，网络综艺节目作为公众节目，需要向受众传达正确的价值取向——“不应该出现自杀的念头”。对于当代人来说，自杀是逃避现实，传达的是懦弱的人生态度，很多时候，当我们回头看的时候，曾经因之想自杀的事情现在来看却显得毫无困难。其实这样的话题，需要公共媒体的力量去正确引导受众，而不是一味为了迎合受众而忽略正确价值观的引导，受众会因节目积极的态度对节目组产生认同，这是受众情感的自主性认同。

（三）全方位热点营销手段

1. 构建节目差异性

随着网络综艺节目的崛起，各类综艺节目层出不穷，我们对当前脍炙人口的当红综艺节目进行分析，发现其不仅满足了受众的心理需求，节目的性质以及追求的方向都有不小的差异。通过对出现的各类综艺节目分析发现，其大部分大同小异地仿制当红综艺制作，产量过剩，受众审美疲劳，反而不利于网络综艺节目的发展。网络综艺节目组针对受众人群，儿童、青年、老年都有不同的内容制定，娱乐、科学、调查等节目性质也决定着节目的走向，节目组需要依据不同的定位分析受众心理需求，把握节目效果，带给受众新鲜感，打造属于自身的综艺品牌。利用网络这个大平台，将自身的品牌扩散出去，既给自身带来利益，又能丰富网络综艺这个大舞台。

2. 构建互动多样性

在新媒体时代背景下，网络综艺节目需要提高同受众之间的互动，促进受众的参与性，提升网络综艺节目的点击率以及流量。目前，网络综艺节目和受众之间的互动已经做得相当不错了，但是在互联网时代，受众不断转化，不同阶段的受众接受互动的方式均有所不同，因此，网络综艺节目如何照顾不断变化的广大受众心理，时刻保持受众参与度，提高自身传播热度，是现在发展的重点。现在某些当红综艺节目，均会在节目开播之前，依据自身节目特点向广大网络受众征询建议，希望网络受众能积极发言，参与到节目编制中，建议之后会对受众给予一定的奖励。如开通节目组微博、贴吧等网络公众账号，欢迎广大网民留言，安排专人同网民进行沟通，极大满足受众需求，并邀请积极发言的受众参与到现场彩排或者节目编制之中，充分调动受众积极性，提高受众对节目的关注度，这样网络综艺节目也将在网民的传播中保持热度，促进网络综艺节目的发展。

3. 构建赢利渠道

当前网络综艺节目其主要的赢利方式就是广告收入，但是因为当前人们追寻快节奏生活，对于广告内容大多视若无睹，广告传播效果不佳，若广告商撤资，那么网络综艺节目就将面临资金缺乏的困境。因此，网络综艺节目应当构建多渠道赢利模式。人们对于生活品质有更高的要求，那么以提高节目效果与播放品质为前提，给人们提供一个选择付费的标准。一般现在采用的都是 4G 拍摄手法，也就是通常所说的蓝光，将蓝光品质作为收费标准，既满足当前网络综艺节目免费观看的大背景，也能让受众为追求更高观看品质付费，扩展网络综艺节目的赢利方式。随着时代的发展，网络综艺节目的赢利模式应当与时俱进，多渠道扩展，为网络综艺节目的长久发展提供经济基础。

第四节　利用新媒体进行企业品牌宣传

现代企业在进行市场营销时，企业自我品牌的形成、发展和社会认知度及美誉度的提高也非常必要，而新媒体在品牌推广方面有着十分有效的作用，很多企业都会选择在新媒体平台上进行品牌形象的宣传，这样既可以直接地对接潜在消费者，也可以大范围地进行品牌的铺开宣传。很多时候，企业产品的价值中都是有企业品牌的附加值存在的，同类型产品下，企业品牌知名度越高，产品的价格也可以提高多个百分点，多出来的价值便是企业进行品牌营销之后所获得的盈利。企业品牌形象是消费者对一个企业的整体印象，这种印象一旦形成便很难更改，例如一个企业一直塑造“高端”的形象，那么其所面向的消费者主要是高消费层次群体。

一、新媒体时代品牌传播公关策略

以往，企业采用电视屏幕投放、平面媒体宣传推广手段来扩大品牌的影响效力，或利用热点新闻炒作手段提升企业的品牌热度，但是这些方式存在很多短板，没有实时地和客户进行沟通交流，没有了解到客户的真实需求，客户对产品的意见以及对产品的实际需求无法及时反馈给企业，即缺乏一套便利的客户反馈体系，使企业和客户之间的交流困难且漫长，在新媒体时代，企业应该抓住机会，面对面和客户进行交流，不断完善品牌发展计划。

对于企业而言，当品牌公关进入新媒体时代的时候，绝非是与主流媒体记者搞好关系、投放广告就可以“搞定”的，它对企业品牌公关提出了全新的要求。简要归纳，如下策略需要广大企业公关从业者加以斟酌和运用。

（一）随时关注行业及品牌信息

很实用的一个手段是，随时关注网络媒体的最新动态和相关评论，尤其要在百度或谷歌等搜索引擎平台将企业名称、行业名称等关键词进行新闻订制，以形成新闻信息等的第一时间主动推送的功能，监控可能对企业不良或不利的信息，做好及早处理，不至于过于被动。

（二）要适应分散性公关的新环境

调整心态和手段，转变此前以企业为主提供信息的观念，并摒弃“搞定媒体”或“搞定记者”的心态，积极学习和尝试分散性公关，由定向、窄众公关转变为多头不确定对象公关。因为在新媒体环境下，每个人都可以制造信息，每个人也可以随时随地发布信息。

（三）谨小慎微地发言

无论企业还是企业员工，都必须具有品牌公关的高度敏感性，信息制造和发布的高度责任心，以及认真负责的态度，谨慎对待和过滤自己所发布的信息，少给自己惹麻烦。

（四）及时沟通

新媒体公关时代，企业品牌公关要遵循“快速、诚实、负责”三原则。快速即需要第一时间发出自己的声音，不能让互联网等新媒体单边猜测和形成一边倒的声音，而且还要持续发出自己的声音。诚实即知道多少告知多少，不要刻意隐瞒，要告知初步原因是什么、采取了哪些措施、下一步还将采取什么样的措施等。负责即要以负责任的态度对受害者给予同情，并强调企业将会主动承担起自己应有的社会责任，等等。

（五）积极运用新媒体功能

与时俱进在企业品牌公关上同样适用，企业要随时跟踪最新技术和工具，并随时使用这些工具，不仅使用这些工具，而且在与广大受众沟通时，还要擅长使用新媒体语言。比如 SNS、微博、微信等社交媒体，企业要积极融入。

（六）建立公关团队管理内部员工

无论是新媒体时代还是传统媒体时代，企业品牌公关绝非一人所能完成的，而在新媒体时代，更需要组建一个强有力的品牌公关班子，什么人主攻社区、什么人管理博客、什么人管理微博、什么人制定策略和制造话题，什么人与媒体记者沟通等等，这些都需要有明确的分工。不仅如此，新媒体时代，还要利用“全员公关”的效应，积极发动企业员工注册博客、微博，在贴吧、知道、百科等各个层面积极贡献智慧和能量，以扩大企业品牌、企业产品和企业文化的影响力。与此同时，还要积极引导企业员工，使其通过新兴媒体对外沟通、交流或信息发布时有即期、中期和长期的传播主题，杜绝潜在的来自内部的负面信息的炮制和传播。

总之，新媒体时代的企业品牌公关是一门新学问，需要相关从业人员了解新媒体的自然属性和社会心理属性，在这样的基础上，通过不断地学习新媒体的公关方法、适应新媒体的特性、运用新工具，并持续修正，才能够享受最终的品牌公关的正果。

二、新媒体语境下品牌故事化演绎策略

互联网时代中的商业模式变迁所带来的营销方式、品牌塑造、传播策略、创意实践等领域的全新变化，某种程度上在重塑着当下的商业生态系统，而身处变局中的价值链条上一个构成愈发显得重要，那便是品牌。

传统广告学视野下的品牌传播和营销任务归为四大类：提升知名度、强化形象、提升销量和关系维护。营销大师菲利普·科特勒指出，我们正在目睹价值驱动营销时代的兴起。他所提倡的营销 3.0 就是合作性、文化性和精神性的营销，其核心即当下社会化营销所强调的关系和兴趣这两个纬度。而营销的目的从以往的单纯售卖产品和服务转化为顾客和品牌之间的长久的关系、情感的维系，依据 Millward Brown（明略行）公司发展出的一个根据品牌关系的五个阶段来跟踪品牌资产的模型 Brand Dynamics（品牌动力模型）的分析，认为顾客态度和偏好会依次递进，从品牌仅作为一般存在发展到品牌与顾客之间缔结情感纽带。

在海量的广告信息和无所不在的品牌宣传面前，一方面消费者越来越厌烦华而不实、复杂浮夸的网站和广告的轰炸；另一方面注意力越来越稀缺、竞争者越来越多，如何将品牌信息通过巧妙的构思以故事的方式呈献给消费者就显得很有必要了。也就是“在一个能激发对话的语境中，整合和发布具有关联性、吸引人们关注和讨论的内容（其中当然也包括用户自创内容），用户通过阅读、评论和分享内容与自己喜欢的人、产品和品牌建立联系，进而形成围绕品牌的“网络社群”。

将品牌的信息进行故事化演绎，是指把讲故事的叙事艺术和品牌信息进行巧妙糅合，以主（话）题为导向，以视听元素组合为表现手段创作的富有传播穿透力和话题议论力的作品，进而能够激发消费者嬉笑怒骂的情绪和分享冲动，实现品牌在网络空间的自主传播。以话题为内核、结合视觉化表现方式、以主动分享为传播手段，是故事化演绎的基本特点，当下的品牌故事化演绎策略主要有以下几种：

第一种，以人物为故事构思的起点，把人物的某种特质作为演绎的对象进行传播，即品牌人格化，例如褚时健的“褚橙”之所以可以卖到进口橙子的价格，就是因为品牌当中所凸显的褚时健个人的励志故事和宠辱不惊的人生态度。褚时健一生跌宕起伏的经历和暮年隐耕深山不问世事的生活理想，便成为了故事演绎的素材，而在生活网的策划下，这个“励志橙”所凝结的励志话题和达观态度借由公众人物和意见领袖的转载，逐渐进入了更多人的视野。

第二种，以产品或服务本身作为故事构思的起点，告别以往的正面宣传和简单介绍，用故事化的方式去诠释品牌内涵、理念，以当下商业微电影为主的影像表达便是这种方式的体现。无论是冰激凌品牌可爱多推出的《这一刻，爱吧》系列，通过诠释年轻人对于爱的态度、抉择的方式来表达勇敢爱的主题，还是英特尔公司为配合新产品系列超极本上市宣传起用罗曼·科波拉（Roman Coppola）导演拍摄“W 四部曲”，以诠释英特尔公司自由、前卫、开放的品牌理念和产品卓越的性能。相比于之前的大投入、广覆盖、高渗透的传播模式，“在互动平台上要做的不是全方位的传播，更为重要的是如何激发生活在互联网上群体的传播活性，把消费者变成一个个有效的不断进行传播的载体。

第三种，以某种类型的情感表达作为故事构思的起点。宾夕法尼亚大学沃顿商学院教授乔纳·伯杰通过调查发现，“情感是驱动人们分享内容的一个因素，在其视频网站上我们发现很多有趣的东西都像病毒一样传播，但一些令人愤怒的政治内容也在疯传”。他进一步解释道：“任何能够点燃情绪的内容，都能激发人们分享的冲动，包括幽默、惊叹、兴奋、愤怒、焦虑等。”情感的表达可以不再依靠完整的叙事，例如纯粹的无厘头恶搞，就是一种最简单有效的制造欢乐的方式；而一张“我要上学”的山区女孩的黑白照片，则会唤醒人们心中的爱和怜悯。糗事百科根据一些网友贴文内容制作的《鸭梨公司》就是一种有意弱化叙事表现，故意放大夸张、恶搞以及对白的喜剧表现力的作品。同样，现在各大视频门户网站中的一些标榜专业吐槽、恶搞的制作团体也以单纯地提供娱乐为目的。

日新月异的媒介形态变化和碎片化的传播，改变了人们的触媒习惯，在移动互联网背景下的品牌信息传播方式更加多元化，包括粉丝思维、社群聚合、分享互动、口碑传播等多个方面。而通过故事化的演绎方式，不仅可以完成品牌信息、内涵、理念的立体化呈现，更重要的是完成品牌信息和消费者的深度交流，这也是对于互联网思维的尊重（即重视人性本真需求），也是去繁从简、返璞归真式的内容营销的重塑。好的故事自然不缺乏倾听者和分享者，因此讲好故事就必须要细致地了解能够触动消费者情感的“泪点”“笑点”“痛点”在哪里。另外，也要娴熟地运用视听语言技巧来讲述一个动人的故事，只有那些基于消费者需求并具有创新性的创意才有可能成功。新传播环境下的品牌分量在日益海量化增长的信息面前必然会价值递增，而且只有通过故事化的演绎，将品牌包装成一个可以在网络空间中自由流动穿梭的“沟通元”，才能让品牌成为互联网银河中的一颗“恒星”。

三、微电影对企业品牌的广告营销

随着广告市场的稳步发展，新媒体技术的进步，受众素质的提高，传统的生硬的广告形式受到极大排斥。在这样的背景下，微电影作为新型的微视觉文化消费形式，成为行业的新宠，备受瞩目。但是，目前微电影广告营销的发展尚不成熟，很多不完善的地方需要改进。

（一）微电影广告的定义

1. 微电影

对于微电影的诞生，目前业界还没有一个绝对的界定，相关网络资料将其定义为“专门在各种新媒体上播放的、适合在移动状态和休闲状态下观看的、具有完整策划和系统制作体系支持的具有完整故事情节的微（超短）时（30 秒～300 秒）放映、微（超短）周期制作（1～7 天或数周）和微（超小）规模投资（几千到万元每部）的视频类电影短片。其内容融合了幽默搞怪、时尚潮流、公益教育、商业定制等主题，可以单独成篇，也可系列成剧。

2. 微电影广告

通常可以将微电影分为商业微电影和非商业微电影。非商业性的公益微电影广告不以营利为目的，从关注社会公众的切身利益出发，为良好社会风尚服务，以全体社会公众作为诉求对象。公益微电影大多取材于老百姓日常生活的喜怒哀乐和酸甜苦辣，以强化人们的家庭伦理、社会公德与环境责任感。

商业微电影及微电影广告。微电影广告具有微电影的基本特征，具有一定情节，以电影为表现形式，具有一定艺术性，是为宣传某个特定的产品或由商家赞助品牌、宣传品牌而拍摄的广告。其本质依旧是广告，是为了达到更好的传播效果，创造出的一种新的广告形式。微电影广告打破传统广告所受的约束，突破时长限制，利用多元化传播渠道，采用感性诉求的叙事方式，以电影式的叙事手法，深入地展现品牌形象、理念。

（二）微电影广告营销探析

从传播学的视角，对微电影广告制作模式、特征与优势进行分析，解析微电影广告发展现状，从中找到存在的问题并提出建议，为微电影广告的持续发展提供了参考。

1. 微电影广告的制作模式分析

目前我国微电影广告的制作模式主要可以分为四类：

广告主自制，即广告主出资为其产品品牌量身定制的微电影广告，这类广告通常投资比较大，目的明确，广告信息植入较为合理。比如，凯迪拉克推出的微电影广告《一触即发》和《66 号公路》就属于此类。

由广告主与视频网站联合制作。这不仅可以分摊成本，又能够最大程度地有效利用视频网站的传播资源，但在广告信息的植入上需要考虑广告主和视频网站两个方面，存在广告信息过多植入的可能。

由广告主和视频网站主办，自由创作者制作的微电影广告。这类广告通常会在制作之前征集自由创作者，在广告还未制作之前就给予极高的关注度，广告制作费用通常不高，但是制作水平难以保证。

自由创作者自发制作，这类广告通常广告信息植入不多或较为混乱，制作水准良莠不齐，凭借独特的创意可能会在特定群体范围内拥有较高的传播频率，也有可能出现如《一个馒头引发的血案》般一夜爆红的作品。

2. 微电影广告传播的特性

（1）传播内容上呈现“三微”特点

“微时”放映、微制作和“微投资”是微电影广告最基本的三个特征。微时长是微电影广告的重要特征，影片通常在短时间内（通常 30~300 秒））要讲述一个完整的故事，而且故事情节的设计要跌宕起伏。微制作是指微电影广告不像传统电影那样耗时耗力，制作周期比较短，一般只有几天时间，最长也不超过一个月，准入门槛也比较低，不一定要求专业化。微投资是指微电影广告与传统广告相比投入成本比较低，一般在几千到几万元。

（2）传播渠道具有多样性

网络技术的发展为微电影广告传播提供了多种渠道，随时随地进行快速传播。由于硬件终端已经逐步向微型化方向迈进，方便携带，使传播在更大程度上突破了空间和时间的限制。微电影广告能够在移动终端上进行传播，还可以借助社交网站进行口碑传播。

（3）传播效果具有整体性

微电影广告在传播过程当中，以内容营销为主导、借助事件营销或利用病毒营销方式进行传播，整个传播过程显得更有整体性，能取得更高层次的传播效果。如在佳能的《看球记》中，前期宣传以佳能品牌、著名导演姜文作为噱头，中期通过在网站、论坛上发布拍摄短片、记者探班采访消息等形式预热，后期举行新闻发布会造势等等。把拍摄过程作为一个新闻事件来报道，这一系列的新闻事件抓人眼球，最大程度地激发受众的兴趣，引导受众关注。将营销传播当作一个整体，而不是分开来进行的。

（4）传播互动性

微电影广告的最大特点是互动性和参与性。传统的电视电影广告，受众只能被动接受，单纯地进行点对面的传播。现在观众可以选择喜爱的作品播放，通过微博、微信等社交平台与幕后工作者、观众之间互相交流，甚至可以通过软件改编故事情节，改变了跨越传统的电影点对面的传播模式。观众可以任意参与到电影情节的创作过程中，而不仅仅是一个旁观者，他根据自己的想法去改变人物，设计故事情节，甚至设置结局。微电影广告制作变得人人可以参与其中。这样的互动模式，大大提高了微电影广告的吸引力，有利于微电影快速广泛地传播。

3. 微电影广告营销的制胜策略

优越的政策环境与技术优势为微电影广告营销发展提供巨大的机遇，怎样抓住机遇、发挥自身潜力，对于微电影广告营销来讲也是不小的挑战。笔者试图从微电影的内容、传播渠道、制作形式等方面入手，研究微电影广告的优势。

（1）软性化宣传

传统广告采取直白、生硬的方式，无法满足微时代的消费者。微电影营销采取软性文化渗透，将品牌文化、理念与故事情节微妙结合，不是一味地向受众传递噱头，从而让消费者不知不觉地接受了品牌文化，在消费者心目中树立了企业形象，为培养顾客的品牌忠诚度打下基础。广告效果与故事情节相融合，使广告在“伪装”下传播，观众在潜移默化中接受广告信息，从而达到润物细无声的广告效果。草根组合“筷子兄弟”拍摄的《老男孩》更赚取了无数 80 后网友的眼泪，而微电影背后的广告商也顺势得到了广泛关注，这种“软性”的营销方式备受广告主看好。

（2）目标受众精准

根据数据显示，微电影受众的年龄主要为 19~39 岁，这类人群的占比为 73%。他们对新事物有着天生的敏感，革新意识强，素质普遍较高，大多数拥有电脑、智能手机。他们对微电影这类新生网络事物有着强烈的好奇心，容易接受新媒体技术，是网络的主力军，是微博、微信等众多社交平台的主要使用者和信息传播者。因此，微电影广告围绕目标消费者的特点，使故事情节、情感的诉求点以及产品包装等方面满足目标受众的特征，打造个性化营销。并且也可以借助网络的特性，针对特定网络族，在特定时间发布，使得传播更具针对性。同时，伴随着网络亚文化的逐渐繁盛，营销者更可能从亚文化目标群体中获得意外收获，因为这些群体反映了社会时尚、音乐、娱乐、创意和态度方面的趋势。

（3）有效地实现整合营销

整合营销是市场营销成功的不二法门，微电影广告营销的成功也离不开整合营销。首先，在微电影整合制作、发行中整合传播，从选定剧本、海选演员、明星加盟以及新闻发布、后续宣传中寻找亮点，进行见缝插针式传播。同时，微电影广告以依托多种平台，将传统与新媒介平台进行有效整合，综合运用多种传播手段，展开立体交叉传播，取得最优的传播合力。例如运用电脑网络、智能手机等新媒体，借助微博、微信、视频网站、社交网站等新媒体形式，实现链式传播与裂变式传播相结合。制造话题进行广泛讨论，与网友积极互动。多种营销方式结合，最大化利用传播资源，让更多人关注、转载、评论、互动。

（4）制作成本低，性价比高

微电影广告低廉的制作成本，是它成为行业宠儿的重要原因之一。微电影广告与传统电视广告投拍成本相比，两者差距比较大。首先，演员、明星阵容不同，微电影广告一般不需要大牌明星，而传统广告却往往要借助明星效应；另外，传统的电视广告通过电视播出，以秒为单位计时收费，特别是在著名电视台的黄金时段投放广告，投放成本更是天价。而微电影广告选择手机、网络等传播，以点击率为收费标准，不仅可以及时监测广告效果，还为广告商节省广告费用。

（5）积极地监测广告投放效果

微电影广告以网络作为主要传播媒介，针对目标受众投放微电影广告的效果更容易被监测和量化。通过相关的统计网站收集广告的点击量、转载量等数据，并进行整合分析。并且可以通过受众的评论直观地观察受众对广告的态度，投放是否有效覆盖企业或产品的核心目标群体，本次投放的资源是否得到有效利用等。从而更便捷地获得广告的投放效果，这也为企业在媒介投放策略、品牌策略、营销策略上提供依据。

（三）微电影广告营销理论解读

1. 微电影广告营销——病毒式营销与情感营销的结合

（1）病毒式营销

病毒式营销是一种常用的网络营销方法，它利用更为便捷的“口碑传播”，使信息像病毒一样迅速蔓延、迅速有效地传播。这种自发式、爆炸式的传播，成本基本为零，它常被用于进行网站推广、品牌推广等。而微电影广告在网络上借助网友的自发评论、传播、分享，产生效应，正是对病毒式营销的精准应用。随着互联网的普及，把人们整合为一个整体，大家随时随地一起分享、传播信息。截至 2021 年 6 月，我国国民规模为 10.11 亿，较 2020 年 12 月新增 2175 万，人们长时间地接触网络为微电影的病毒营销提供了前提条件。其次，微电影广告的主要目标受众是中青年，他们大多思想前卫、追求自我、张扬个性，对新事物有极强的好奇心，不喜欢生硬式的灌输广告。而微电影广告正好可以利用其独具特色的故事情节满足网络受众的需求，触动受众的心理。同时，借助当前视频分享网站一键转载的便捷性、微博的链式传播及 SNS 网站的庞大社交圈，吸引网民分享、转载，达到微电影的爆炸式传播效果传播。正是利用病毒式营销的强大传播力量，才成就了微电影营销的成功。例如，凯迪拉克定制微电影《一触即发》在网络上的迅速传播以及其带来的销售奇迹，都是对此的最好证明。

（2）情感营销

根据马斯洛的“需要层次论”，随着人类生活的发展，人们对产品的需求不仅仅停留在生理需求上，更希望通过产品达到自我实现与情感的满足。而企业的营销策略也纷纷为之改变。当前，产品市场日益饱和、产品同质化日益加重的营销环境下，企业必须关注消费者的个性需求、情感体验，并与之建立良好的沟通关系。由此，情感营销应运而生。“微电影”是电影艺术与品牌传播在新媒体平台上的又一次创新联姻，以情感诉求的方式将产品特色和品牌形象融合到电影当中，以柔美的画面、较强的故事性吸引受众的注意，给受众留下了深刻的印象。它利用丰富的剧情不断冲击受众的内心，吸引人们关注它并对其产生好感，让品牌营销从广告植入升华到情感共鸣，最终达到营销目的。

2. 微电影广告的推广方式

微电影广告的宣传推广主要是通过两个方面：

第一，广告主的强势宣传。微电影广告不同于传统广告，它在发布之初就会像大影片上映一样，采取各式各样的宣传活动，先吊足观众胃口，引起关注，再看准时机，全面投放。例如凯迪拉克的微电影《66号公路》就以电影模式宣传，通过明星竞猜、海报发布、预告片发布、影评人抢先热议、全网首映等形式引爆网友关注，全面投放。

第二，受众自发推广。在新媒体时代，受众摆脱了传统大众媒介环境下的被动地位，极大地发挥个性。在接收信息的同时充当着传播者角色，对接收的信息进行筛选、反馈、再加工，或自主与好友分享网络信息。例如《一个馒头引发的血案》《一触即发》等微电影广告都是依赖受众自发转载取得成功。

（四）微电影广告营销未来的发展

1. 微电影广告的发展趋势

（1）内容为王

观看微电影的受众具有完全的自主选择权，对于不感兴趣的内容可以选择离开。所以相对来说，微电影对创意的要求更高。若想吸引消费者，则必须将内容做得更加出色。由于时长的限制，微电影要在最短的时间内讲出一个内涵丰富的故事，对微电影广告剧本的写作提出了更高的要求。假如只是粗糙地把产品或品牌加进去，会造成受众反感，达不到预期的营销效果。因此，在微电影广告未来的发展中，故事性、趣味性仍然是竞争的不二法宝，内容为王的竞争规则仍不会改变。从传播学的角度来看，内容和创意本身就是传播的核心力量。一部优秀的微电影一定要结合时事热点，创新突破，在故事情节上占有优势才能取胜。

（2）走专业化、品牌化道路

随着微电影广告市场的发展，竞争也日趋激烈，但尚未形成稳定的市场格局。草根秀存在一些致命的缺陷，它容易导致作品的低俗化、庸俗化和媚俗化。要想占领市场，必须要走专业化、品牌化的道路，培养专业制作人才，实行品牌化管理。品牌化的趋势有助于挖掘市场、维持市场，增加核心竞争优势，提高受众的品牌忠诚度。目前微电影广告的制作已趋于专业化，已经有专业制作团队、名人导演的加入，例如姜文的《看球记》、徐峥的《一部佳作的诞生》等。

（3）产业化经营

微电影广告，名义上是广告，但其又与传统广告形式截然不同，它是集新媒体、电影和广告于一体的商业化模式，是这三者的有机结合体，蕴含着巨大的市场价值。但目前它的赢利方式还比较单一，主要是依靠广告赞助获利。如果只重视作品的广告价值，而忽视其他元素，这势必会影响到微电影广告的独立性和艺术性，因此，微电影广告一定要实现产业化经营，不能只依托广告、点击率获得盈利，更应注重其衍生产品的开发，形成一系列的赢利点。

（4）精准营销

即首先将目标受众依据其文化、收入、成长经历等影响其接受度的因素进行细分，然后针对目标用户精准定制微电影内容，从而引发情感共鸣。例如七喜的《史上最爽的七件事》广告短片，就是针对年轻人制作的。广告围绕一个宅男历经的黄粱一梦展开，反映当下年轻人的生活窘境，引导年轻人以“机智”幽默的方式来面对生活，中间穿插很多笑料。广告一经推出，就引发了年轻人的情感共鸣，引起热门转发。

2.对微电影广告营销发展的建议

（1）以确保微电影广告的质量为命脉

微电影广告的动人之处就在于它曲折的情节、完美的观影感受、接地气的内容等，如果我们放弃或者忽视了这些特点，把微电影拍成了单纯的宣传片，就很难被广泛传播。这就要求有先进的理念和新颖的创意。目前市场上存在微电影广告成本低廉、制作人员不专业、质量较为低下的情况。为了确保微电影广告行业的长久不衰，一直深受广大受众的喜欢，一定要从源头上把好关，提高准入门槛，保证微电影广告的优质。因此，在注重微电影广告与品牌的契合度，符合品牌的价值、理念的同时也要求广告主注重微电影广告的剧本质量。真正用微电影广告本身的情节性、艺术性、独立性来吸引观众并为他们所喜爱，将其当作一件艺术与商业结合的作品来欣赏，而不是仅仅为满足他们的新鲜感而存在。

（2）以深入表现企业的价值观和产品为诉求

真正好的微电影广告应该是通过故事让大家认识这个产品、这个企业，能够充分将品牌、产品的诉求巧妙地融合在一个好的故事中，让一个故事的主题成为品牌的核心概念（或价值观）。对于营销传播而言，微电影广告不仅仅是一个热点，更是一个工具。通过微电影营销使品牌被广泛关注，触动消费者心灵并认可品牌内涵。微电影广告必须是为企业量身定做的，通过一个契合度很高的故事来吸引受众，有效地影响受众的情绪情感，架起品牌与观众沟通的桥梁，帮助品牌建立与观众的情感纽带，提升品牌的美誉度与忠诚度，实现品牌与观众的双赢。

（3）以整合营销传播为准则

当今社会，多种多样的传播资源和传播形式层出不穷，方兴未艾，我们一定要将多种营销方式进行整合，最大化地利用传播资源，让更多人关注、转载、互动等，最大可能地扩大其影响力。因此通过微电影来推动品牌的传播，就必须考虑到在微电影的全过程中都要注重各个环节的连贯和链接，充分利用各种传播资源和传播形式来做大宣传，做足气势，从策划到微电影启动仪式再到拍摄，从利用明星演员，到首映礼活动，选择适当时机大力传播，后续故事的延续，媒体传播的选择等等都需要整合和对接。一部微电影广告的成功，只依赖于一种营销方式显然是不行的。

（4）以商业性和艺术性的有机统一为平衡点

受众的自我意识越来越凸显，观众要求也会越来越严格。假如微电影广告被过度营销就会招致受众的反感。怎样巧妙地将营销诉求融入微电影的内容框架之中，就显得愈发关键。一部优秀的微电影，在能打动观众的同时，还要能够让人充分感受到所传达的品牌精神或产品信息，实现艺术与广告的完美平衡。

四、基于微信公众平台的互联网企业品牌传播

（一）品牌主体差异化和个性化定位

企业微信公众号应有 2~3 人的团队作为运营保障，首先应对目标用户群和平台功能有明确定位，公众号调性、排版、文风、头像、简介、自定义栏目等统一的视觉和内容定位需吻合企业形象。其次，在分析行业内精品微信公众号的营运基础上制定具有差异化的企业品牌宣传策略。最后，在运营过程中需制订周、月、季计划，每半个月对公众号后台数据进行统计和分析，这是了解用户需求从而优化推送内容的重要方式。

树立品牌的个性，打造用户对品牌独一无二的联想。企业在策划和运营微信公众号时要善于打造有别于其他竞争对手的品牌个性，当用户提及、讨论或看到相关标识时能明确辨别品牌，85％的用户认为可以通过企业微信公众号了解企业品牌。当前微信公众号注册用户超过 1000 万个，“拟人态”的形象定位是使企业从众多账号里脱颖而出较为有效的措施。粉丝或许没记住品牌名称，却可能对形象独特、个性鲜明的“拟人式”品牌形象记忆深刻，从而产生品牌印象。比如杜蕾斯会调皮、会卖萌还有点俗气的坏男孩“杜杜”的形象，与品牌调性相符，借助敏感的两性话题深化品牌形象。星巴克中国塑造的人物是一位懂咖啡懂生活的小资少女“小星”，与品牌基调完全符合。“拟人态”的形象定位还拉近了账号与粉丝间的距离，从高高在上、古板、不食人间烟火的企业层面变身为亲和、平等、近距离、可沟通的朋友角色，这种能互动的友好关系可以再次加强粉丝对平台的黏性，进而加深品牌印象与扩大品牌传播。

打造行业标签，占据微信公众平台行业内的最高领地。一方面，以用户需求为中心的传播规律要求企业公众号不能一味顾及实现企业品牌宣传最大化效果，还需满足用户需求才能让品牌于用户心里形成好的印象。另一方面，公众平台是当下新兴的企业品牌传播渠道，很多领域尚未出现权威的标杆企业，那么越早进入该平台体系并快速占据消费者视野便能越早实现“平台标签化”。

（二）与品牌形象高度贴合的内容导向促发分享行为

从传播主体来看，微信的传播形式包括企业公众号对粉丝的广播和互动、微信朋友间一对一或社群私聊、朋友圈分享。后两者传播效果的大小均依托粉丝多极的互动分享行为。相对于传统媒体，社会化媒体信息传播的广度与深度得到了进一步的开发，多对多的对话模式形成了 N 级传播，这是传统媒体一级或二级传播所相形见绌的。

传统媒体的信息传播形式是单向的强制的，但社会化媒体是双向的，且人们可以自由地参与内容的讨论与传播，彼此之间可以无障碍地进行沟通交流，由此建构了一个庞大的网状的信

息通道。

使用满足理论传播应从受众的角度出发，传播效果与需求满足成正相关。那么对于微信公众平台而言，粉丝需求的满足程度将决定品牌的传播效果。用户的转发与分享行为在心理层面来说是强烈的自我表现欲望催生的，期望通过分享来表达个人思想观点和表现生活情趣等，建构朋友圈形象。因此，品牌主体支持用户分享体现在以下两方面：

1. 给予分享内容的支持

品牌内容的丰富化和强关联性是支持用户分享行为的关键因素。这必须基于对企业潜在用户和微信公众平台用户属性有足够的了解与熟悉，明确传播对象的行为特征与偏好，在此基础上，品牌需要创作与用户喜好相近、强关联性的在线内容来触发用户的分享行为。如生活服务类、知识类、趣味类、公益类等内容在创作时恰当植入品牌知识，增强传播价值。

2. 给予分享与转发巧为奖励支持

比如某些订阅号会以小礼物鼓励粉丝分享文章。这种鼓励形式不仅可提高推广的传播力度，而且是有效的互动行为，能让粉丝对品牌产生良好印象。当然，平台允诺的奖励务必兑现，否则会严重伤害平台的信誉，进而伤害品牌形象。

（三）强化互动，建立粉丝对品牌的好感

忠诚粉丝黏性是微信公众号价值的一个评判维度，黏性越强意味着微信公号对粉丝的影响力愈加显著，更利于企业品牌的传播。除了内容可以提高粉丝对公众号的持续关注度，频繁的互动是增强粉丝对品牌好感度和引发共鸣的另一个必要手段。微信公众平台附着于微信用户群，互动的便利性是其显著的特征。

首先，企业可以针对不同消费群体在平台上开展线上线下的各类互动活动，增强粉丝与品牌的相关性，并不断为用户创造与输出价值。这样不仅能建立用户对品牌与企业的归属感，用户还能在活动过程中强化企业的品牌印象，而深刻且正向的品牌印象会激发口碑传播。因此通过互动，借由用户把企业的品牌形象很好地进行了传播与推广。

其次，建立品牌传播的虚拟化区，在与粉丝的深度互动中培养用户忠诚度。微信社群是微信公众号发展与培养忠实用户的渠道，打造一个有较高共识度的圈子来“圈”住用户。公众号运营者定期在社群开展相关性话题，让用户感知到社群的价值，当用户在社群里有很好的体验后将会形成依赖与信任，那么企业便可以顺理成章地开展利于品牌建设的系列线上活动，让用户在社群中时时刻刻感知企业价值观和品牌文化。同时在社群的建设与忠实用户的挖掘过程中，需发现和培养意见领袖，再借由意见领袖引导和辐射其他用户，尤其在热门话题和突发事件上发挥重要作用。

（四）适应碎片化阅读习惯表达品牌内涵

腾讯给出的关于微信公众平台用户订阅情况的报告显示，73.4％的微信用户关注了媒体及企业的账号，其中 41.1％的用户关注目的是获取资讯；36.9％的用户目的是方便生活；13.7％的用户为了学习知识；这四个目的占据全部份额的 91.7％。可以明确看出，微信用户对于公众平台的使用目的基本集中在获取资讯、便利生活和知识学习上，因此信息丰富性是企业运营公众号必须关注和考量的问题。但企业公众号都有传递企业品牌信息的需求，强制附着的行为会损

失内容信息量，因此为了平衡二者关系可以采取嵌入式的信息传递方式，即品牌信息与资讯优质结合，使用户在阅读资讯时潜移默化地接受内容中品牌的信息传递。

当然，内容的创作与传播还需遵循当前用户的阅读习惯，碎片化的阅读习惯不只是微信的传播特质，也是多数社交媒体传播特质。由于社会化媒体是依赖于手机移动终端发展起来的，成了大多数用户用来打发零碎时间的媒体工具。基于碎片化的微信消息传播方式，要求微信公众平台信息传输偏向短平快的节奏，表现为有欠缺的信息要素、多元化信息源、零碎的信息传输等。因此，企业在微信公众平台实现品牌传播时应遵循此规律，无论传递品牌认知还是表达品牌内涵都应依托多角度的视野和多样化的技巧，而不是古板地将品牌相关信息诉诸同一类型或同一内容的推送里。一旦击中用户内心，并且用户觉得有意义便会触发将此链接分享至朋友圈的行为。那么品牌在无形中有效地印入用户脑海，甚至还得到进一步扩散与传播。

第六章　新媒体时代市场营销的发展趋势

第一节　体验式营销

新媒体时代消费者的需求不再仅仅满足于商家提供的产品或服务，商家为消费者提供其感觉器官能够触摸、感觉的体验，影响到消费者的消费行为、消费心理、消费情感及态度。体验营销可以借助现在成熟的互联网信息技术，创设一个开放的、仿真的虚拟空间，提高参与者的间接体验，获取比直接体验更好的营销效果。比如，现在的虚拟穿戴、搭配技术，可以让消费者试穿衣服，搭配不同款式的衣服，来挑选适合自己的衣服，这种体验方式满足了消费者的选择权，提高了消费过程的趣味性、互动性，更受消费者欢迎。

一、体验营销概述

（一）体验营销的内涵

相比传统的营销模式，体验营销是迎合时代发展的全新营销手段。体验营销坚持客户至上，本着客户体验的原则，打造全新的营销服务模式，为消费者带来更加优质的服务体验，更好地满足消费者的心理需求和精神需求。在体验营销中，消费者通过体验产品，享受企业为消费者提供的服务，这一过程映射出企业的产品内涵和服务理念，更有效地传递产品价值，对企业的发展具有良好的促进作用，同时打破了传统营销的局限性，是企业未来发展的重要方向。

（二）体验营销的重要意义

目前，经济全球化不断推进，市场竞争异常激烈，企业要想在当前的市场形势下得以立足和发展，必须具备核心竞争力，掌控竞争主动权，实现可持续发展。所以，企业要结合实际需求，不断探索市场最新营销手段，强化企业市场份额，提高企业的市场竞争力。体验营销模式的运用符合时代发展需求，对企业的现代化发展具有重要意义。体验营销对于企业发展具有以下重要意义。

提高客户总量。相比传统的营销模式，体验营销遵循以人为本的基本理念，更关注用户的体验与感受，能够充分弥补传统营销的不足。其采取各类活动形式，为客户带来优质的产品体验与服务感受，让客户对产品产生兴趣。同时，体验营销能够弥补传统营销在互动交流方面的不足，充分与客户交流，掌握客户的反馈情况，掌握消费者的实际需求，合理调整与优化企业产品和服务。体验营销完全站在消费者层面提供服务，满足了消费者的实际需求，使企业的消费者数量不断增多。

提升企业形象。在科技水平不断提升的背景下，企业逐渐意识到体验营销在产品推广中的作用，引导消费者全方位体验企业产品。在体验营销中，消费者可以通过自身对产品的体验来重新认识产品，改变以往对于产品的刻板印象。采取体验营销模式，可以帮助消费者选择适合自己的产品。另外，体验营销效果好时，客户会多次回购，增强客户黏性，在客户心中树立品牌形象。体验营销可以给新客户带来全新的体验，使他们对产品形象的理解更加深入，有效提高消费者的满意程度。

（三）体验营销的特点

所谓体验营销，是企业结合产品的特点以及消费者的特点，借助相关营销活动，使消费者参与到产品体验活动中，确保消费者近距离且直观地对产品的魅力进行感受，进而达到刺激消费的效果。体验营销具有参与性、互动性、情感性以及营销方式多变性四个特征。

参与性是体验营销模式的特点之一，借助体验活动，消费者可以近距离接触产品，而不再是被动地接收相关信息，能够在营销活动中发挥主动性，成为消费活动的主导，这样可以有效激发消费者的购买欲望。

在体验营销模式中，消费者参与是其重要组成部分，消费者若是没有参与其中便很难获取体验，便无法产生积极消费感知。消费者体验越良好，相应地，购买产品的欲望也会越发强烈。

体验营销模式中，企业应与消费者进行良性互动，以促成互动关系的建立，加深消费者对企业产品的了解意愿，提升消费者的产品购买意愿，提高消费率。消费者购买产品不但会考虑产品的价格和质量等客观因素，也会考虑情感等主观因素。

体验营销能够促使企业与消费者之间建立良好的情感交流，强化企业同消费者的联系，确保消费者对于企业产品更有好感，对企业产生好感，这样便可以达到长期购买产品的效果。体验营销随着消费群体、所处环境以及产品特性等诸多因素的不同，也会不尽相同。例如，星巴克的体验重点在于营造氛围，奶制品的体验重点是在超市试吃等。体验营销具有一定针对性，采用各种不同的营销方式能够为消费者带来不一样的消费体验。

（四）体验营销的内容和形式

1. 功能体验

这种体验主要是集中在产品或服务本身为消费者提供的使用价值层面，通过对于产品或服务进行的“零距离”接触来实现的。目前，产品或服务产品的经销商使用这一手段比较普遍。

2. 形象体验

这种体验主要是通过建立体验中心、旗舰店、展示中心来实现。亚洲最大的奥迪城市展厅就是一个例子。该展厅集展示、销售、服务和品牌体验于一体，它不仅为消费者提供了尊贵、愉悦的购车环境，更带来了奥迪品牌文化的独特体验。车牌识别系统可以自动提取用户的服务信息，并通知服务人员提前准备和现场迎接，在车辆维修和保养的全过程中，用户可随时通过展厅的欢迎面板和休息室内的监控面板掌握车辆状况和进程。奥迪城市展厅通过全球领先的技术系统向用户提供了智能、透明的服务。这种在固定场地开展的体验营销形式，可以称为定点型体验营销模式。大型国际性的展览会也属于这种模式（如世界几大国际汽车展）。在这方面比较成功的案例还有宜家，通过旗舰店的体验营销的运作，使消费者对于宜家的认知不仅仅停留在家具零售层面。

3. 情感体验

主要通过开展企业社会责任层面上的活动来实现。结合社会热点，向社会体育、文化、教育、环保等事业提供支持，以获得该事件相关政府及媒体、公众群体的关注。这种形式关键是寻找到与企业文化、价值观和产品品牌内涵与所赞助事件的契合点，与目标受众的沟通点和感应点，这种结合社会事件开展的体验营销可以定义为非定点型体验。它包括了体育营销、娱乐营销、慈善（公益）营销等。采用这种方式，需要具备一定的规划性、长期性和持续性。如上海大众汽车在成为北京奥运汽车合作伙伴成员企业后，通过奥运前、奥运中、奥运后三期规划密集的奥运赞助活动，基于企业“追求卓越永争第一”的核心价值观，结合奥运精神，确立“共享奥运情，一路卓越心”的契合口号和沟通点，开展上海大众品牌和产品形象传播：赞助“好运北京”系列测试赛、斯柯达赞助 2007 齐齐哈尔国际冰球联合会（IHF）世界冰球锦标赛、正式成为“中国国家帆船帆板队主赞助商”……一项项奥运赞助，让上海大众的形象不断出现在奥运现场的一个个角落。

如果说第一点“功能体验”主要集中在基础或者核心层面的产品或服务的话，那么“形象体验”“情感体验”主要是围绕在品牌感悟层面，以上三个阶段是逐步深入，不断递进的，从而在消费者与企业或产品品牌之间完成从形成认知、感悟价值到建立关系的过程。除了以实体形式进行受众的体验营销之外，还有一种是在网络上利用 3D 技术，进行产品、服务、品牌的突破时空的跨距离、实时空的体验营销，而随着网络技术的发展、普及和网民队伍的日益庞大，“虚拟”体验营销方式也日成气候。

（五）体验营销的原则

1. 接触点保持一致性和简洁性

消费者主要的接触点和感知点有：产品及品牌主张；制造工艺、技术水平、创新能力；服务与交流；公司员工、企业文化、核心价值观；广告、传播内容、活动、赞助；经销商、销售渠道；定价。作为传播和推广的先导，体验营销要重视所有信息和承诺，要避免制造分散或无关的品牌信息，因为品牌的定位与品牌信息愈整合，公司形象与声誉就愈一致；表现愈突出，传播愈简洁，影响力也愈大。如果出现前后不一、信息杂乱的现象，那么不但会收效甚微，而且可能造成负面印象。保持一致性原则要求体验营销必须能很好地体现出企业的核心能力以及核心能力的表现力。

2. 内外并重

在开展体验营销的工作时，往往比较注重外部公众，通过一系列的整合信息的传递或互动，以达到与目标公众建立一定关系的目的。但是一家公司若想与顾客和其他关系利益人建立起良好的关系，首先必须建立起良好的内部关系。公司员工以及密切利益相关者（供应商、经销商、售后服务商等）都是公司形象和产品品牌制造者、传递者和体现者，因此体验营销需要由内而外做起。员工、经营伙伴、供应商同顾客、媒体、政府及公众一样，都是重点目标受众。

3. 目标受众与关联受众并重

很少有购买决定和品牌选择是完全由一个人做出的，尤其是耐用、高价格的产品。因此，需要结合产品的不同特性进行调整，否则会直接影响体验营销的效果。如果一个产品主要是由集团用户购买，那么不但需要将实际使用者作为体验受众，而且需要将设备采购部门、财务费用控制主管部门也作为体验受众，因为他们还需要考虑产品的价格和维修成本。私人汽车用户在决定购买时，会考虑亲朋好友的相关参考意见来选择车型或品牌。

4. 双向性

体验营销是双向的，而非单纯意义上的只注意营销或者是商品交易，因为，首先是要让受众“体验”你的产品和品牌，通过企业或品牌的行动和表现来体会和感受，而不是仅仅通过广告和公关手段，因为企业或产品通过自己的行动投射的信息更为强大。其次也要注意去“体验”消费者，了解消费者，洞察消费者。对于体验营销参与者的信息收集，分析和沟通关系维系，将“潜在的”群体转化为“现实的”群体，“现实的”群体转变为“忠诚的”群体。因此，体验营销不仅是传递企业的产品和品牌影响力的机会，而且也是企业了解消费者需求的机会。因为一个公司对现有顾客了解得愈多，并能够加以分析和运用，则公司所传递出的讯息就愈能获得顾客的信赖，愈能创造并培养各种关系。如广告等其他营销手法一样，体验营销是品牌塑造和产品推广的整合营销方式，因此，比单一使用营销手段更具影响力和感染力，从而具有更强大的营销力。体验营销也体现了营销观念从强调获取顾客向强调保住和培养顾客的重大转变。

二、体验营销在市场营销应用中存在的不足

（一）营销观念相对落后

推行体验营销模式的过程中，一些企业并没有在第一时间对营销观念加以更新，依然采用传统的营销观念。部分企业仅关注产品的功能及产品的特点，没有从消费者层面进行考虑。具体营销过程中，没有针对消费者的实际需求进行市场调查，没有充分了解消费者的心理，这就导致组织营销活动时，对于体验营销的内涵缺乏深入的理解，对于这一全新的概念认识不足，没有从消费者的角度出发看待问题，阻碍体验营销模式的推广，难以实现体验营销效果的最大化。

（二）体验营销互动性不足

企业组织体验营销活动的过程中，没有对资源的充分运用予以考虑，没有对体验营销的本质加以深入探究。企业只有认识到消费者实际上是潜在的资源，并予以充分重视，结合实际情况制定营销策略，方能达到刺激消费的效果。但多数企业都没有对消费者予以充分认知，他们更关注产品的推广，旨在实现经济效益的最大化，却没有对消费者予以足够重视，没有以消费者为本开展营销，便无法取得良好的营销效果，导致消费者的参与性大打折扣。

（三）系统性地体验营销战略思维不足

多数企业对体验营销的认识较为片面，认为体验营销仅是一种营销手段，对于企业未来发展的作用不甚突出，对于体验营销模式的研究不足，如此便很难使其优势得到充分发挥。具体营销活动开展中，一些企业为了使短期目标得以实现，把体验营销当作短期发展战略，没有从企业长期发展的层面出发，缺少系统性的体验营销战略思维，于企业的良性发展十分不利。另外，部分企业对于体验营销模式的重视程度不足，没有形成系统性的体验营销战略思维，造成体验营销理念没能在产品营销过程中得到有效运用。

三、市场营销中体验营销的应用策略

（一）科学应用体验营销模式

实际开展市场营销活动，要想使体验营销的优势得到充分发挥，使消费者的心理需求得到充分满足，激发消费者购买欲望，达到刺激消费的效果，企业便需要予以体验营销这种模式充分重视，使其作用在市场营销活动的开展中得以充分发挥。企业需要加强对于产品质量的关注，提高企业产品的服务性，为消费者提供新式体验，增强企业产品的核心竞争力，如此方能使消费者的实际体验需求得到有效满足。另外，企业应对产品的包装予以大力关注，力争做到产品包装设计具有一定创新性，确保产品包装的个性化特点，使产品的品质得以良好展现。唯有消费者的消费心理得到满足，方能有效提升消费者的感受与体验。在确保当前工作有序实施的前提下，企业要充分发挥产品价格方面的优势。推行体验营销这一模式时，企业应高度重视产品价格优势的应用，给广大消费者创造众多真实体验的机会，令消费者购买产品获取成就感，给消费者提供极致的购物享受，从而使消费者的购买欲望得到有效激发。

（二）树立以顾客为中心的营销理念

实际开展体验营销的过程中，企业需要对消费者的心理状态予以高度关注，调查并分析广大消费者的消费需求，掌握消费者的心理变化，制定更有针对性的市场营销方案。体验营销作为一种新式营销模式，存在大众化的特征。基于此种情况，企业在组织营销活动的过程中，需要秉持“以客户为中心”的基本营销理念，结合消费者多元的消费心理，采用差异化的营销方式，为消费者提供个性化的消费体验，从而使不同消费者的实际心理需求得到满足。企业应对消费者的不同消费需求加以尊重，给广大消费者创造更为多元化的消费营销模式，并对所采用的营销方法予以探寻，始终坚持以消费者为导向的市场营销服务观念，给消费者提供更加良好的服务，刺激消费者购买产品的欲望。为了掌握消费者心理，企业需要落实市场调研工作，通过多种方式掌握消费者心理变化趋势，提前制定营销策略加以应对，提升市场营销策略的针对性，在企业和消费者二者之间创建沟通桥梁，延伸企业同消费者间的沟通深度与广度，采用创建客户数据库等多种不同方式，全方位加强体验营销服务。

（三）制定合理的体验营销战略

实际开展体验营销活动的过程中，为了取得良好的营销效果，制定合理的体验营销战略十分关键。企业需要转变以往陈旧的营销理念，不应仅关注产品的功能及质量等方面，也应结合实际营销工作开展的需求，制定更为健全的体验营销战略。唯有确保营销策划的合理性，方能使体验营销模式的优势得以充分发挥。详细来讲，企业在制定体验营销战略时，应从宏观层面充分考虑社会主义市场经济发展情况，充分调研，掌握市场运作的具体情况的基本规律，了解消费者消费需求的变化，给企业体验营销战略的制定提供有力保障。从产品设计和服务提供的层面出发，结合消费者的价值观念和生活方式等诸多方面，重点做好产品的设计与管理，在确保产品质量的前提下，提升产品服务性，促使体验营销的内涵得到相应扩展，保证消费者获取更加良好的产品服务与体验，逐渐提高消费者对于产品的满意度，确保体验营销模式的有序开展。

（四）加强对文化内涵的重视

组织体验营销活动时，企业需要逐渐加强对于产品的文化内涵的重视，使企业产品兼具实用价值与文化价值，通过这样的方式提升产品的整体价值。企业可以在产品设计时借鉴中华优秀传统文化，将企业产品打造为中华优秀传统文化的呈现载体，增强产品的文化内涵，有效激发消费者的体验和感受，促进中华优秀传统文化的传承和传播，使中华优秀传统文化在当代焕发新的生机与活力，增强民众的文化自信，从而取得更加瞩目的体验营销效果。例如，超市在对某一品牌的粽子进行销售时，可以将其同端午节屈原的故事相融合，介绍粽子的历史背景，利用“吃粽子、过端午节纪念屈原”这一主题，强化产品同消费者之间的互动，引导消费者同中华优秀传统文化之间产生共鸣，从而达到刺激消费的效果。

四、典型案例分析

随着信息技术的不断发展，电子商务作为电子化的市场运作方式，可以通过网络实现其商务功能。在电子商务环境影响下，这种利用简单、便利、廉价的电子通信方式，特别是移动互联网的发展，使得传统的企业营销发生了深刻的变化。因此作为企业，必须思考在新经济时代，在电子商务环境下如何制定营销策略，如何通过网络载体，将体验式营销贯穿在企业营销的全过程。

（一）体验式营销产品策略要以消费者的需求为核心

电子商务环境下实施体验式营销的一大优势在于可以利用网络媒体充分地了解顾客的需求，并为产品的设计和选择提供依据。比如一些网店设计得非常人性化，而这些人性化的设计其实是来自对顾客浏览数据的分析和预测。现在电子商务的竞争力越来越强，对于实体店的冲击也越来越大。比如除了大家熟知的淘宝、京东、唯品会等购物平台，现在一些社区的网上超市也层出不穷。笔者就曾体验过社区网上超市的服务，感觉还是不错的，笔者在社区网上超市购买过某品牌的矿泉水（注：这个品牌的矿泉水一般超市都没有），当天 16：12 下单，16：35 到货，承诺是下单之后 30 分钟送货上门，所以购买之后觉得还是非常好的。但这种模式能否生存和发展下去，还要看其能否持续地提供给顾客美好的体验。美团作为一家做得比较成功的团购网站，在网站设计上也非常人性化，比如，你打开其页面会发现，上面可能都是你感兴趣的东西，这些其实也是根据数据分析进行的预测，所以在电子商务环境下，为顾客量身定做成为可能。

电子商务环境下以消费者需求为核心的体验式产品策略制定要求企业在信息化方面加强管理和应用，通过信息化的应用得到的数据可以为企业的页面和产品的决策进行引导，需要建立动态的数据库。

（二）价格要让消费者体验到物超所值

电子商务环境下，价格成为提高竞争力的最有力的武器，很多消费者倾向于在网上买东西的非常重要的一个原因，就是其存在价格优势，比如同样一本书，实体书店是原价出售的，而在网上购买一般是可以打折的，因此价格上的优势也让消费者体会到在网上购物的价值所在。特别是一些网站，在价格策略制定上做得尤其灵活，限时限量折扣，而且由于有大量的顾客活跃在其网站上，所以有些特价打折优惠力度非常大的商品经常被抢光、售罄，这也会使买到的顾客感觉赚到了，当商品恢复原价的时候，在特价期间买到商品的消费者会感觉占了便宜，从而觉得购物体验是物超所值的。

（三）渠道策略要给消费者提供便利

电子商务环境下，渠道策略是至关重要的，因为在到达消费者的最后一公里是消费者完美购物体验的保证。在渠道策略方面不得不提京东的物流和速度，多、快、好、省的口号被京东完美演绎，当天下午 3 点之前下单，当天晚上就可以送到，可以自由选择送货的时间，快递员高素质的服务，种种为顾客提供便利的方式和手段使得京东在电子商务环境下脱颖而出，笑傲电商江湖。除了京东之外，还有很多购物平台充分提供了优质的物流服务体验，即使在春节期间也能保质保量完成送货，一键下单使得顾客感受到购物的乐趣和便利。

（四）促销要加强和消费者的心理沟通

在电子商务环境下，促销的方式和手段都有了新的变化，除了传统的促销方式，广告、公关宣传、销售促进、人员推销等方式之外，微信营销、微博营销、微电影等微营销方式以及通过社交平台进行推广也成为促销的新的手段。2015 年，有一本书买得特别火爆，就是《秘密花园》涂色书，在国内推出不到一个月卖断货，成为微信“朋友圈”和畅销榜的大热门。这本书的卖点是能减压，在纸质书危机的年代，《秘密花园》引发的购买热令人瞩目。

从严格意义上来说，《秘密花园》不是一本“书”，它由 96 张黑白线稿组成，绝大部分画稿都由奇幻的花朵、叶子及各种昆虫构成，每一页上都能发现若隐若现的爬虫和珍奇小生物，还能在花朵中寻觅到黄蜂、蝴蝶和鸟的踪迹。有人称它为“既能涂色又能寻宝”的魔法书。在亚马逊图书购买频道，有位读者这样写下自己的购书心得：“人长大了，生命中多了更多貌似更重要的东西，工作、家庭等。我希望在任何时候都不落下精彩，而每次静心回味，都会觉得这里不足那里不对，把原本纯粹的快乐遗失在物质的世界里。有时候，我们需要‘静静’，不管这个‘静静’是谁，她就藏在这座《秘密花园》里。”很多人把以《秘密花园》为代表的涂色书看作“减压神器”，出版商也将“减压”作为主要卖点。

《舒压一整年》系列作者、法国画家苏菲·勒布朗具有心理学硕士学位，在她的书中写道：“涂色画不再是孩子的专利了。这是一项能让人沉浸在安静气氛中的活动，涂色的过程即自省与放松、静心聆听自己内心世界的宝贵时刻。”

日本某报 2006 年曾报道，日本有近 20 家出版商出版成年人涂色书刊。东京的河出书房新社从 2005 年开始热卖成年人涂色书，这家出版社的“成年人涂色”系列图书共 11 本，至 2006 年总发行量超过 1200 万册。

《秘密花园》之所以在涂色书中一马当先，一方面与其底本线稿的高质量有关。引进该书的编辑曾在豆瓣网分享涂色攻略——由于《秘密花园》的线稿本身很美丽，就算你不知道用什么颜色，只要把线稿内的细节轮廓随便填充完就能得到一幅好图画。另一方面，社交平台的推波助澜亦不可忽视。韩国艺人金基范把自己的《秘密花园》涂色作品上传到网络社交平台，收获数十万“点赞”。该书还出现在热门韩剧中，美国歌手佐伊·丹斯切尔也在社交平台分享过《秘密花园》。在社交媒体并未像今天这样发达的年代，人们只是在家中自己涂涂画画，享受“秘密”的快乐；如今，成千上万的读者把他们的《秘密花园》涂色作品上传到社交平台，接受

“点赞”，这种社交圈的热闹带给人另一种心理满足。

电子商务环境下由于其虚拟性和跨时空的特点，消费者的购物体验变得尤为重要，因为口碑的好坏直接影响企业的生死存亡，因此，企业要想在电子商务环境下生存发展，必须转变营销观念，实施体验式营销策略，体验式营销策略的成功应用将会为企业的发展注入活力。

第二节　植入式营销

新媒体时代人们对媒体广告有着很强的反感心理及反营销、反洗脑能力，很多消费者对广告缺乏信任感。有些商家为了吸引公众眼球，不惜用一些卑鄙、哗众取宠的手段来炒作，这种粗暴的营销方式不止伤害了其一家品牌的形象，也加剧了公众对广告的不信任，降低了营销的价值。植入式广告巧妙地将自己融入到故事情节中，只要把握合理的尺度就不会招致观众的反感，还会提升品牌的形象。

一、植入式营销的基本概念

（一）基本概念

在学界，给“植入式营销”下定义的学者不少，但是基本上都没有摆脱“植入式广告”的束缚，没有清晰地论述“植入式营销”与“植入式广告”的关系。其根源或许是因为“植入式营销”和“植入式广告”这两个汉语词汇的词源其实是同一个英语单词“product placement”，直译为“产品安插”。所以，几乎在国内所有的相关文献上，“植入式营销”的定义都是以“植入式营销又称植入式广告……”为开头的。实际上，许多学者对“product placement”的研究，已经从单一借助传播学、心理学工具研究其广告效果，发展到利用营销学理论对其进行整体研究的阶段。不难看出，他们对“植入式营销”的研究已经开始跳出实证研究的范围，开始用营销决策理论进行深入思考。因此，我们认为有必要对“植入式营销”进行重新定义，以利于相关实践和理论研究的发展。

要全面认识和把握植入式营销的科学内涵，我们认为有必要把握以下两点：

植入式营销是在传统营销理论指导下，服务于企业整体经营目标的一种营销活动，包含营销产品分析、营销媒介选择及终端整合等步骤。

植入式营销是企业的一种营销策略，包含并指导具体植入式广告的运作过程，其营销价值通过植入式广告来体现。

（二）运作原则

作为服务于企业整体营销目标的一种营销手段，植入式营销应遵守基本的运作原则，否则，非但不能达到预期效果，浪费企业资源，还有可能损害产品的品牌形象。

1. 品牌及产品适应性原则

植入式营销有特定的目标人群，即普通消费者，而植入式广告绝大多数是投放在影视作品、报刊杂志等大众文化娱乐消费品中的，加之植入式广告的隐蔽性限制了其对产品信息的深度介绍，只能通过即时印象影响消费者的购买行为。因此，可以借助植入式营销实现销售目标的品牌或产品应是个人消费品。

2. 产品与植入媒介相一致原则

进行植入式营销的产品应与植入媒介相一致，这是为确保产品信息能够最大限度地传达给目标受众。

3. 内容合法性原则

这是指进行植入式营销的产品必须符合国家的有关广告管理规定。尽管，目前国家对植入式广告缺少专门的法律规范，但是为了规避潜在的法律风险和道德风险给品牌或产品造成的负面影响，香烟、管制药品、医药服务等内容就不应进行植入式营销，否则，一旦被政府有关部门查处或竞争对手攻击，将给企业造成严重的公关危机，在一段时间内影响企业经营目标的实现。

4. 控制性原则

植入式广告是植入式营销的基本表现形式，是企业品牌或产品与受众进行接触的重要载体。因此，企业在开展植入式营销之前，应当与媒体运营商签订详细的合作协议，并严格控制植入式广告的制作过程，而不能任由自己的品牌或产品在植入媒介中随意地展现，否则会给企业产品形象造成负面影响。虽然植入式营销具有隐蔽性的特点，但其所依托的植入式广告毕竟是一种品牌或产品宣传形式，其展示效果的好坏会直接影响消费者的购买行为与相关植入营销活动的效果。因此，在植入式营销活动中坚持控制性原则是尤为重要的。

5. 终端整合原则

尽管企业在产品或品牌信息的传递过程中，不需要直接劝导消费者购买其产品，但是，企业须整合相关传播信息，并以所植入的产品或品牌信息为背景建立有效的终端销售网络，及时抓住营销机会，促进销售增长。

（三）植入式营销的特征

植入式营销作为一种与媒介深度结合的营销手段，与其他营销手段有明显区别。我们通过对植入式营销与其他营销手段进行对比分析，可以归纳出植入式营销的主要特征。

表 6–1　植入式营销与其他营销手段的区别

对比项	其他营销手段	植入式营销
与媒介关联度	弱	强
与潜在消费人群关联度	强	弱
营销策略	干扰营销	渗透营销
商业性程度	强	弱
相对优势	定位目标人群准确，营销效果易于评估	与植入媒介深度结合，营销信息传播范围广、持续时间长；利用营造第三方客户，易于获得消费者信任
相对弱势	目的性太强，消费者警惕性高	单次植入信息量较少，不易评估效果

通过上表，归纳出植入式营销具有以下几大特征：

1. 营销的隐蔽性

隐藏企业营销目的是植入式营销的核心理念，也是植入式营销与其他各种营销手段最根本的区别。无论是渠道营销、人员直销、电话营销、网络营销，还是关系营销、绿色营销、会议营销，都会在营销过程中明确地展示企业品牌或产品，并积极地鼓励消费行为。而植入式营销则强调在营销过程中，改变功利的、赤裸裸的商业劝购模式，通过将品牌或产品信息隐含在特定媒介主体信息中的形式，让观众在主动接受自己感兴趣的信息的同时，不知不觉中也吸收、认同了企业的品牌或产品信息，并产生消费行为模仿或条件反射，进而产生实际的消费行为。这种营销理念在商品信息激增，消费者已越来越懂得主动拒绝“垃圾信息”的今天具有独特的优势。

2. 营销对象的大众化

相较于其他营销手段而言，植入式营销对媒介具有与生俱来的依赖性，而所有媒介的传播对象都是普通大众，因此，植入式营销的对象也必然是大众化的。尽管，根据不同植入媒介的传播特点，企业可以对具有不同特征的消费群体进行有针对性的产品营销，利用电影、杂志、广播有各自不同信息受众的特点，进行相应的市场细分，把不同的产品植入到不同的媒介之中，例如，奶粉企业可以通过把中老年奶粉产品植入到广播里，而把儿童奶粉产品植入到女性杂志里的方式进行区隔营销。尽管如此，由于任何一种传播媒介都是大众化的信息传播载体，因此，植入营销的对象从本质上来说都是大众化的。

3. 营销活动的间接性

与其他营销手段不同，企业在信息传递过程中不需要与潜在受众直接接触。例如，电话营销、会议营销、关系营销都要求企业在一定程度上与目标消费者形成某种直接联系，并且保持这种联系。而植入式营销的主要信息传递活动都是在媒介信息对受众的传播过程中间接进行的。终端销售业绩的增长往往是植入式营销活动的必然结果，而不是营销活动的主体。

4. 营销效果的持久性

品牌或产品信息被植入媒介后，并不会由于企业在某一时期相关营销活动的结束而停止传播。这是因为，多数植入式营销的信息传播载体是影视文艺作品，而这类大众文艺作品具有极强的传播生命力，它们不但可以在影剧院放映，还可以在电视台、DVD、VCD中反复播出。随着网络传播平台的日益发达，几乎可以认为，凡是被植入艺术作品的品牌或产品信息都会在相当长的时间内传播下去。因此，理论上讲植入式营销活动可以在相当一段时间内持续下去。当然，受企业产品线和价格的调整、销售终端的变化、消费者需求的改变、相关竞争产品的出现等因素的影响，单次植入式营销对受众购买行为的影响力是会逐渐衰退的，但它们对树立品牌知名度与美誉度的影响是长久而积极的。通过观察部分植入式营销案例，我们可以总结出植入式营销效果的衰减趋势。

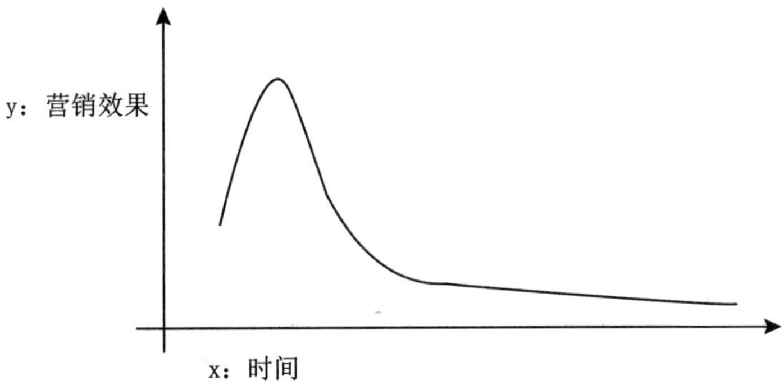

图 6–1　植入式营销效果的衰减趋势

5. 效果评价的延迟性

开展任何一种营销活动都会付出相应的成本，如果没有达到预期的营销效果，企业的营销活动就不能说是成功的，甚至是失败的。因此，能否评价与衡量某种营销手段的效果，就是企业是否选择采用这种营销手段的重要前提。植入式营销的实施效果是可以评价的，但是与电话营销、会议营销、关系营销等营销手段可以进行即时评价不同，植入式营销是一种隐蔽的、间接的营销活动，品牌信息与消费劝导都只能通过植入媒介传达给受众，由于存在不同被植入媒介与受众接触的时间不一致，甚至同一被植入媒介与不同地区受众的接触时间不一致等原因，企业需在植入媒介的主体信息首次传播基本结束后，通过将植入营销期间的销售业绩与历史同期销售数据进行对比分析，并除去同期其他营销活动等因素带来的销售增量，才能比较准确地评估该次植入式营销的效果，因此，植入式营销的效果评价具有延迟性的特点。

（四）植入式营销的类型

根据品牌或产品信息植入载体的不同，植入式营销可以分为以下几种类型。

1. 影视作品植入

电视剧植入式营销的运作流程和效果与电影植入式营销有异曲同工之处。尽管由于影响植入式营销成败的因素有很多，企业的营销活动未必都能达到预期效果，但通过在具有潜在影响力的影视作品中植入自己的品牌或产品，无疑会增加消费者对相关产品的认知，而当这种“认知”与一定的配套营销活动相结合之后，就会对企业的产品销售发挥促进作用。

植入式营销主要依托于影视作品，其原因主要有以下几点：

（1）影视作品具有艺术吸引力

影视作品本身所传达的信息往往是具有审美价值的，它可以在对观众进行信息传播的同时，使观众获得某种审美享受，这对于开展植入式营销是极其重要的。因为，当企业的品牌或产品信息被有机地、合理地、正面地融入影视作品的主导信息时，观众就会在获得艺术审美体验的同时，对品牌或产品产生认同与好感，而且会暂时忽视将植入产品与其他同类产品的性能和价格进行理智的对比与分析。换句话说，高超的植入式营销可以利用影视作品为观众营造审美幻觉的同时，为潜在消费者营造一种品牌认同的幻觉，进而影响消费者行为，促进产品销售。

（2）影视作品具有极强的传播生命

影视作品作为一种大众艺术形态，可以借助影院、电视、DVD、网络等载体反复播出。而且，企业无须为其植入产品的反复传播支付任何费用。

2. 印刷品植入

印刷品植入主要是指企业将品牌或产品信息植入到报纸、杂志等印刷出版物之中。这种植入营销的最大特点就是针对性较强、目标客户定位准确。一般而言，特定的印刷品往往拥有相对稳定的读者群，而这些读者在年龄结构、收入水平、受教育状况、消费偏好等方面具有相当的一致性。

3. 音乐植入

音乐植入最早的音乐植入是 RUN DMC（一个美国说唱乐队）在其白金专辑《上升的地域》中演唱的歌曲《我的阿迪达斯》。国内歌手王菲、孙燕姿、周杰伦等人创作演唱的《星空无限》《年轻无极限》《我的地盘》等歌曲，实际上都是在为企业的植入式营销呐喊助威。

4. 网络植入

网络植入营销是随着近年来互联网的兴起而发展起来的新型植入式营销，主要是指在网络游戏中让玩家认知企业品牌或使用虚拟的产品，从而促进现实销售业绩的一种营销手段。网络植入有两种类别，一种是将企业品牌在游戏过程中进行背景植入。另一种是将产品作为游戏的一部分进行道具植入。严格来说，背景植入不能称为植入式营销，而只是一种插播广告或者贴片广告。而道具植入的核心，是在游戏过程中为玩家营造一种虚拟的消费行为与消费体验，它不仅使玩家产生了一定品牌认同，而且会在条件反射的引导下产生现实消费行为。因此，游戏道具植入已逐渐成为网络植入式营销的主导模式。

5. 活动植入

可以用来开展植入式营销的“活动”，是指活动目的与企业产品或品牌高度关联，并借助传播媒介向观众传达特定信息的动作总和。

6. 渠道植入

渠道植入是指企业将品牌或产品信息在特定的销售渠道进行展示，使消费者在特定的消费环境中认知企业品牌或产品，并产生消费意愿的一种植入式营销方式。

其实，渠道植入并非植入式营销研究的主流，主要原因是渠道植入一直以来都被视为一种传统的促销手段。例如，无论是在大型超市里冷冻区所使用的冰柜，还是在社区便利店里陈列的冰柜，绝大多数都是冷冻食品企业赞助的，其目的是通过对终端销售商提供物质支持，达到促销自己产品的目的。但实际上，冰柜企业在此过程中也是受益者，因为，冷冻食品企业无形中为其开辟了植入营销的平台。因此，随着实践的发展，越来越多的企业开始有意识地主动开展渠道植入式营销。其基本模式如下图：

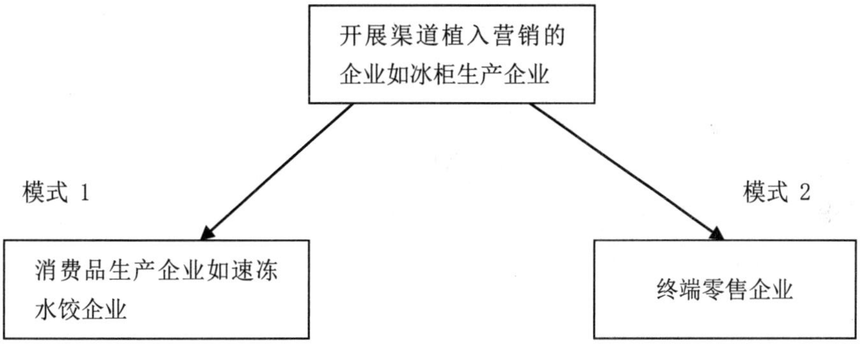

图 6-2　渠道植入模式

如图所示，假设冰柜企业开展渠道植入式营销，通过选择不同的合作对象，可以有两种不同的模式：

与关联企业合作。通过为关联企业提供赞助，进驻拟植入渠道。

与拟植入渠道直接合作。通过为终端零售商提供赞助，进行渠道植入。总之，当消费者在特定的消费环境中认识到企业的产品后，会受到一定的引导，这跟受众在接触到媒介中的植入式广告后的效果是类似的，所以渠道植入是一种以现实场景为载体的植入式营销方式。

二、新媒体时代植入式营销的策略

电影是人们日常生活中提升审美、放松身心、消遣娱乐的重要方式，电影作为一种独特的观影形式，具有同时吸引多个受众群体注意力的显著效果，所以植入式营销在电影中的作用是显著且高效的。

（一）新媒体时代电影植入式营销的出路

1. 建立有效的消费者识别

植入式营销是商业和文化的巧妙结合，而如今电影里充斥的各种隐形广告，已经显示出制片方投资的天平有了明显倾斜，一部电影中过度加入商业的筹码，看似是消费者、电影制片人和企业赞助商的三方共赢，实则不然。对于消费者来说，大量的广告鱼龙混杂，受众反而不会留下深刻的印象。对于电影制片方来说，与广告赞助商合作是收回投资的最好方法。冯小刚的电影往往在播出前就能靠广告费收回大部分投资，如果播出后，受众的观影热情不高，就会打击电影的票房，继而影响下一部电影的广告投资经费。对于企业赞助商来说，多数企业缺乏专业机构为他们分析如何植入才能有效提升品牌效应。因此，电影中植入广告的运作应做到提升电影中广告的植入质量，突出重点，这样才能让观众在自然的情况下接受品牌信息，达到预期的传播效果。

2. 加强电影和品牌的有机结合

植入式营销最大的优势在于隐形性，它可以将品牌信息隐藏于场景、剧情、角色、对白或者道具之中。正是由于这个优势，植入式营销比传统硬性广告的成本更低，传播效果更好。在电影 *Leave Me*（《留下我》）中，男主角因为深爱的妻子离世而郁郁寡欢，他唯一能做的就是拿出“佳能”相机，怀念两人在一起的点滴。男主角的父亲为男主角拍照时，意外地将他收进了相机，随着男主角的父亲不断翻动照片，最后男女主角终于得以相聚。这就是这则植入式营销的成功之处，影片中的“佳能”相机是在特定的情景中出现的，属于整部电影的组成部分，观众在观影中自然而然地接受了产品的植入。

（二）电影植入式营销的发展前景

1. 发展的全球化

媒介的发展打破了地域的限制，不断缩短着人与人之间的距离，植入式广告作为一种新兴的广告模式也迅速从欧美国家遍布全球，最早由好莱坞电影进入观众的视野，我国电影的植入式营销从无到有再到欣欣向荣的局面，从《没完没了》中的国产品牌到《美人鱼》中的罗曼尼·康帝，不难看出中国电影的植入式广告发展逐渐呈现出全球化的趋势。

2. 涉及领域广泛化

正是由于植入式营销的隐蔽性特点，越来越多的广告赞助商，如食品饮料、数码产品、手机、服装等行业纷纷从传统硬性广告转移到植入式营销的运作中，以冯小刚的电影为例，电影《天下无贼》仅广告植入就收入 4000 万元，包括中国移动、诺基亚在内的 12 个赞助商都在影片里得到了充分的品牌展示。

3. 植入方式多样化

随着媒介的发展和广告方式的广泛应用，植入式营销逐渐从“露脸式”过渡到品牌与电影整合的更高层次，电影制作者通过多种植入方式将品牌植入到电影中，在不影响剧情发展的前提下达到吸引观众注意力和宣传品牌信息的目的。电影《恶棍天使》在植入广告时就使用了互文策略，影片中查小刀帮莫非里洗衣服时插入了超能洗衣粉的广告，同时，查小刀的饰演者孙俪在现实生活中也是超能洗衣粉的代言人。她在电影里的角色和她在硬广告中的角色发生互文，进而使该品牌“易漂清、不伤手”的诉求点得以互相补充和扩展。不仅如此，未来植入式营销还可能达到焦点植入阶段——产品或品牌是故事情节、电视节目的重要组成部分，在节目中全面展示产品或品牌的特性而又不会显得突兀，植入式营销的植入方式不断优化，呈现出媒体多样化的趋势。

电影制片人在商业利益的浪潮下，一味地遵循“简而繁”的原则，简是指植入方式直白简单，只是“露脸式”地出现在屏幕上，繁是指广告的数量繁多，植入的广告越多从中获取的利润也越大。在商业利益的驱使下，越来越多的导演拥入商业电影的拍摄中，植入的广告日益增多，植入技巧却没有明显的提升，以至于电影植入式广告发展缓慢，要想实现电影制作方、广告投资方和受众的三方共赢，那么对电影植入式营销的研究就显得尤为重要。

第三节　数据化营销

新媒体时代加速了大众社会向分众社会的转型，分众社会的市场不断细分，为了提高营销的准确性，从一对多式的泛营销转变为一对一式的精准营销是未来营销的发展趋势。数据化的精准营销是建立在专业的用户数据库的基础上的，通过对消费者的消费行为、消费习惯、消费需求等多维度的大数据分析，划分出不同的客户群，深入挖掘客户的潜在消费需求，为每个客户群推送其感兴趣的商品信息或服务，极大地提高了营销的效果。

一、大数据

（一）大数据的概念

在互联网技术发展如火如荼的今天，大数据悄然兴起，而该概念最早是由维克托•迈尔-舍恩伯格以及肯尼思•库克耶等人在共同编纂的《大数据时代》一书中首次提出的，他们认为，大数据指的是不借助常规的抽样调查，统一整合并分析某问题的所有相关数据，无论是从数据来源上来说，还是就其采用的分析方法而言，都有不同于抽样调查的优势。

近年来，大数据分析与处理已经成为了解现代社会各行各业发展趋势的关键技术，不仅能够带动周边产业的发展，还因此成为新时代背景下的亮点，自身发展也迎来了新的挑战与机遇。现阶段，与大数据相关的业务已经变得炙手可热，互联网巨头们也为此争相抢夺专业人才和资源，从本质上来说，大数据是互联网技术的衍生品，与互联网的发展有着密不可分的关系。更关键的是，大数据不仅能够在短时间内收集海量的需求信息，还可对其进行深加工与研究，从而总结出有利于企业发展的行业信息，实时了解市场发展动态，掌握客户实际需求，合理改进企业发展方案，为企业带来更多利润与市场份额。对于现代企业而言，其生存与发展离不开大数据的有力支持，从这个角度来说，在未来的很长一段时间里，大数据都会是社会各界所关注的焦点，拥有广阔的发展前景。与此同时，数据研究方法的创新也加快了研究模式的改变，以往常用的研究方法是抽样调查，而现在是以大数据技术为主，后者的准确性与完整性皆明显高于前者。特别是对行业敏感性较弱的企业而言，大数据分析法决定了其是否能够超越其他竞争对手，在市场上站稳脚跟并实现企业的预期效益。

（二）大数据的基本特征

大数据的基本特征主要有以下四个：

1. 体量大

因为大数据反映的是一个事件从头到尾的所有信息，所以不管是从体量层面上来说，还是就其具体细节而言，其所涵盖的信息数据都远远多于普通数据。较之一般数据，大数据的信息含量更大，数据量也会相应地更多，因而，在研究大数据之前，首先要明确如何从海量的数据中找到有用的信息并加以汇总。

2. 种类丰富

大数据信息并不只是表现为单一的文本，还包括图片、音频、视频以及地理信息等，这些都是其较为常见的表现形式，人们可以从中获取所需信息，也可从不同的角度来体现某个行为或事件。基于此，大数据的多维性丰富了事件的表现形式，也为用户传递了更多有利用价值的信息，与此同时，也使得后期的信息处理难度明显加大。

3. 处理速度快

大数据能否在各个行业中得到有效的应用，关键在于其所采用的大数据分析技术是否合理，尽管现阶段有关该问题的解决办法有很多，但学术界至今未给出一个统一的方法，所以大数据分析技术尚未发展成熟，仍需进一步整合。

4. 价值密度低

因大数据信息量大，所展现的维度较多，但决定某一事情的因素通常占比较小，所以数据分析技术在处理大量密度低的信息过程中就显得格外重要。

此外，不少学者认为大数据具有真实、价值高以及可变性等特点，此处提及的可变性指的是在记录期间，大数据有很大概率会发生变化，给信息处理带来了不小的障碍；而复杂性其实是大数据低密度性的衍生，相比之下，大数据唯一不变的特性就是其附带的高价值，若能合理利用大数据信息及其内涵意义，那么便能创造出更大的价值，然而，大数据的价值越高，就意味着其收集量越大，二者之间存在显著的正相关关系。

（三）大数据挖掘的应用

查阅有关市场营销的研究资料，可以了解到传统营销以问答方式为主，旨在通过提问了解客户的需求，而答案本身在提问者的引导下有可能失去了其真实性，受问题本身的影响，所获答案不仅会存在时间上的滞后现象，还可能因为空间上的不匹配使得最终结果产生误差。

在市场竞争日益加剧的背景下，成本收益变成了各大企业关注的焦点，这也在一定程度上决定了消费者群体必将被细分，这也是大数据会在最近几年如此火爆的根本原因。如今，时代发展的浪潮不断向前，信息化时代已经成为 21 世纪的标签，“互联网 +”企业让传统销售的边际成本大幅下降，长尾理论得以验证，淘宝特色店铺的兴起不仅意味着部分群体的需求也有一定的市场价值，企业通过整合需求一致或高度相似的消费者信息，为其量身定制所需服务及产品，最大化地细分市场背后的规模收益，以往被忽视的“碎片化”市场如今却变成了“香饽饽”，甚至有很大的发展前景。基于多个维度来绘制潜在客户群体的社交网络，营销者可全面了解一个消费者的消费态度、个人性格、消费行为乃至其消费动机，甚至可以提前预测其后期的行为。

数据挖掘在营销领域的广泛应用是基于消费者的过往消费记录展开的，这些已经在网站留下痕迹的信息在大数据搜索中无处遁形，通过分析消费者的购买行为及频率，可有效提高营销的针对性。而客户购买行为分析需要在前期收集大量客户交易数据，挖掘其中隐含的消费欲望，总结出消费者的交易偏好及流转规律，并以此为基础描绘出客户的行为轨迹，有助于企业进一步了解客户需求，开发客户价值，进而提高自身服务水平与质量，最后实现企业的盈利目标。

关联分析法，作为数据挖掘中的常用方法之一，其本质是通过探寻数据之间的关联，以便于企业更加全面地分析顾客的购买信息，了解顾客的购买行为，找出存在于顾客与各类商品之间的消费关系，做到覆盖面更广的交叉销售。把握恰当时机，向潜在的客户推荐所需商品，可有效减少客户查找目标商品所耗费的时间与精力，还能显著改善客户的购买体验，使其有意愿在店内选购更长的时间，增加单次交易的商品数量及金额，除了这些优势，还能为企业制订存货计划提供参考依据，在组织交叉销售活动的时候更为灵活、可控，让电商活动落到实处。

在为店铺进行关联设置时，同样可选用上述方法，首先打造出店铺爆款产品，实现客户引流，再将其他的类似产品进行关联，以提高店内链接的跳转率，为店铺吸引一次甚至多次自然流量，提高顾客的浏览时间，而这些均是为了提高客单价，虽然前期需要较大的资金投入，但若按照单次点击花费与引流成本进行成本分摊，投入与付出是成正比的。因为该方式的效果需要在客户进店后才能体现，所以本文不对其进行过多探讨。

二、精准营销

（一）精准营销的概念

基于精确的市场定位，利用先进的技术手段，为顾客沟通建立一个科学高效的服务体系，这便是精准营销的概念定义。企业通过精准营销可以实现成本低廉的市场扩张。紧紧围绕消费者的需求，为之提供个性化服务，充分发挥高科技的作用，在吸引潜在消费者的同时，也能激发其消费兴趣，主动了解产品及企业咨询。营销期间，企业还可全方位地对比现有产品与目标客户的需求特点，以便于深化企业本身对顾客需求的认识，能够与顾客就产品进行直接沟通，最后根据所了解的信息制定实际可行的营销策略，图 6-3 即为精准营销的完整模式。

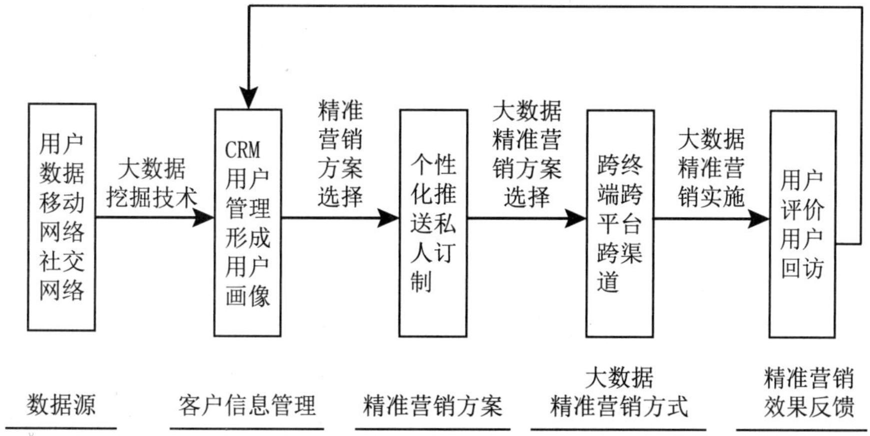

图 6-3　大数据精准营销模型

由上图可知，精准营销的关键在于“准确”与“精准”，企业需始终以客户为营销突破口，了解其需求，借助各种技术方法，在恰当的时间与地点，为之推荐价格合理、品质优良的产品，满足客户需求的同时，也能为企业塑造好形象。

（二）精准营销的三大要素

1. 精准的市场定位

要实现精准的市场定位，需要企业明确自己的潜在客户。若用市场营销学中的“20/80 法则”来解释，即不同客户所附带的价值不同。因此，这就需要企业在推出产品时先进行准确的市场定位，调动所有的优势资源，在营销期间充分发挥其作用，只有这样，才有可能在实行市场战略的过程中大获成功。此外，著名的“长尾理论”指出，若企业有丰富的存储及流通渠道，那么在其占据的市场份额中，滞销产品与热卖产品所占的比例相当。尽管上述两大理论各有争议，但皆指出了产品营销的时机要恰到好处，合适的时间、地点与产品，才可能受到顾客青睐。

2. 精准的推广策略

长期以来，我国企业的市场推广及营销主要采用以下几种方法：一是广告投放；二是活动促销；三是渠道渗透。相当数量的企业在推广阶段就已耗费了大量的人力及物力成本，再加上部分营销人员欠缺专业性技巧，致使活动开支远远超出预算，账目明细不清晰。与之不同的是，精准营销是以筛选数据库的方式，定位目标客户及市场，结合行情与供需情况，实现高度精准的产品推广，有效地避免了不必要的营销成本。

3. 更好的客户体验

在移动互联网逐渐占据人们生活的每个领域后，企业便开始寻求新的发展机遇，在市场需求的引导下，以消费者为中心，密切关注顾客的潜在价值，为其提供满意的服务，才可实现企业增收的根本目的。唯有先给客户创造价值，才能为自身寻求利益空间。然而，顾客的需求能否得到及时的满足，取决于企业能否将其内化成自身的营销价值，再结合顾客的消费体验来理解其个体需求。

综上所述，可知精准营销导向实为消费与消费个体的购物体验。

（三）精准营销的内涵及特征

首先，在多种技术手段及信息渠道的支持下，客户各方面的需求信息以数据的形式留存在企业数据库中，在完成对客户的类别划分后，进一步选取目标客户，为其提供个性化的产品。

其次，通过各种潜在的途径，企业将营销费用降至最低，让客户获得真正的实惠，切实满足客户需求的同时，也为企业扩大了市场份额，间接地贴合了企业与客户的利益诉求。最后，精准营销要求企业充分了解客户的需求，进一步提供客户所需要的产品和服务，实现企业、客户以及渠道的三方统一，此乃精准营销的内涵所在。精准营销的特征主要有四个：一是客户对象的选择性，企业需要基于各种方式方法来寻找目标客户，对其进行细分，再用不同的标签予以分类，为后期的精准营销打下扎实基础；二是沟通策略的有效性，要求企业根据不同的客户群体需求，制定与之匹配的沟通策略，以实现个性高效的沟通；三是沟通行为的经济性，尽可能地使用现代通信设备及技术，如电话、短信、微信等，减少双方的沟通成本；四是营销结果的可衡量性，该特性意味着企业可以借助现代科技准确统计其所投放的产品广告观看次数与互联网广告点击情况，且电商平台上的店铺访客及下单人数都能得到有效的统计，基于这些统计信息，一方面可大致分析出客户的消费特征，另一方面也能视情况管控营销成本，提高营销业绩。

三、基于用户画像的精准营销

传统市场营销中，企业想要抓住用户需求，以及准确了解用户的偏好、个性、兴趣等影响消费者购买行为的决策因素是非常困难的，特别是对于现在的大数据时代而言，海量的数据使得用户行为偏好更难把握和理解，而用户兴趣偏好随着时间、环境等因素发生改变，呈现动态性特征，更使得企业难以解决这一问题。在众多的大数据工具中，用户画像技术是帮助企业准确识别和分析目标用户的最有效工具之一。

（一）用户画像概述

1. 用户画像的基本概念

随着互联网的广泛使用，互联网与大数据之间的联系更加紧密，各行各业已经逐渐进入信息化时代，其中消费者从以前的充满隐私到今天在企业面前的透明化，受到了大数据时代的很大影响。企业利用大数据进行精准化、个性化的营销，将用户个人信息与消费喜好相结合，建立一系列的用户模型，用虚拟的信息表示用户的真实偏好，这也就是“用户画像”概念的由来。用户画像为用户构建很多标签，这些标签包括了用户的个人信息，姓名、性别、年龄等，在特定的分类标准下，个人信息也是重要的信息分类依据。此外，用户的所属行业、收入水平静态信息也是构建用户画像的重要依据，不同职业的用户消费方向和购买类型有很大的差距，不同的收入水平也决定了用户的消费观念、消费水平等。结合用户常用的网络终端将用户的个人信息与静态信息相结合，经过多角度、多维度的分析，形成综合的用户画像。在利用用户画像整体勾勒出用户的特征之后，企业可根据产品的设计方向，在产品的生命周期内多次改变产品的结构与消费受众。同时用户的信息是在不断变化的，这对企业的用户选择、群体划分造成了一定的阻碍，所以企业需要时刻关注用户的动态信息，及时对消费者的用户画像进行调整，结合企业面临的问题，为解决方案提供依据。

2. 用户画像的数据源获取

用户画像在掌握用户姓名、年龄、性别等基本信息的同时，还需要掌握用户在全网的行为信息，通过互联网的爬虫技术可准确地了解用户在网站的浏览信息。用户通过互联网进行搜索的相关数据，都成为建立用户画像的依据，用户在互联网上的搜索记录展现了用户的喜好和消费观念，那些动态的行为信息属于用户的行为轨迹，将成为构建用户画像的重要依据。这些信息将进一步完善用户的画像模型。用户的行为偏好要与用户的基本信息相吻合，同时需要保证用户职业、收入、所在地区这些静态信息的相对稳定，将收集到的信息进行进一步整合，根据相关规则，选择合适的用户标签，构建用户画像体系。

3. 用户画像标签建模

为客户制定标签是用户画像工作的重点，用户的标签通常包括用户的基本信息、用户偏好等根据企业情况设定的消费方向等。将所有用户的所有标签进行整合就会得到相应的用户画像，将所有客户的用户画像相结合，就会得到与企业发展息息相关的客户信息。用户标签能够通过互联网建设企业与用户之间的关系，标签要使用简单、通俗的语言，使人们能快速理解其中的内涵，同时一种标签只表示一种含义，做到文本的精练。用户画像在为客户构建标签时首先要通过与用户的交流与沟通获得客户的最基本信息，或者通过互联网数据，了解客户的需求和喜好。

其次，要对获得的基本数据进行整合与分类，按照性别、年龄等其他自定义的标准对客户进行分类。

最后建立相关模型，根据模型中包含的客户信息以及多方面整合的资源，建立完整的用户画像，为企业的发展提供方向。

（二）用户画像在企业精准营销中的应用

1. 识别和描绘目标客户

用户画像技术又被称为用户角色，是勾画目标客户的有效手段。能够帮助企业对客户的信息进行全面的分析，利用大数据，将客户的服务要求、产品喜好进行分析，找出客户的综合原型。用户画像能够将客户的偏好与企业产品的设计思路有机结合，帮助企业通过日常生后中浅显的道理去改变产品的设计方向。用户画像根据用户的需求与产品的特征，逐渐形成用户角色。用户画像技术依托于大数据，将海量的信息进行拆分与整合，形成记录客户喜好与需求的便签。将其作为客户的虚拟代表。市场人员可根据这些便签找出目标客户，将不同需求的用户进行区分，根据不同的分类对客户进行不同的调查与服务。用户画像分别对用户与市场进行研究，极大地避免了主观、客观因素的干扰，提高了调查的准确度。用户画像技术不同于传统客户分析中认识客户，更多地将用户的信息记录下来，与客户之间保持着友好的关系。通过了解目标用户的爱好与需求，有效提升了市场的反应速度。同时企业利用用户画像技术能够对企业的客户进行分类、分级处理。首先，每个企业都有一个用户的金字塔形象，企业的最高消费者代表着企业的形象处于金字塔的顶层。以此类推，按照客户的消费水平和忠心程度，将一个企业的所有客户进行分层管理，用过用户的直观分层，企业可进行不同的调价策略或改变营销的手段，在认识和描绘目标用户的基础上对用户的信息加以整合，加快企业完成精准营销。

2. 把握消费者异动

不同于传统客户分析中静态的结果，现代化的营销手段做出的客户分析往往是动态的结果，在产品的生命周期内客户的需求、喜好会发生很大的变化，甚至一部分产品的内涵都会发生改变，在充满着变化的市场竞争中，很多产品无法准确把握消费者的变化，就在市场竞争中逐渐走向了消亡。想要在竞争中保持自身的市场地位，就需要对市场异动带来的冲击做好及时的补救。用户画像技术对客户的分析是通过大数据，而大数据的维度多样性使得用户画像技术具备即时性灵活性的特点。通过使用用户画像技术，企业负责人能够及时发现客户的变化，将事后补救转化为事前预警，及时调整营销策略或对产品进行升级，使产品的更新能够跟上消费者喜好的变化。在产品的整个生命周期内，都要时刻注意产品结构的调整。比如在产品刚刚投入市场的时候，产品预想的消费人群和实际上的消费人群可能会有很大偏颇，加上人们对新鲜事物的了解需要一段时间，这时候不需要对产品结构进行调整。在产品生命周期的末端，企业需要根据用户画像判断消费者对产品的认知度，根据消费者的消费水平，价值取向对产品做出适当的调整。拿服装行业做例子来说，如果服装设计之初面向的是青少年，而通过一段时间的观察，发现消费者群体主要是中年人，这就要从产品设计上寻找原因，对品牌战略做出调整。

3. 进行精准化推送

传统的经营模式中，客户是一个群体，在画像技术被广泛使用后，客户群体就转换为具有不同特征的人群。随着科技的发展，互联网越来越多地应用在人们的生活当中，很多人都有属于自己的社交软件账号或者第三方账号，可以根据用户的个人情况、个人爱好，将客户的信息进行整理，掌握客户的偏好和需求等不同客户特征，之后对客户进行更个性化的推荐。微信广告就是一个典型案例。通过对机器进一步优化，最终会提高在社交中的使用率。个性化推荐大大降低了企业的销售成本，在树立品牌形象方面，个性化推荐会考虑到客户的个人特征，避免骚扰所有的客户，不会造成客户的烦恼。用户画像与其他新媒体共同发展，为精准地投放广告提供了重要的依据，随着个性化推荐的普及，有助于产生更好的客户体验。

四、客户联合营销

联合营销是指两个及两个以上企业或品牌分别使用自己的核心资源，在目标市场相近的前提下所开展的品牌或产品之间的战略合作。联合营销主要指不同企业之间的深度合作，该组织成员的产品完全不同，成员之间主要靠产品的互补性与非竞争性来完成对某一目标市场的营销过程，从而使联合企业共同实现赢利。

（一）市场共同性

联合营销的重要条件在于联合企业具有共同的目标市场，无论营销大师科特勒，还是“定位之父”里斯、特劳特都十分注重市场定位与市场细分，尽管他们基于战略性细分的逻辑起点有所不同，但对目标市场进行准确定位和有效细分，向不同的客户群成功实施营销，都是 STP 理论及定位理论的战略核心。随着国际化竞争向中国市场的纵深推进，中国本土企业所面临的竞争必然更加激烈，因此，为了应对跨国公司在中国市场的快速挺进，中国本土企业多以细分战略及多元化经营来抢占市场份额。尽管多元化将是每一个企业发展中都可能面临的重要选择，但联合营销的关键在于企业的核心资源、核心产品的联合，这将在根本上决定联合企业的核心竞争力。联合营销的前提条件之一，就是联合企业必须很好地解决自身的资源配置与产品定位问题，只有品牌产品、核心产品的联合才可能最大化地创造市场份额，从而保证联合营销企业在同一目标市场的合作共赢。

（二）资源独特性

这是联合营销企业的首要特性，企业与企业之间之所以能进行联合，其重要条件在于联合企业必须具有各自独特的资源优势，而且自身的资源优势应是其他联合企业所不能替代的。资源决定着企业的竞争能力，无论战略资源还是战术资源，都是企业开展市场营销的基本条件。一个企业如果没有核心的优势资源作为保障，其在市场竞争中就必然居于劣势地位。联合营销，正是通过企业彼此的战略合作与联动，很好地解决了自身的资源协同问题。实际上，也正是这一独特的资源优势使企业之间能够相互借势，相互依赖，开展合作。

（三）产品互补性

产品是 4P 之首，它是营销活动的根本，是客户价值创造的起点与归宿。没有产品与服务，企业的营销自然就成了无源之水，无本之木。联合营销企业可以充分发挥各自产品的差异化优势，为客户提供各具特色的营销价值与核心利益。可以说，互补性是联合营销企业创造客户价值的重要手段，也是联合企业的利益纽带。如果不同产品与服务之间缺乏有效互补与成功联合，企业之间的联合营销也就不会成功。而联合应是企业核心产品的联合，只有当市场影响力与品牌匹配度相近的产品组合在一起，才可能真正发挥 1+1>2 的市场效应，也才真正能够实现联合营销企业的优势互补与产品组合优势。

（四）渠道重合性

联合企业由于产品的差异化和互补性决定了各企业上下游供应链的不同，当企业完成产品生产而进入联合营销体系之后，各联合企业的产品均进入一条共同的渠道来完成对客户的价值交付。长期以来，渠道终端一直是我国企业营销的核心要素，特别是中国企业在本土市场与跨国公司展开正面竞争的重要利器。进入 21 世纪，科学技术的飞速发展在不断刺激企业的产品创新，特别是在消费电子、数码产品、食品饮料等领域，产品的更新换代，品类的丰富多样正随着人们经济收入的增加而与日俱增。在成本更加可控，价格更加趋近，产品同质化更加普遍的情况下，渠道的重要性变得日益突出，分销能力与销售网络的竞争成了营销竞争的核心，因此，终端的布局、渠道的建设必然要求企业进行更大的资源投入。而且，随着行业竞争的加剧，很多生产型企业对于渠道的控制力正变得日渐式微，企业辛辛苦苦经营多年的销售渠道，由于自身产品竞争力的下降或者管理不善而导致经销商倒戈的现象比比皆是。面对这样的环境，联合营销则可以更好地发挥自身的竞争优势，对于联合企业来说，渠道的重合及资源的互补可以更好地节约企业的营销成本，这也是联合营销企业可以整合各方优势为客户创造更大价值的原因所在。

（五）组织非竞争性

企业是营利性组织，对一个非成熟市场来说，竞争既可以加速企业的成长，也可以共同创造更大的市场需求，因此，如何不断提升组织的竞争能力，就成了企业生存发展的重要问题。由于市场的不断成熟，企业之间的竞争变得愈加惨烈，而竞争的本身不仅在消耗企业的战略与战术资源，也造成了社会公共资源的浪费。营销的碎片化，使消费者越来越难以进行购买决策，并进一步导致了市场的萎靡不振和竞争的零和博弈。联合营销企业则是建立在一种非竞争状态下的战略联合，组织之间以共同的使命与价值观为合作基础，以市场利益为组织纽带，从而解决了企业自身的资源浪费，大大降低了经营风险。组织的重要作用之一在于合理分配企业的经营资源，长期以来，国内企业在营销上过分强调竞争导向，因而忽视了企业在竞争中的相互合作与资源共享，由此导致企业在战略上的排他性，运营中的单打独斗及资源的自我封闭，既造成了自身运营成本的提高，也不断加剧着组织之间的残酷竞争。尽管不是一劳永逸，但联合营销有效地解决了特定的营销活动过程中组织之间的资源协同与市场共享问题，使传统的组织方式与运营职能发生了根本改变，使市场中各自独立的竞争性组织变为非竞争的市场联合体。

（六）顾客价值倍增性

当今，随着经济的发展，城市人口正急剧膨胀，交通拥堵状况堪忧，出行越来越难，时间成本越来越高，加之人们生活节奏的加快，这些都在迫使企业站到客户的立场来思考问题，否则企业营销就难以奏效。针对外部环境及客户需求的不断变化，企业不仅要充分考虑为客户节约物质成本，还要充分考虑为客户节约精神成本，因此，为客户提供一体化解决方案就成了企业营销的共识。

近年来，苏宁、国美等连锁商业异军突起，其对于供应商的强势地位正是来源于自身货品齐全、选择性强、服务规范、环境优美、停车方便等一站式购物优势，可以在相对成本较低的前提下为客户提供一体化购买解决方案。实际上，支撑大型连锁卖场强势地位的正是一个追求成本考量的强大的客户群，没有忠诚的、庞大的、具有旺盛购买力的客户群做后盾，国美、苏宁们就不会如此强势。从这一意义上说，把连锁商业卖场的强势说成“仗势欺人”便没有错，而这个“势”既体现着消费者的巨大力量，也体现出KA卖场经营模式的巨大威力。对于单个企业来说，由于自身渠道终端等的局限性，往往很难及时有效地为客户提供一体化解决方案，而联合营销由于借助各自企业的渠道终端优势、产品组合优势等，可以有效地为客户提供多种产品组合与选择方案。

譬如，国内有代表性的“冠军联盟”，相关企业均属家居行业或房地产行业内品牌知名度较高、产品市场占有率较大的行业领军企业，联盟成员之间以基于品牌运作的非竞争性的战略联盟来定位自己，并以此构建组织的核心竞争力。

五、电商直播带货的数据化营销模式

在互联网的发展过程中，新媒体也是经由互联网而产生的一种数据模型，电商根据新媒体，就能迅速筛选出潜在的消费者，然后通过直播对消费者进行精准推送。不仅能够在很大程度上刺激消费者的购买欲望，还能扩大自身品牌的知名度，从而促进企业的发展壮大。但在现阶段的直播发展过程中，由于各个电商都了解了直播带货蕴含的商机，就造成了直播行业竞争非常激烈，如果缺乏合适的营销策略，就很难在直播行业中抢占到优势。这就需要结合电商性质和直播行业的发展特点，研究出适合直播带货的营销策略，促进电商的发展。

（一）电商、直播带货以及营销策略概述

1. 电商

电商是电子商务的简称，电子商务是以信息网络技术为手段，以商品交换为中心的商务活动；也可理解为在互联网、企业内部网和增值网上以电子交易方式进行交易活动和相关服务的活动，是传统商业活动各环节的电子化、网络化、信息化。和传统的商务活动相比，电子商务借助网络进行活动无疑能够扩大金融业务的影响范围、加快信息的传递速度以及降低广告的宣传成本。电商直播经过阶段性的发展已经十分成熟。借助信息网络进行的网上商品交换，是对传统商品交换的进步，不仅能够更好地宣传自身商品，还能增加营业额，促进企业的发展。电子商务的四要素分别是商城、消费者、产品以及物流，四者共同构成了电子商务商品交换的整个过程。

2. 直播带货

直播带货，是指通过一些互联网平台，使用直播技术进行商品线上展示、咨询答疑、导购销售的新型服务方式，具体形式可由店铺自己开设直播间，或由职业主播集合进行推介。直播发展十分迅速，已经形成了庞大的产业链，并随着社会的发展规模不断扩大。直播的良好效

果对于带货来说十分便利，不仅能够详细地对相关货物进行介绍，还能为观众提供直观的观看体验。

3. 数字化营销策略

在商品的流通过程中，为了加快商品流通的速度和规模，不少商家会通过各种数字化方式加快商品交换，这些方式就是数字化营销策略。数字化营销策略是企业以顾客需要为出发点，根据经验获得顾客需求量以及购买力的数字化信息，有计划地组织各项经营活动。是针对一定的目标市场所采用的一系列可测量可控的旨在提高销售及厂商声誉的活动，是多种营销方法例如产品、价格、渠道、促销、公关策略的综合。在商品的数字化流通过程中，会受到同行业的竞争、市场的变化等各种因素的影响。这就要求相关商家结合实际情况，紧跟时代，研究出科学的营销策略，促进商品的流通。

（二）电商直播带货的优势

和传统的商品流通策略相比，电商直播带货无疑拥有更大的优势。一方面，直播带货的互动性更强。电商或者是主播能够通过语言、神态、声音等各种因素，引动消费者的购买欲望，并通过网络将产品直观地展现给消费者，帮助消费者更好地了解相关产品功能。另一方面，电商直播带货一般价格较低，由于电商直播带货直接面对消费者，绕过了各种中间商，商品价格自然就较为低廉。进而打开销售通道，吸引消费者。

（三）直播带货存在的隐患

1. 商品质量难以保证

在现代直播的发展过程中，虽然直播实现了观众和商家的面对面交流，商家也通过直播对产品进行了详细的展现。但对于消费者来说，商家的产品质量和效果等依旧难以保证。商家可能为了提升销量，故意夸大产品效果，增添产品不存在的功能，而这对于消费者来说，一般很难发现。这就导致消费者和商家之间产生了严重的割裂，不利于电商直播带货的发展。而且还会存在这一现象，即直播中的产品是真实存在的，但在消费者下单之后，商家发出的货物却是另一种，这种欺骗消费者的行为严重扰乱了直播市场，给电商直播带货带来了信任危机，不利于直播行业的发展。

2. 电商主播直播技术较差

对于直播来说，主要目的就是吸引更多的关注，为后续的带货行为提供庞大的消费者基础。要想吸引更多的观众，直播技术就是最重要的一环。电商直播带货在主播方面就存在很大的问题，传统的电商相关从业人员需要的是对产品进行很好的了解，并对消费者进行讲解，是一对一式的营销活动。但是在直播环节，电商带货主播需要面对的是基数庞大的观众，相关人员没有经过训练，如果只是对产品进行简单介绍，就很难吸引消费者观看，自然很难让消费者停留在直播间内。这就会造成电商直播无人观看的窘境，带货的效果也难以显现。

3. 缺乏创新性

在直播行业的发展过程中，随着资本的拥入，电商之间的竞争也非常激烈，这就需要电商在直播带货的过程中进行创新，通过创新方式等手段，提升直播的吸引力，进而增强电商自身的竞争力。但在现阶段的电商直播带货过程中，相关商家没有意识到创新对于电商直播带货的重要作用，依旧是采用老一套的营销方式进行商品直播带货。观众已经产生了审美疲劳，对现今的电商带货提不起观看兴趣，电商直播带货的效果自然也就大打折扣。所以说，电商直播带货虽然能够为商品流通提供一条新的销售渠道，但是相关的销售渠道需要电商主播对直播方法进行创新才能保持，不然就会浪费直播的良好态势，不利于电商直播的发展。

（四）新媒体时代下电商直播带货的营销策略

1. 利用法律的强制性规范直播行业

在相关的直播带货过程中，大多数的电商都会依照相关法律进行直播带货活动，但一些不良商家就利用网络的传播性，大肆鼓吹自身产品的功能，不顾实际地对产品进行吹捧，以达到销售的目的。更有甚者，在消费者下单之后，以次充好，将原本消费者购买的产品进行偷梁换柱，从中赚取差价。这些行为的存在已经严重影响了直播带货行业的公信力，不利于电商直播带货，还给消费者造成了重大损失。所以，政府应该尽快出台政策，对直播带货行业进行规范，对于以次充好和虚假宣传的商家进行严厉的打击，保证电商直播带货行业的纯洁性和规范性。

2. 塑造网红

在现代社会的发展过程中，直播行业虽然非常火爆，但是直播人员的观众基数差距非常大，一个顶级的网红能给商家带来暴利，相反地，一个平庸的网红就对电商直播卖货作用有限。而且传统的电商很难适应直播带货的销售模式，效果有限。所以，电商要想在直播带货方面更好地进行营销，就要依靠网红。电商可以和较为出名的网红达成一致，通过网红宣传自身的产品，提高销售额，也可以通过培训，将电商自身的主播培养成较为知名的网红，从而推动自身产品的销售。前者耗时较短，能够在短时间内实现带货营销，但是需要花费金钱聘请网红，还存在营销效果不好资金难以回笼的局面；后者可以节省大量的资金，但是短时间内直播带货的效果难以提升。电商应该根据自身的实际，选择合适的方法进行带货活动。

3. 跨平台、跨界营销

在现阶段的直播带货行业中，仅靠一个平台很难将直播带货的效果完全发挥出来。对于消费者来说，他们可能同时拥有多个软件，但是他们同一时间只能使用一个软件，如果电商的直播带货没有在多平台上进行，就会错过很多消费者。因此，电商在直播带货时，需要在多个平台上进行，并且利用新媒体技术，对直播信息进行跨平台跨界推送，这样一来，就能够最大限度地发挥直播带货的效果，促进电商直播带货的发展。

参考文献

[1] 刘秀 . 中国新媒体营销价值趋势分析 [J]. 商业经济研究，2020（13）.

[2] 陈思静，刘峥，赵程程等 . 基于用户社交网络信息的微营销渠道优化分析 [J]. 商业经济研究，2018（4）.

[3] 肖春兰 . 基于移动互联网的企业分销渠道创新 [J]. 商业经济研究，2019（23）.

[4] 舒莉芬 . 基于微信公共平台服务的营销策略构建 [J]. 中国商论，2020（23）.

[5] 董岳磊 . 全渠道零售视域下顾客体验影响要素分析 [J]. 商业经济研究，2018（13）.

[6] 陈文行 . 新媒体背景下中小企业网络营销发展对策研究 [J]. 中外企业家，2020（12）：108—109.

[7] 葛金鑫 . "互联网 +" 背景下江苏省食品制造企业的新媒体营销现状分析 [J]. 时代经贸，2020（07）：78—80.

[8] 高洁，伍承光 . 探究新媒体环境下企业的市场营销策略 [J]. 现代营销（下旬刊），2020（01）：61—62.

[9] 汪菲 . 浅谈人工智能在市场营销方面的应用 [J]. 营销界，2019（52）：73—74.

[10] 罗达丽. 论乡村旅游开发中的农产品品牌化建设途径 [I]. 知识经济，2019（4）：84—85.

[11] 黄学南. 新形势下大学生工作品牌建设探析 [T]. 湖北开放职业学院学报，2019，32（12）：40—41，49.

[12] 兰晓平. 论白茶的标准化种植与品牌建设途径 [I] 湖北农机化，2019（14）：8.

[13] 江虹. 高校基层党建工作品牌化建设途径分析 [J] 南方论刊，2019（10）：61—62.

[14] 杨瑛杰 . 高职院校继续教育教师培训品牌建设 [J]. 品牌研究，2019（19）：72—73.

[15] 王佳 . 认同与忠诚：在线品牌社群社会资本对品牌的作用机制研究 [D]. 武汉：武汉大学，2016.

[16] 符岩 . 新媒体视域下的电视新闻传播刍议 [J]. 新闻研究导刊，2015（6）：111—111.

[17] 李季冉 . 新媒体视域下的新闻传播特点 [J]. 山西农经，2016（4）：100—100.

[18] 杨萍 . 新媒体视域下新闻传播特点及策略研究 [J]. 中国报业，2014（10）：87—88.

[19] 王楚琛 . 国内外数据新闻比较与启示 [J]. 中国记者，2016（4）.

[20] 喻国明 . 互联网环境下的新型社会传播生态 [J]. 中国广播，2016（9）.

[21] 陈力丹，林羽丰 . 继承与创新：研读斯图亚特·霍尔代表作《编码 / 解码》[J]. 新闻与传播研究，2014（8）.

[22] 习近平论"三严三实"——十八大以来重要论述摘编 [J]. 党建，2015（6）.

[23] 王灿发 . 名家、名作与社会正能量传播——从穆青谈当代新闻工作者的社会责任担当

[J]. 新闻爱好者，2014（9）.

[24] 徐娜 . 新闻传播学科发展的文献保障与实践基础 [J]. 科技传播，2016，18：22+55.

[25] 张涛甫，王智丽 . 新闻学的创新与重建——基于 2015 年中国新闻学研究的考察 [J]. 山西大学学报（哲学社会科学版），2016，05：63-68.

[26] 李红燕 . 新媒体在企业危机公关中的路径选择及运用策略 [J]. 价值工程，2012（27）.

[27] 万智杰 . “解铃还须系铃人”——航空公司新媒体危机公关对策研究 [J]. 现代商业，2015（18）.

[28] 邢烨 . 新媒体环境下政府危机公关对策研究 [J]. 决策探索（下半月），2016（08）.

[29] 苗欣 . 浅谈自媒体视野下企业危机公关的对策 [J]. 郑州牧业工程高等专科学校学报，2015（01）.

[30] 黄守峰 . 企业自媒体在企业危机公关中的应用策略研究 [J]. 贵州广播电视大学学报，2016（01）.

[31] 李阳 . 论新媒体环境下企业危机公关策略 [J]. 新教育时代电子杂志：教师版，2014（10）.

[32] 戎珑 . 智能服装的新定义——美国威尔逊纺织学院关于智能织物技术的市场调研 [J]. 中国纤检，2019（09）：114—115.

[33] 周万中 . 高职人力资源管理专业市场调研分析——以江西工业贸易职业技术学院为例 [J]. 财富时代，2019（07）：223.

[34] 李细妹，钟伟 . 高职会计专业市场调研报告分析——以湘西民族职业技术学院为例 [J]. 现代营销（信息版），2019（04）：83.

[35] 马咏梅 . 浅析市场调研技术在我国企业营销活动中的缺失 [J]. 市场论坛，2017（03）：41-43.

[36] 陈真，黄沛 . 新媒体对整合营销传播的影响及对策研究 [J]. 未来与发展，2019.

[37] 张婷婷 . 新媒体环境下企业的市场营销策略 [J]. 福建茶叶，2019（5）：38—38.

[38] 邓烨 . 新媒体环境下企业微信营销策略探析 [J]. 商场现代化，2017（6）：93—94.

[39] 孟宇 . 新媒体环境下企业市场营销面临的机遇、挑战与对策 [J]. 今日财富：中国知识产权，2018（10）：63-64.

[40] 李文杰 . 企业开展新媒体营销对策探析 [J]. 明日风尚，2017（15）：372—372.

[41] 张敏 . 大数据时代的经济普查数据分析与研究 [J]. 时代金融，2018（35）：8+20.

[42] 谢晶 . 大数据时代的企业市场营销策略分析 [J]. 现代商业，2019（1）：20—21.

[43] 朱飞 . 浅析大数据形势下的市场调查方式 [J]. 现代营销（创富信息版），2018，178（10）：238.

[44] 刘青 . 试论大数据背景下市场调查设计之变 [J]. 企业科技与发展，2015（13）：99—101.

[45] 吉鹏宇 . 关于大数据时代统计模式变革的思考 [J]. 中国统计，2018，438（6）：10—12.

[46] 赵建 . 大数据背景下体育健身休闲市场开发研究——基于对广州市居民的调查 [J]. 当代经济，2018.

[47] 陈灵哲 . 大数据时代背景下设计创新的差异化研究 [D]. 华东理工大学，2014.

[48] 武敏敏 . 基于大数据背景的《市场调查与预测》课程教学改革研究 [J]. 经济师，2017（2）.

[49] 王云蔚 . 大数据背景下的消费市场研究 [J]. 北京印刷学院学报，2014（01）：33—36.

[50] 陈艳庆 . 基于大数据背景的市场调查研究 [J]. 湖南邮电职业技术学院学报，2016（2）：78—80.

[51] 王士香 . 大数据时代市场调查数据分析教学的改革 [J]. 文教资料，2018（25）：180—181.

[52] 贺玲 . 大数据对市场调查技术与研究方法的影响研究 [J]. 中国市场，2018（13）：130—131.

[53] 张静，王敬丹 . 新媒体时代下的短视频营销传播——以抖音为例 [J]. 杭州师范大学学报（社会科学版），2020，42（04）：113—120.

[54] 韩笑 . 基于信息时代的短视频营销策略研究——以抖音为例 [J]. 中国管理信息化，2019，22（24）：84—85.

[55] 胡明 . 抖音短视频广告营销实践探讨 [J]. 经济师，2019（11）：53+55.

[56] 王倩，张浩 . 新媒体时代下抖音营销模式的研究 [J]. 长治学院学报，2019，36（05）：91—94.

[57] 郑凯心，吴涵，胡福辉，等 . 大数据时代下网红直播带货的统计分析及其发展策略研究 [J]. 营销界，2021（31）：25—27.

[58] 姚雅琪 . 基于消费者购买意愿实证分析电商直播对企业营销战略的影响 [J]. 商讯，2021（20）：76—79.

[59] 王靓靓，罗雅云 . 基于大数据的直播带货电商模式分析：以美妆直播为例 [J]. 现代营销（学院版），2021（5）：116—118.

[60] 冯雪松子 . 电商直播带货新思路助力经济发展新征程 [J]. 营销界，2021（12）：1—2.

[61] 方军 . 知识付费：带动出版业向知识服务转型 [J]. 出版广角，2018（7）：9—11.

[62] 梁思雨，丛挺，程海燕 . 基于多层级的知识服务融合发展研究 [J]. 中国编辑，2018（11）：29—34.

[63] 魏伟 . 得到媒介运营研究 [D]. 黑龙江大学，2018.

[64] 张雨 . 基于互联网时代的新媒体营销探究——以“小米手机”为例 [D]. 南京：南京财经大学，2015.

[65] 陆南 . 基于互联网新媒体时代的精准广告营销研究 [J]. 新闻知识，2014（9）：50—52.

[66] 张晨 . 互联网时代的新媒体营销策略分析 [J]. 新经济，2015（35）：42.